Michael Hainisch

Die Zukunft der Deutsch-Österreicher

eine statistisch- volkswirtschaftliche Studie

Michael Hainisch

Die Zukunft der Deutsch-Österreicher
eine statistisch- volkswirtschaftliche Studie

ISBN/EAN: 9783743405219

Hergestellt in Europa, USA, Kanada, Australien, Japan

Cover: Foto ©ninafisch / pixelio.de

Michael Hainisch

Die Zukunft der Deutsch-Österreicher

Druckfehler-Verzeichnis.

S. VI letzte Zeile lies: vermochte statt vermöchte.

S. 14 Zeile 13 lies: steht statt stehen.

S. 49 vorletzte Zeile lies: in statt und.

S. 72 Zeile 22 lies: er statt sie.

S. 87 Anm. Zeile 5 lies: noch statt nach.

Die Zukunft

der

Deutsch-Österreicher.

Die

Zukunft der Deutsch-Österreicher.

Eine statistisch-volkswirtschaftliche Studie.

Von

Dr. Michael Hainisch.

Wien.

Franz Deuticke.

1892.

Vorrede.

In seinen Ansichten der Natur schildert A. v. Humboldt den Ein=
druck, welchen auf ihn ein alter Papagei machte, der Worte aus dem
Sprachschatze eines ausgestorbenen Indianerstammes herjagen konnte.
Die Leute, welche sich der Sprache als Mittel geistigen Austausches be=
dient hatten, waren todt, bloß in der Kehle des Vogels lebten einzelne
Worte noch durch einige Decennien fort. So wie in Humboldt erwecken
in jedermann Beweise für den Rückgang eines Volkes Gedanken an die
Sterblichkeit, der ein Volk ebenso unterworfen ist, wie der Einzelne.
Diese Gedanken sind umso peinlicher, je näher uns das Volk steht,
an welchem wir einen Rückgang zu bemerken glauben, je ferner wir
also von dem Standpunkte des kühlen Beobachters sind.

Die Frage, ob die Zahl des deutschösterreichischen Volkes von Jahr zu
Jahr weiter hinter jener der übrigen österreichischen Volksstämme zurück=
bleibt, was die Ursache dieses Zurückbleibens ist und wie die Verhältnisse
sich in Zukunft gestalten werden, ist der Gegenstand der vorliegenden Unter=
suchung. Ich glaube zur Lösung dieser Frage, welche mir für uns Deutsch=
österreicher an Wichtigkeit alle übrigen Fragen weit zu überragen scheint,
einen Beitrag leisten zu können, obwohl ich mir recht gut bewußt bin, daß
die Mittel, mit denen ich die Beweise führe, einiges zu wünschen übrig
lassen. Die Agrarstatistik steckt bekanntlich in Österreich noch in den Kinder=
schuhen, und vielfach müssen daher in meinen Ausführungen die Zeugnisse
von Schriftstellern Zahlenangaben ersetzen. Die Bevölkerungsstatistik,
welche im Gegensatze zur Agrarstatistik sehr ausgebildet ist, konnte ich
hinwiederum als Privatmann, dem kein Kreis von geschulten und unbedingt

verläßlichen Rechnungsbeamten zur Seite steht, nicht in der Weise aus-
beuten, wie dies seitens eines statistischen Bureaus unbedingt geschehen
würde. Wenn ich trotzdem nicht abwarte, bis die officielle Statistit sich
dieser Frage bemächtigt, so leitet mich nicht bloß der Wunsch auf dieselbe
sobald als möglich die öffentliche Aufmerksamkeit zu lenken, sondern auch
die Überzeugung, daß eine Behörde nicht jenes Maß von Subjectivität
besitzen kann, welches die Behandlung nationaler Fragen voraussetzt.
Je größer aber mein Interesse an der richtigen Beantwortung der
Frage ist, welche den Gegenstand dieser Untersuchung bildet, desto mehr
tritt mein Interesse für die eigene Arbeit in den Hintergrund. Ich
werde freudig bereit sein, mich vor fremder Arbeit zu beugen, welche eine
Frage, die ich als Lebensfrage des deutschösterreichischen Volkes bezeichnen muß, einer besseren Beantwortung zuführt, als ich es vermöchte.

Eichberg, im Juli 1892.

Der Verfasser.

Inhaltsverzeichnis.

— ·

Fünfter Abschnitt.

Erster Abschnitt.

Seit Maria Theresia und Josef II. war die deutsche Sprache im
Reiche der Habsburger zur Vorherrschaft gelangt. Nicht als ob die
beiden großen Herrscher im heutigen Sinne national gewesen wären,
nicht als ob sie die Verdrängung der einzelnen Nationalsprachen zu Gun=
sten der eigenen Muttersprache beabsichtigt hätten,*) sondern die Begün=
stigung des deutschen Idioms entsprang lediglich der nüchternen Erwägung, daß ein Staatswesen, welches aus den verschiedensten Bestand=
theilen zu einem großen Ganzen zusammengefügt war, nicht einheitlich
regiert werden könne, wenn nicht ein Mittel der Verständigung zwischen
den einzelnen Reichstheilen einerseits und diesen mit der Centralregierung
andererseits geschaffen würde. Daß diese Verkehrssprache keine andere
als die deutsche sein könne, das ergab sich wohl aus der staatsrecht=
lichen Verbindung mit Deutschland, aus der bedeutenden Menge deutscher
Bevölkerung in den Erblanden und Sudetenländern und der relativ
hohen Entwicklung der deutschen Sprache von selbst. Nach dem Tode
Josef II. trat allerdings eine kleine Reaction ein, aber im Großen und
Ganzen blieb die Sprache der Behörden, der höheren und mittleren
Bildungsinstitute, ja selbst der Volksschulen bis zum Beginne der Ver=
fassungsära die deutsche. Die Verfassung zwar änderte daran zunächst
nur wenig, denn da sie aus einem Compromisse zwischen dem aufstre=
benden Bürgerthume und dem von den Ideen des Liberalismus erfüllten
Beamtenstande hervorgegangen war, und beide Theile vorwiegend aus

---

*) So verordnete Maria Theresia für Böhmen, daß neben dem deutschen Unter=
richte auch die böhmische Landessprache nicht vergessen werden solle, und führte den
Unterricht in der böhmischen Sprache an verschiedenen Lehranstalten, so z. B. der
Wiener Universität und der Militär=Akademie zu Wiener=Neustadt ein. Vergl. Ch.
Ritter d'Elvert: Zur Geschichte des Deutschthums in Österreich=Ungarn mit besonderer
Rücksicht auf die slavisch=ungarischen Länder. Brünn, 1884. S. 481 u. 508.

Deutschen bestanden oder sich doch der deutschen Staatssprache zu bedienen pflegten, so bedeutete jede Herrschaft dieser beiden Volksclassen auch eine Herrschaft des deutschen Elements. Freilich keine unbestrittene, denn Feudaladel und Geistlichkeit strebten mit allen Mitteln darnach den durch die politische Umgestaltung verlorenen Einfluss auf die Staats= geschäfte wieder zu erlangen, und hiezu erschien ihnen eine Unterstützung der allmählich erwachsenden nationalen Bestrebungen der nichtdeutschen Völkerschaften besonders geeignet. Als nun nach dem unglücklichen Feldzuge von 1866 Österreich aus dem deutschen Bunde trat und damit nicht bloß auf die Führerrolle in Deutschland, sondern auch auf die Zu= gehörigkeit zu demselben verzichtete, da war es keine deutsche Großmacht mehr, sondern ein polyglotter Staat, in welchem jede Nation gleich= berechtigt war. Kein Wunder, daß das Herrschaftsgebiet der deutschen Sprache sich reißend verkleinerte und daß bezüglich der Sprache der Verwaltung des alten Kaiserstaates die Einheit gewissen politischen und nationalen Ansprüchen geopfert wurde.

Mag man diesen Rückgang in dem Gebrauche der deutschen Sprache bedauern, der für uns Deutsche schwerwiegende Veränderungen im Ge= folge hat, so ist er doch nur ein naturgemäßer Proceß. Jede Nation, die ein gewisses Culturniveau erreicht hat und selbstbewußt ist, wird den Anspruch erheben, daß ihr keine fremde Sprache aufgenöthigt wird. Wir selbst haben vor kaum mehr als zweihundert Jahren das Joch der lateinischen Gelehrtensprache abgeschüttelt, und noch sind hundert Jahre nicht verflossen, seit das Französische die Sprache des Hofes, des Adels und eines Theiles des deutschen Bürgerthumes war. Die letzten Spuren dieser sprachlichen Fremdherrschaft sind aber noch lange nicht verschwun= den, noch heute glaubt man durch einen grammatikalischen Unterricht der lateinischen Sprache unserer Jugend die wichtigste Grundlage der Bildung zu geben, und zahlreiche zum Theile überflüssige Fremdworte mahnen an den Gebrauch der fremden Sprachen wie die Ruinen alter Schlösser an die längst abgethane Feudalzeit.

Viel ernster als der Rückgang der deutschen Verkehrssprache sind die Verluste, welche das Deutsche als Muttersprache erlitten hatte. Denn während es sich im ersten Falle bloß darum handelt, daß ein Volk ein fremdes Werkzeug weglegt in dem Augenblicke, in welchem es ein eigenes erlangt, ist im zweiten Falle thatsächlich ein nationaler Ver= lust eingetreten. Kinder unseres Volkes sind demselben entfremdet worden, Boden, den unsere Väter besessen, ist in Verlust gerathen und an

Fremde, zum Theile sogar Feinde, übergegangen. Daſs das deutſche Volk
in Öſterreich eine ganze Reihe ſolcher Verluſte erlitten hat, und zwar
Verluſte empfindlichſter Art, kann nicht geleugnet werden, wenn man ſich
auch vor Übertreibungen hüten muſs, denen man hier zuweilen begegnet, weil bloß nach äußerlicher Beobachtung oder in einſeitiger Weiſe
Schlüſſe gezogen werden. Dies Letztere gilt insbeſondere für die Fälle,
in welchen man aus Reiſeberichten vergangener Zeiten auf die damalige
Ausdehnung des deutſchen Volksthumes ſchließen will. Wer jemals eine
Reiſe, und zwar nicht bloß nach moderner Art mittelſt Eiſenbahn,
ſondern nach der Art unſerer Väter mittelſt Wagens oder zu Fuß gemacht hat, weiß, wie wenig er von dem Leben und Treiben der Fremde
ſieht, wenn er nicht ganz beſonderes Intereſſe für dasſelbe hegt. Bleibt
er an den Hauptſtraßen, ſo ſieht er nicht viel mehr als jene Bevölkerungs-
ſchichten, die, auf den Verkehr mit Fremden angewieſen, mehr ein inter-
nationales Gepräge an ſich tragen. So wie man heute nach Italien
reiſen, dort Ausflüge und Einkäufe machen kann, ohne der Landes-
ſprache mächtig zu ſein, ja ſogar ohne dieſelbe allzu oft zu Gehör zu bekommen, da auf den Eiſenbahnen, in den Hôtels, Galerien und den
Läden, wo Fremde verkehren, eben alle Sprachen geſprochen werden, ſo
mag auch der Reiſende, der etwa vor hundert Jahren durch Böhmen
fuhr, dort vielfach deutſche Laute gehört und deutſche Aufſchriften geleſen
haben, wo die einheimiſche Bevölkerung ſeit einem Jahrtauſende und
länger aus Tſchechen beſtand. Rechnet man noch dazu, daſs das Thun
und Treiben der wohlhabenden Claſſe überall mehr Aufſehen erregt,
als das der niederen Geſellſchaftsſchichten, daſs es bis zu einem gewiſſen
Grade einer Stadt ein beſtimmtes Gepräge verleiht, und daſs damals
dieſe Claſſe ſich des Deutſchen im geſellſchaftlichen Verkehre zu bedienen
pflegte, ſo wird man leicht begreifen, daſs der Verluſt deutſchen Volksthums vielfach überſchätzt wird. Auch deutſche Orts- und Familiennamen
inmitten ſlaviſchen Gebietes, wie in Unterſteiermark, Kärnten und Krain,
ſcheinen mir noch kein Beweis zu ſein, daſs dieſe Orte einſt von Deutſchen
bewohnt, beziehungsweiſe die Träger dieſer Namen einſt Deutſche geweſen
ſeien.*) Erinnern wir uns daran, daſs der Adel dieſer Länder in weit-

*) Vergl. J. v. Krones: Die deutſche Beſiedlung der öſtlichen Alpenländer
insbeſondere Steiermarks, Kärntens und Krains nach ihren geſchichtlichen und ört-
lichen Verhältniſſen. Forſchungen zur deutſchen Landes- und Volkskunde. III. Bd.
1888. Ferner Dr. M. Gehre: Die deutſchen Sprachinſeln in Öſterreich. Großen-
hain, 1886. S. 45.

aus überwiegender Mehrzahl noch heute deutsch ist, und daß er seit Jahrhunderten der Herr des Landes und dessen Bewohner war, so läßt sich leicht denken, daß dieser deutsche Adel seinem Besitze und seinen Untergebenen der eigenen Muttersprache entnommene Namen gab, und daß diese Namen sich umsoeher in dem unterthänigen Volke erhielten, als dessen Sprache die weniger reiche war.

Einen annähernd genauen Überblick über die nationalen Verhält-nisse Österreichs gewinnen wir erst für die Zeit seit der Mitte unseres Jahrhunderts aus dem Werke von Czoernig. Auf Grund von amtlichen Specialerhebungen, Reisen und einer ausgebreiteten Correspondenz hat dieser verdiente Mann die Sprachgrenze zwischen den einzelnen Nationen festgesetzt und damit für alle Zukunft den Grund gelegt, Veränderungen in dem territorialen Besitzstande der einzelnen Volksstämme Österreichs zu messen.*) Vergleicht man nun die Sprachgrenze, wie sie Czoernig erhoben hat, mit der jetzigen, so zeigt sich fast durchgehends ein Zurück-weichen des deutschen Elementes und zwar in besonders großem Umfange in den Sudetenländern. Mit geringen Ausnahmen hat hier das Deutsch-thum keinen Gewinn, sondern nur Verluste zu verzeichnen; Orte, die vor einem Menschenalter rein deutsch waren, sind tschechisch geworden; von den deutschen Sprachinseln auf tschechischem Boden sind die kleinen fast alle verloren gegangen und die großen, wie die von Brünn, Olmütz, Iglau, Budweis und andere, so stark mit tschechischen Elementen durch-setzt, daß es zweifelhaft ist, ob es gelingen wird, die Reste einer einst größeren deutschen Bevölkerung ihrem Volksthume zu erhalten. Das tschechische Element gleicht um ein oft gebrauchtes Bild zu verwerten, einem See, welcher beständig von den Ufern Land hinwegspült und in dem ein Eiland nach dem anderen spurlos verschwindet.**) Aber nicht bloß an Territorium hat das Slaventhum gewonnen, das numerische

---

*) Ficker legte seinen Berechnungen der Volkszahl der einzelnen Nationalitäten die Ergebnisse der Volkszählung von 1857 zu Grunde. Die Umgangssprache der öster-reichischen Bevölkerung wurde erst bei der Volkszählung von 1880 erhoben. ·

**) Daß ausnahmsweise in die Verlustliste auch Namen von Orten gerathen, die nicht verloren wurden, beweist z. B. die sonst so verdienstvolle Schrift von F. Held: Das deutsche Sprachgebiet von Mähren und Schlesien. Brünn, 1888. In derselben werden (S. 7) unter Berufung auf die Karte von Czoernig die Orte Ober- und Unter-Themenau in Niederösterreich als früher gemischte und nun ganz tschechische bezeichnet. Nun hatten aber gerade nach Czoernig im Jahre 1851 beide Orte zu-sammen 1727 ausschließlich slovakische Einwohner. Vergl. Czoernig: Ethnographie der österreichischen Monarchie. I. Bd. S. 662.

Verhältnis der beiden Nationen hat sich vielfach zu seinen Gunsten ge=
ändert. In Orten, in welchen die Deutschen die Majorität haben, wird
diese immer kleiner, während umgekehrt die tschechischen Majoritäten in
den gemischten Orten immer größer werden. Bekannt sind diesbezüglich
die Beispiele von Prag, Pilsen und Budweis. In Prag bestand aller=
dings von jeher die Majorität der Bevölkerung aus Slaven, die Deutschen
ragten aber durch Bildung und Wohlstand hervor und besaßen seit dem
dreißigjährigen Kriege politisch das Übergewicht.*) Allmählich gieng das=
selbe aber so vollständig verloren, daß die Deutschen heute auch nicht
einen Vertreter in den Stadtrath zu entsenden vermögen, und daß
sämmtliche Stadtbezirke im Reichsrathe und Landtage durch Tschechen
vertreten sind. Angesichts der Vorwürfe, die von deutscher Seite gegen
die Zuverlässigkeit der Resultate, der von dem tschechischen Stadtrathe
geleiteten Volkszählung erhoben werden, kann man wohl bezweifeln, ob
die Deutschen thatsächlich eine so geringe Minorität der Prager Bevöl=
kerung ausmachen, als aus den officiellen Publicationen hervorgeht, kein
Zweifel kann aber darüber bestehen, daß sich das Zahlenverhältnis be=
trächtlich zu Ungunsten der Deutschen verschoben hat, und daß sie that=
sächlich von dem Tschechenthume vollständig überwuchert wurden. Was
Pilsen betrifft, so war es noch im Jahre 1861 durch einen deutschen
Abgeordneten im böhmischen Landtage vertreten, jedoch schon im Jahre
1867 gewannen die Tschechen im Stadtverordneten=Collegium die Ma=
jorität, und heute sind die Deutschen, welche noch im Jahre 1850 die
Mehrheit der Bevölkerung Pilsens gebildet haben sollen, zu einer kleinen
Minorität geworden, die um ihre Existenz tagtäglich zu ringen genöthigt
ist.**) Was von Pilsen gilt, gilt auch von Budweis; auch Budweis

---

*) Vergl. Schlesinger: Die Nationalitätsverhältnisse Böhmens. Forschungen
zur deutschen Landes= und Volkskunde. II. Bd. S. 11. Nach Gehre (a. a. O. S. 12)
hätten sich bei der Volkszählung von 1856 in Prag 73.000 Einwohner zur deutschen
und nur 50.000 Einwohner zur tschechischen Nationalität bekannt. Nun fand be=
kanntlich erst im Jahre 1880 eine Aufnahme der Bevölkerung nach der Umgangs=
sprache statt. Was vorher über das Zahlenverhältnis der Nationalitäten angegeben
wurde, beruht auf Schätzungen. In den von Ficker erläuterten „Tafeln zur Sta=
tistik der österreichischen Monarchie" wird die einheimische Bevölkerung Prags für das
Jahr 1857 mit 24.000 Deutschen und 40.216 Tschechen beziffert.

**) Vergl. Dr. v. Reinöhl: Die Hut der Sudetenländer durch den deutschen Schul=
verein. Wien, 1886. S. 9. Anastasia Prochazka: Das deutsche Sprachgebiet in Böhmen.
Mittheilungen des Vereins für Geschichte der Deutschen in Böhmen. XIV. Jahrg. 1876.
Gehre: a. a. O. S. 10.

wurde allmählich zu einer mehr und mehr gemischten Stadt, weil der
Zuwachs der Bevölkerung, wie dies z. B. die Volkszählung von 1890
lehrt, ausschließlich den Tschechen zugute kam. Heute ist zwar noch
die Gemeindevertretung in Budweis deutsch, wenn aber die Verschiebung
der nationalen Verhältnisse in dem Maße fortschreitet, wie bisher, so
ist der Tag mit mathematischer Genauigkeit zu berechnen, an dem sie
auch in Budweis in tschechische Hände übergehen wird.

Diese Zunahme des tschechischen Elementes beschränkt sich aber nicht
auf die Sprachgrenzen und sprachlich gemischten Orte, auch in Orten,
die meilenweit von der Sprachgrenze liegen, tauchen überall tschechische
Minderheiten auf und wachsen allmählich zu ansehnlichen Bruchtheilen
der Bevölkerung heran. Es gilt dies vor allem von dem Braunkohlen=
revier Nordböhmens, aber auch von einzelnen Theilen Niederösterreichs
und besonders von Wien.*) Was Wien betrifft, so ist nach den Ergeb=
nissen der letzten Volkszählung die Zahl der Personen mit tschechischer
Umgangssprache zwar keine sehr bedeutende; man darf aber nicht ver=
gessen, daß zahlreiche tschechische Einwanderer, welche fast ausschließlich
den niederen Volksschichten angehören, bisher auf ihr Volksthum willig
verzichtet und sich den Deutschen angeschlossen haben. Nach den Unter=
suchungen von Mayer, der die Namen der Wiener Hausbesitzer, Advo=
caten und Gewerbetreibenden der Bekleidungs= und Lederindustrie in
den Jahren 1779 (bezw. 1780) und 1887 mit einander verglichen hat,
zeigt sich eine Abnahme der romanischen Namen in allen Zweigen, eine
mäßige Zunahme des tschechischen Elementes bei den Hausbesitzern und
Advocaten, hingegen eine starke Zunahme slavischer Namen bei den an=
geführten Gewerbetreibenden und zwar insbesondere bei den Schneidern,
Schustern und Kürschnern.**) Daß diese Bewegung in nächster Zukunft
dieselbe bleiben wird, lehren die Ausweise über den Besuch der Vor=
bereitungscurse in den gewerblichen Schulbezirken Wien, Hernals und
Sechshaus. Bereits im Jahre 1888 machte der Abgeordnete von Dum=
reicher in seiner Rede über die Entdeutschung des österreichischen Mittel=

---

*) Vergl. H. J. Bidermann: Neuere slavische Siedlungen auf süddeutschem
Boden. Forschungen zur deutschen Landes= und Volkskunde. II. Bd. S. 379 u. ff.

**) Vergl. Dr. A. Mayer im Wiener Communalkalender und städtischen Jahr=
buche von 1889. Bezüglich der Zunahme der slavischen Namen bei Hausbesitzern und
Advocaten ist zu bemerken, daß diese zum Theile durch die riesige Zunahme des jü=
dischen Elementes zu erklären ist, indem dieses Letztere zum Theile slavische Namen
(insbesondere Ortsnamen) führt, ohne sich jedoch der slavischen Sprache als Mutter=
sprache zu bedienen.

standes darauf aufmerksam, daß die Lehrlinge des Wiener Gewerbe-
standes in der Mehrzahl Tschechen seien, und seither hat sich dieses Verhältnis noch mehr zu Gunsten dieser Letzteren gestaltet.

Wer auf dem Boden der modernen Weltanschauung steht und somit
das Verhältnis von Ursache und Wirkung nicht bloß in der Natur, sondern auch im Leben der Gesellschaft voraussetzt, pflegt bei jedweder Erscheinung nach der Ursache derselben zu forschen, und so werden auch
wir darnach fragen müssen, wie dieses Vordringen des tschechischen Volksstammes zu erklären sei. Der Durchschnittsphilister, der seine politischen
Meinungen nur seinem Leibblatte verdankt, wird nun auf diese Frage
sofort eine Antwort wissen und die Politik des Grafen Taaffe, der die
alte Verfassungspartei gestürzt und die Ansprüche der nichtdeutschen
Elemente geweckt habe, zur Verantwortung ziehen. Nun ist nicht zu
leugnen, daß die Politik der „Versöhnungsära" den Deutschen mancherlei
Nachtheile zufügte und sich in Orten mit gemischter Bevölkerung sehr
peinlich fühlbar machte. Wenn z. B. in eine kleine Stadt, in welcher
dem deutschen Altbürgerthume ein tschechisches Kleingewerbe und Proletariat gegenüber stehen, systematisch nur tschechische Beamte und Lehrer
geschickt werden, so ist es klar, daß das Übergewicht, welches das
deutsche Bürgerthum kraft Bildung und Besitzes bisher besaß, ins Wanken
gebracht wird. Wenn die Errichtung einer deutschen Schule in Orten
mit slavischer Gemeindevertretung stets einen Kampf durch alle Instanzen
bedeutet, so muß nothgedrungen eine solche Schulgründung dort unterbleiben, wo es auf deutscher Seite an dem nöthigen Maß von Un-
erschrockenheit und Opfermuth fehlt. In den Schriften von Gehre
und Reinöhl ist die Leidensgeschichte mancher deutschen Schule zu
lesen, und es kann der Regierung der Vorwurf nicht erspart bleiben,
daß sie in ihrer Connivenz gegen derartige slavische Opposition sehr
weit gieng.

Indes läßt sich die Annahme, daß selbst eine energische Regierung
eine Nation in kürzerer Zeit wesentlich entnationalisieren könne, überhaupt
bestreiten. Die Geschichte kennt kein derartiges Beispiel, denn die Elsässer
sind trotz der längeren Zugehörigkeit zu Frankreich und trotz des ideellen
und materiellen Gewinns, den ihnen diese Zugehörigkeit brachte, Deutsche
geblieben; die Germanisierungsbestrebungen des österreichischen Absolutismus haben keine besonderen Erfolge aufzuweisen, und ob ähnliche Ex-
perimente, die heute in Rußland und Ungarn mit gleicher Energie,
wenn auch in anderer Form gemacht werden, zu dem von den betreffen-

den Regierungen erwünschten Ergebnisse führen, das wird erst die
Geschichte lehren, wenn kritische Zeiten für diese Länder anbrechen. Ich
kann deshalb auch Steinwender*) nicht beistimmen, wenn er die Ansicht
vertritt, daß Veränderungen in dem Geltungsgebiete der Sprachen meist
eine Folge der Machtveränderungen seien. Soweit die Küsten des Mittel=
meeres hellenisiert wurden, geschah es nicht infolge der griechischen
Macht, denn eine solche Centralmacht gab es nicht, sondern es war die
starke griechische Auswanderung, welche hellenisches Volksthum auf den
fremden Boden verpflanzte. Aber auch Rom hätte den Proceß der
Romanisierung Italiens und der ganzen heutigen romanischen Welt,
nicht vermöge der Macht seiner Legionen durchführen können, wenn es
dieselbe nicht durch eine planmäßige Auswanderung unterstützt hätte,
damit den doppelten Zweck verfolgend, einerseits überall der einheimischen
Bevölkerung einen Herrn auf den Nacken zu setzen, und andererseits
stets die Reihe jener unzufriedenen Elemente zu lichten, deren Anwachsen
in der Hauptstadt der herrschenden Aristokratie gefährlich werden konnte.
Auch die Geschichte der neueren und neuesten Zeit bestätigt, daß nicht
schon die politische Macht an sich, sondern erst in Verbindung mit einer
starken Auswanderung einen überseeischen Besitz der Nationalität des
herrschenden Volkes zuführen kann. So ist Nordamerika binnen wenigen
Menschenaltern ein englischer Großstaat geworden, während Indien trotz
unumschränkter Herrschaft der Engländer national das geblieben ist, was
es zur Zeit der Eroberung durch die ostindische Compagnie war.**)

Wie dem aber auch sei, ob die Machtfülle einer Regierung aus=
reicht, um eine Nation ihrer angestammten Sprache zu berauben, oder
nicht: den Rückgang des deutschen Elementes in Österreich hat die Regie=
rung des Grafen Taaffe gewiß nur zum geringsten Theile verschuldet,
was schon daraus zu ersehen ist, daß die Verluste, auf die man z. B.
aus den Ergebnissen der Volkszählung von 1880 geschlossen hat, schon
vor der Regierung des gegenwärtigen Ministerpräsidenten für das
Deutschthum in Österreich eingetreten sein müssen. Die Umwandlung
der Verhältnisse in Böhmen und Mähren fällt zum großen Theile der

---

*) Dr. Otto Steinwender: Die nationalen Aufgaben der Deutschen in Österreich.
Wien, 1885. S. 6.

**) Umgekehrt bietet die Geschichte zahlreiche Beispiele, daß herrschende Stämme
in der beherrschten Nation aufgegangen sind: so die Westgothen in Spanien, die
Franken und Burgunder in Frankreich, die Langobarden in Italien, die Waräger
in Rußland u. a. m.

Zeit nach) unter das Bürgerministerium und das Ministerium Auersperg-Lasser. Wenn man also die Änderung der nationalen Verhältnisse mit der Politik in Zusammenhang bringen will, so kann man das nicht anders, als indem man den genannten Ministerien den Vorwurf macht, der von d'Elvert*) gegen den germanisierenden Absolutismus erhoben wird, daß er nämlich die Rührigkeit und Thatkraft der Deutschösterreicher gelähmt und den passiven Widerstand der nichtdeutschen Elemente ge-weckt habe. In der That war das deutsche Nationalgefühl in Österreich zur Zeit der genannten Ministerien so erschlafft, daß es bedeutender tschechischer Übergriffe und der aufopfernden Bemühung eines kleinen Kreises national gesinnter Männer bedurfte, um eine nationale Organi-sation zu schaffen und damit das nachzuholen, was alle anderen öster-reichischen Nationen längst besaßen. Man ist gewohnt sich Nationalitäten-kämpfe im Bilde großer Schlachten vorzustellen; sie sind es nur zu weilen; weit häufiger gleichen sie einem Guerillakriege. Der Vortheil, den der eine Kämpfer gewinnt, und der Verlust, den der andere erleidet, scheinen klein und unbedeutend, so daß sie von den Fernerstehenden übersehen werden; wenn aber eine Reihe solcher Verluste auf einander folgt, so ist der Erfolg schließlich dem einer verlorenen Schlacht voll-ständig gleich. Was nützt es dem deutschösterreichischen Volke, daß ein Deutscher diesen oder jenen Ministerfauteuil einnimmt, wenn sich der Einzelne seines Volksthumes nicht bewußt wird und ruhig die Hände in den Schoß legt, wo er sie zu nationaler Abwehr erheben sollte? Kann ein Verlust an Boden durch die glänzendsten Reden deutscher Parlamentarier hintangehalten werden, wenn der deutsche Fabrikant willig seine Kinder einem tschechischen Dienstmädchen überläßt oder der deutsche Gewerbetreibende tschechische Gesellen und Lehrjungen heran-zieht? Es unterliegt keinem Zweifel, daß das Weltbürgerthum, in dem sich die Deutschösterreicher der verfassungstreuen Ära so wohl fühlten, manchen nationalen Verlust verursacht hat.

Man darf aber auch diesem Factor nicht mehr Gewicht beilegen, als ihm thatsächlich zukommt, und es geht entschieden viel zu weit, wenn man, wie dies häufig von deutschnationaler Seite geschieht, alle Übel, die das Deutschthum in Österreich getroffen, einzig und allein aus dieser Quelle ableitet. Denn, wäre diese Behauptung richtig, so hätte im Augenblicke, als durch das Regiment des Grafen Taaffe

---

*) d'Elvert: a. a. O. S 689.

das deutsche Nationalgefühl in Österreich mächtig wuchs, die Gefahr eines weiteren Verlustes für die Deutschen schwinden müssen, was durchaus nicht der Fall ist. Man kann dem nicht entgegenhalten, daß das Nationalbewußtsein der Deutschen, trotz aller Steigerung in den letzten Jahren, noch immer weniger entwickelt sei als das der übrigen Völkerstämme, denn es ist thatsächlich falsch, nur den Deutschen Mangel an Nationalgefühl vorzuwerfen. Wenn z. B. im Jahre 1884 der deutsche Schulverein hunderttausend, der tschechische Schulverein aber bloß dreiundzwanzigtausend Mitglieder zählte, so fällt doch wahrlich der Vergleich nicht zu Ungunsten der Deutschen aus. Daran ändert auch die Thatsache nichts, daß die Summen der Einnahmen beider Vereine sich nicht wesentlich von einander unterschieden, *) denn dies beweist nichts anderes, als daß die Kreise des Hochadels, des hohen Klerus und der Finanz viel leichter für tschechische Zwecke Geld steuern, als dies bei den deutschen Standesgenossen für deutsche Zwecke der Fall ist. Dies ist gewiß in gleicher Weise für das deutsche Volk traurig, wie für die betreffenden geldkräftigen Kreise beschämend, für den vorliegenden Fall aber bedeutungslos. Denn wenn irgendwo, so kommt es in dem Kampfe, in welchem nationales Bewußtsein den Ausschlag gibt, auf die Massen an, und diese Massen scheinen, wenn man die Theilnahme an den Schulvereinen als einen Maßstab gelten lassen will, bei den Deutschen gewiß mehr als bei den Tschechen von Nationalbewußtsein durchdrungen gewesen zu sein. Daß aber die oft gehörte Behauptung von der allgemeinen Verbreitung des Nationalbewußtseins im tschechischen Volke eine arge Übertreibung ist, dafür sprechen eine ganze Reihe von Thatsachen. Ich will nicht auf die verschiedenen Congresse der Arbeiter aus den verschiedensten Berufszweigen hinweisen, welche in den letzten Jahren stattfanden, und auf welchen gerade von tschechischen Arbeitern der Nationalitätenkampf entsprechend den Marx'schen Grundsätzen verurtheilt wurde, denn schließlich sind die auf denselben vertretenen Arbeiter nur eine kleine Minorität des tschechischen Volkes, und zudem besteht ja immer ein gewisser Unterschied zwischen den Anschauungen und Worten der Führer und den Anschauungen und Thaten der Geführten. Weit bezeichnender scheint mir die Thatsache, daß im Laufe der letzten Generation in Wien und anderwärts sich zahlreiche tschechische Einwanderer entnationalisierten, ja daß selbst heute, wo doch die nationale Bewegung unter den Tschechen den Höhepunkt erreicht zu

---

*) Vergl. Dr. v. Reinöhl: Der tschechische Schulverein. Wien, 1885. S. 22.

haben scheint, gerade unter der niederen Bevölkerung der Wunsch nach
Kenntnis der deutschen Sprache und nach deutschem Unterrichte keines=
wegs verschwunden ist. Wo der hauptsächlich von dem tschechischen Klerus
ausgeübte Druck nur halbwegs nachläßt, sehen wir tschechische Kinder
zu den deutschen Schulen strömen und damit auf die Ausbildung in
der Muttersprache zu Gunsten der Erlernung der deutschen Weltsprache
verzichten. Aber selbst zugegeben, es verhielte sich thatsächlich so, daß
den Deutschen das Nationalgefühl in weit höherem Maße mangelte, so
würde dieses geringere nationale Empfinden doch nur erklären, warum die
deutsche Defensive nicht erfolgreich war, es bliebe aber unerklärt, warum
das deutsche Element von vorneherein auf die Defensive angewiesen
war, warum es nicht ebenso wie das tschechische einmal die Offensive
ergreifen konnte. Denn daß das Tschechenthum seit etwa einem Men=
schenalter sich in der Offensive befindet, kann von niemandem geleugnet
werden, der den Gang der Ereignisse genau beobachtet.

Nach Schlesinger,*) welcher gewiß einer der besten Kenner der
böhmischen Verhältnisse ist, gibt es in Böhmen 4304 deutsche und 8473
tschechische Ortschaften in den geschlossenen Sprachgebieten und außerdem
407 gemischte Ortschaften. Nach der Volkszählung von 1880 wohnen
in den deutschen Ortschaften 1·3% Tschechen, in den tschechischen nur
0·7% Deutsche. Von den 407 gemischten Ortschaften haben in 299
die Deutschen und in 108 die Tschechen die Majorität. In den Er=
steren sind die Tschechen mit 23, in den Letzteren die Deutschen mit
19% vertreten. „Aus diesen Ziffern," sagt Schlesinger, „geht hervor,
daß weit mehr deutsche Ortschaften durch tschechische Einwanderung sich
zu gemischten umgestalten, als umgekehrt, daß aber auch in den deutsch=
gemischten Ortschaften das tschechische Mischungsverhältnis größer ist,
als das deutsche Mischungspercent in den tschechisch gemischten Ortschaf=
ten." Schlesinger sieht in diesen Percentualziffern nur die bekannte
Thatsache verdeutlicht, daß das Vordringen tschechischen Volksthums in
das deutsche Gebiet ein verhältnismäßig größeres ist als umgekehrt und
bezeichnet als Ursache derselben die nachgewiesene stärkere Volksvermehrung
des tschechischen Elementes, sowie die leichtere Beweglichkeit und Wander=
lust der ackerbautreibenden tschechischen Bevölkerung.**) Und mit Schle=

---

*) Schlesinger: a. a. O. S. 6 u. ff.
**) Auch Singer führt die Verrückung des nationalen Besitzstandes in Böhmen auf
sociale Wanderungen zurück. J. Singer: Über sociale Wanderungen der Gegenwart.
Frankfurt, 1889. S. 7.

finger stimmen alle übrigen Beobachter überein. So führt Gehre, um nur einige derselben zu citieren, die fortschreitende Tschechisierung von Pilsen, Budweis und Böhmisch-Aicha in erster Reihe auf die Masseneinwanderung tschechischer Arbeiter, Gesellen und Dienstmädchen zurück, weisen Herbst und Reinöhl auf die starke tschechische Arbeiterbevölkerung in den Kohlendistricten des nordwestlichen Böhmens und den Industriegegenden Böhmens und Mährens hin, und schließlich haben die deutschen Schutzvereine, wie der Böhmerwaldbund und der Bund der Deutschen Nordmährens, das Heranziehen deutscher Gesellen und Lehrlinge, sowie deutscher Dienstmädchen, in die sprachlich gemischten Orte als einen Hauptzweig ihrer Thätigkeit ins Auge gefaßt. Wir sehen jahraus, jahrein ergießt sich eine Flut tschechischer Arbeiter und Dienstboten auf deutsches Gebiet, um dort Erwerb und Unterkommen zu finden. Diese Einwanderer sind allerdings ungebildet, arm und auch nicht besonders von Nationalgefühl beseelt, sie sind politische Nullen und erhalten wie Nullen nur dann Bedeutung, wenn sie hinter andere Zahlen geschrieben werden. Daß es an diesen Zahlen nicht fehle, dafür sorgen, wenn es schon an einem Ansatze zu einem tschechischen Mittelstande fehlt, Feudaladel und Geistlichkeit. Gibt nun gar noch die Regierung ihren Segen dazu und kommt mit ihren Machtmitteln den tschechischen Einwanderern zu Hilfe, so ist es leicht erklärlich, daß deutsche Orte, in welchen ein rasches Anwachsen der Bevölkerung durch Aufblühen der Industrie ermöglicht wird, im Handumdrehen sich in gemischte verwandeln. Der Bedrohung des dritten Wahlkörpers durch die Kleingewerbetreibenden folgt bald die Bedrohung des zweiten durch die Beamten, und fehlt es bei den Deutschen nur im geringsten Maße an Einigkeit, so wird die Mehrheit der Gemeindevertretung des einst deutschen Ortes eine tschechische. Wir sehen also die Entwicklung des tschechischen Nationalbewußtseins und die Begünstigung, welche die tschechischen Ansprüche seitens einzelner österreichischer Regierungen erfuhren, konnten nur deshalb dem deutschösterreichischen Volke Abbruch thun, weil dieselben zeitlich mit einer sehr raschen Vermehrung des tschechischen Volksstammes zusammenfielen. Ohne diese hätten sie zwar die Germanisierung der Sudetenländer verhindern können, vermuthlich wäre aber kein einziger Ort durch sie dem Tschechenthume erobert worden.

Nationalitätenkämpfe als eine Art des collectiven Kampfes um's Dasein sind stets Massenkämpfe, und wenn auch Besitz und Bildung, Gemeinsinn und Opferwilligkeit unter Umständen die numerische Verschiedenheit ausgleichen können, so ist dieses Gleichgewicht doch immer nur ein labiles, d. h. es kann bei jeder Veränderung verloren gehen und geht sofort verloren, sobald es der zurückgebliebenen Nation gelungen ist, den Vorsprung, den die andere hatte, einzuholen. Kein Volk empfindet die Wahrheit, daß der Gott der Schlachten vorwiegend bei den stärkeren Bataillonen ist, bitterer als die Franzosen. Im Jahre 1789 hatte Frankreich 26 Millionen Einwohner, also doppelt soviel als England (12 Millionen), mehr als Rußland (25 Millionen) und fast ebensoviel als Österreich und Preußen zusammengenommen (28 Millionen).*) Zieht man überdies in Rechnung, daß es sowohl an geistiger als auch an materieller Cultur den drei letztgenannten Staaten weit voraus war, so wird man wohl begreifen, warum das republikanische und napoleonische Frankreich jeder Coalition gewachsen war, und warum es sich nach jedem Mißerfolg so schnell erholen konnte. Die Franzosen waren eben damals, um mit Juraschek zu sprechen, im buchstäblichen Sinne des Wortes die große Nation, und diese ihre Größe fiel beständig, im Kriege wie im Frieden, in die Wagschale. Auf dem Gebiete der Kunst und Wissenschaft kommt das Individuum voll zur Geltung, auch dort, wo es sich im praktischen Leben um Entscheidungen handelt, wird der Einzelne stets bestimmend wirken, die politischen Fragen sind nie etwas anderes als Machtfragen gewesen, und Macht bedeutet in letzter Linie die Masse. An dem allerdings nur passiven Widerstande dieser Masse mußten die Reformversuche eines mit so absoluter Machtvollkommenheit ausgestatteten Monarchen wie Josef II. scheitern, und erst in unseren Tagen hat die Verfassungspartei die traurige Erfahrung gemacht, daß man einer Regierung keine erfolgreiche Opposition machen kann, wenn die Masse des Volkes den parlamentarischen Kämpfen gleichgiltig gegenübersteht. Verschiebt sich also das numerische Verhältnis der einzelnen Nationen, so verschiebt sich damit zugleich auch die Machtsphäre derselben, und geradeso wie Frankreichs Einfluß auf die europäische Politik seit geraumer Zeit ein sinkender ist, so würde dem deutschösterreichischen Volksstamme in der Monarchie mit dem Emporwuchern der nichtdeutschen Nationen eine stets geringere Bedeutung zutheil werden.

---

*) Charles Richet: L'accroissement de la population française. Revue des deux mondes. 1882. S. 932. Im Jahre 1700 soll Frankreich bereits 21,136.000 Einwohner gehabt haben. Levasseur: La population française. Paris, 1889. I. Bd. S. 288.

Man wird mir vielleicht entgegenhalten, daß der Begriff des nationalen Gegensatzes dem geistigen Rüstzeuge einer absterbenden Ge-
sellschaftsepoche angehöre, daß der Kampf der Nationalitäten nichts
anderes als eine der ideologen Formen sei, in der sich die Menschen
eines Widerspruches zwischen den materiellen Productivkräften der Gesellschaft und den Productionsverhältnissen bewußt werden, *) und daß
mit Beseitigung der capitalistischen Wirtschaftsordnung auch der Rassenkampf ein Ende nehmen müsse, um einer wahren Völkerverbrüderung
in dem Rahmen einer nach den Grundsätzen von Freiheit und Gleichheit
aufgebauten Gesellschaftsordnung Platz zu machen. Nun ist es allerdings richtig, daß Classenkämpfe zuweilen gleichzeitig den Charakter von
nationalen Kämpfen annehmen, soferne die herrschende Classe der einen,
die beherrschte Classe der anderen Nationalität angehört. So stehen
z. B. in Irland der protestantische angelsächsische Gutsherr, der vorzugsweise in England lebt, dem katholischen keltischen, auf der Scholle
sitzenden Kleinpächter gegenüber, so daß der Kampf dieses Letzteren um
eine menschenwürdige Existenz zugleich den Charakter eines nationalen
Kampfes annimmt, in welchem den katholischen Geistlichen eine führende
Rolle zufällt. Ferner ist es auch unzweifelhaft, daß die nationalen
Verschiedenheiten sich im Laufe der Zeit vermindern, einerseits, indem
zahlreiche kleine Nationen gezwungen werden, ihre Selbständigkeit auf-
zugeben und sich einem größeren Ganzen zu unterwerfen, anderseits
dadurch, daß der Verkehr, der sich gerade unter dem capitalistischen
Wirtschaftssystem in früher nie geahnter Weise entwickelt hat, zahlreiche
Bande zwischen den einzelnen Völkern anknüpft und so die feindlichen
Brüder einander näher bringt. **) Wohnung, Nahrung und Kleidung
nehmen in den größeren Städten und an den Heerstraßen immer mehr
einen internationalen Charakter an, die Zweckmäßigkeit siegt über das
Althergebrachte, bloß auf dem Lande erhält sich der nationale Charakter
des Hauses, der Nahrung und der Kleidung. Auch hier macht sich aber

---

*) K. Marx: Zur Kritik der politischen Ökonomie. Berlin, 1859. (S. V und VI.)

**) Die Nationalität ist nach Rüdiger ein „veränderlicher Begriff, welchen
Sprache, Sitte und Staat in verschiedenen Mischungsverhältnissen bilden." „Die Abstammung hat wesentlich nur die Bedeutung, daß sie ursprünglich Gleichheit der
Sprache, der Sitte und anderer gesellschaftlicher Einrichtungen bedingt." Ludwig Rüdiger: Über Nationalität. Zeitschrift für Völkerpsychologie und Sprachwissenschaft,
herausgegeben von Lazarus und Steinthal 1865. S. 111. Je ähnlicher daher Sitte
und politische Einrichtungen werden, desto mehr müssen nationale Unterschiede
schwinden. S. 95.

der zersetzende Einfluß des Verkehrs geltend, so daß man überall die
Nationaltrachten in den Museen sammelt, um den Kindern und Kindes=
kindern eine vergangene Zeit anschaulich machen zu können. Und was
von den äußeren Lebensverhältnissen gilt, gilt in gleich hohem Maße
von dem geistigen und sittlichen Leben; auch hier das Bestreben der
Nationen einander näher zu kommen, sich zu verständigen, von einander
zu lernen und geistige Anregung zu bekommen. Schon im Alterthume
konnte die früh erwachte Cultur Egyptens das griechische Geistesleben
beeinflussen, und fiel hinwiederum diesem die Aufgabe anheim, dem rö=
mischen Weltreiche das reiche Erbe an künstlerischer Vollendung und
wissenschaftlicher Arbeit zu übermitteln und damit die Entwicklung der
Cultur im ganzen Becken des mittelländischen Meeres zu einer gleich=
artigen zu gestalten. Die stärkste nivellierende Macht übte aber das
Christenthum aus, welches, nach und nach über ganz Europa verbreitet,
allen Völkern einen und denselben Kern ethischer Grundsätze beibrachte
und vermöge seines Einflusses auf die Gemüther und seiner centralistischen
Verfassung durch Jahrhunderte den geistigen Verkehr zwischen den ein=
zelnen Nationen vermittelte. Seitdem hat jede geistige Bewegung, sie
mochte von welchem Volke immer ausgehen, einen internationalen
Charakter angenommen, die Renaissance und Reformation so gut wie
die Aufklärung zu Ende des vorigen Jahrhunderts. Was aber von
Religion, Kunst und Wissenschaft im Allgemeinen gilt, gilt ebenso von
der Politik und Volkswirtschaft im Besonderen. Je gleichartiger die
sociale Entwicklung bei allen Culturvölkern ist, und je mehr diese Ent=
wicklung zu einer weitgehenden Differencierung der einzelnen Schichten
ein und desselben Volkes führt, desto mehr müssen naturgemäß auch
die Anschauungen und Wünsche dieser Volksschichten bei den verwandten
Classen benachbarter Völker Würdigung und Verständnis finden. Der
englische Großgrundbesitzer unterscheidet sich in seinen Anschauungen und
Gewohnheiten von dem böhmischen Latifundienbesitzer weit weniger als
von dem englischen Dockarbeiter, und die Noth hat den belgischen und
oberschlesischen Kohlengräber einander weit näher gebracht, als die na=
tionale Zusammengehörigkeit die verschiedenen Classen ein und derselben
Nation. Daraus erklärt es sich, warum jede sociale Bewegung immer
einen internationalen Charakter annehmen muß, warum der Liberalismus
in allen Culturländern Verbreitung gefunden hat und warum auch die
moderne sociale Bewegung, die des vierten Standes, vor keiner Landes=
grenze Halt macht.

Obwohl also nicht zu leugnen ist, daß in der menschlichen Ent=
wicklung die Tendenz besteht, das nationale Element immer mehr hinter
das internationale zurücktreten zu lassen, so halte ich es doch für irrig,
heute schon der nationalen Verschiedenheit jede Bedeutung abzusprechen,
oder anzunehmen, daß dieselbe in absehbarer Zeit verschwinden werde.
Der vollen Verschmelzung stehen die Verschiedenheit der Sprache und
die Einflüsse, welche verschiedenes Klima und verschiedene Bodenver=
hältnisse auf die physische und psychische Natur des Menschen ausüben,
hinderlich im Wege. Was allein die letzteren Momente zu bedeuten haben,
das mag man daraus ersehen, daß zahlreiche ernste Beobachter die Be=
hauptung aufstellen, es sei schon im Laufe weniger Generationen aus
den englischen Einwanderern nach Nordamerika eine von den Engländern
vielfach verschiedene Rasse erwachsen. *) Aber auch unter annähernd gleichen
Lebensverhältnissen wird noch durch Jahrhunderte die anthropologische
Verschiedenheit ein Factor bleiben, der nicht übersehen werden darf.
Denn wenn es auch durch die vielfachen Kreuzungen schon heute in jedem
Volke Vertreter der verschiedenen Typen gibt, **) so ist doch das Zahlen=
verhältnis, in welchem diese Typen vorkommen, ein so verschiedenes, daß
man noch von einem nationalen Typus sprechen und als solchen jenen
bezeichnen kann, welcher unter den Angehörigen des betreffenden Volkes
am häufigsten gefunden wird. Wenn also z. B. festgestellt ist, daß
11% der deutschen Juden blonde Haare und blaue Augen haben, so
kann man daraus schließen, daß Kreuzung den semitischen Stamm der
Juden in Deutschland verändert hat. Trotzdem wird der Typus der=
selben sich wesentlich von dem der Deutschen unterscheiden, obwohl
auch in dem deutschen Volke nur mehr 30% jene Haar= und

---

*) Vergl. Quatrefages: Unité de l'espèce humaine. Paris. S. 225. Im nord-
amerikanischen Bürgerkriege wurden Körpermessungen an 1,104.841 Männern vorgenommen. Dabei überraschte die Thatsache, daß die Bewohner der westlichen Unions-
staaten an Körpergröße die Bewohner des Ostens, noch mehr aber die eingewanderten
Kanadier, Schotten, Iren, Engländer und Deutschen übertrafen. Peschel: Völkerkunde.
S. 85. Für den Einfluß des Klimas auf die Körperbeschaffenheit spricht auch die
statistisch erhobene Thatsache, daß sich holländische Mädchen, welche in Indien leben
um 1—2 Jahre früher entwickeln als im Mutterlande. Vergl. Mittheilungen der anthropologischen Gesellschaft in Wien, 1880.
**) So sollen nach Peschel in einer Sammlung deutscher Schädeln zu Göttingen
die Eigenthümlichkeiten der verschiedenen Menschenrassen vertreten sein. Peschel: a. a.
O. S. 64.

Augenfarbe besitzen, die Tacitus als Eigenschaft der alten Germanen bezeichnet. *)

Gerade eine materialistische Geschichtsschreibung darf den Rassen= unterschied nie und nimmer übersehen, denn da der Materialismus das geistige Leben als Function der Materie auffaßt, so müßte gerade sie Schädelinhalt und Nervenerregbarkeit, Knochenbau und Muskelkraft als die letzten Ursachen aller geschichtlichen Vorgänge bezeichnen. Daran ändert die Thatsache nichts, daß der Materialismus auch die Rassen= verschiedenheit auf materielle Ursachen zurückführt, denn die heutigen Rassen sind das Ergebnis eines jahrtausendlangen Processes und werden deshalb trotz aller äußeren Verhältnisse in absehbarer Zeit nicht ver= schwinden. Auch eine Kreuzung beseitigt die Rassen nicht, sie überträgt nur die Eigenschaften derselben auf die Mischrasse. Wenn also auch thatsächlich die Kreuzung zwischen den Culturvölkern weitere Fortschritte machen dürfte, so würde die anthropologische Verschiedenheit nicht voll= ständig schwinden, solange nicht das Mischungsverhältnis das gleiche wäre. Die Gesellschaftswissenschaft darf daher nicht bloß nicht von der anthropologischen Verschiedenheit der Menschen absehen, sie muß im Gegentheile die Anthropologie in weit höherem Grade heranziehen und für ihre Untersuchungen fruchtbar zu machen streben. So scheint mir, was Peschel von den Chinesen sagt, daß wir an ihnen eine ungezählte Menge von Erfindungen bewundert und von ihnen uns angeeignet haben, während wir ihnen nicht eine einzige Theorie, nicht einen einzigen tieferen Blick in den Zusammenhang und die nächsten Ursachen der Er= scheinungen verdanken, vollauf zu erklären, warum China noch heute auf derselben Stufe der geistigen, politischen und wirtschaftlichen Entwicklung steht wie vor Jahrhunderten. Wäre mit der Entwicklung der Productiv= kräfte durch Erfindungen zugleich schon die Umgestaltung der Gesell= schaftsordnung gegeben, so hätte in China der Capitalismus zur vollsten Blüte gelangen müssen, als England noch tief im Feudalismus stak und Amerika das unbestrittene Jagdgebiet der Rothhäute war. **)

---

*) So verschieden die Körpergröße der einzelnen Individuen ist, so lehrt die Statistik doch, daß bei Angehörigen derselben Nation nicht bloß eine bestimmte Körper= größe am häufigsten vorkommt, sondern daß auch größere oder kleinere Individuen umso seltener sind, je mehr sich ihre Größe von der typischen entfernt. Vergl. Quetelet: Anthropométrie ou mesures des différents facultés de l'homme. 1871, S. 17 und 187.

**) Anthropologen gerathen gerne in das andere Extrem. So führt Gobineau den Untergang der griechischen und römischen Cultur einzig und allein darauf zurück,

Aber auch die Form, in welche Engels[*]) die materialistische Ge=
schichtsauffassung zu bringen sucht, indem er „den Classenkampf als den
Inhalt aller geschriebenen Geschichte" bezeichnet, scheint mir diese An=
schauung nicht haltbarer zu machen. Denn Kämpfe zwischen Angehö=
rigen der verschiedenen Völkerstämme hat es in historischer und vor=
historischer Zeit gegeben, lange bevor es Classen gab, ja die Classen selbst
sind gerade das Ergebniß des Kampfes, insoferne Kriegsgefangenschaft
gewiß die Hauptquelle der Sclaverei ist. Aber selbst wenn man das
Hauptgewicht auf das Wort „geschriebene" legen und damit andeuten
wollte, daß bloß die Kämpfe einer späteren Geschichtsperiode darunter
gemeint seien, so würde die Behauptung mit den Thatsachen nicht über=
einstimmen. Denn angenommen, daß es religiöse, nationale und poli=
tische Gegensätze an sich nicht gibt, so gab und gibt es doch zahllose
Kämpfe um wirtschaftliche Vortheile, die man keineswegs als Classen=
kämpfe bezeichnen kann. Wenn sich z. B. in Central=Asien russischer
und englischer Einfluß begegnet und es sich darum handelt, ob der asia=
tische Markt von Moskau oder wie bisher von London beschickt werden
soll, so sind an diesem Kampfe nicht bloß die Kaufleute und Fabrikanten,
sondern auch die Arbeiter beider Nationen interessiert, denn darüber kann
kein Zweifel bestehen, daß der Verlust namhafter Absatzgebiete nicht
bloß den englischen Unternehmer, sondern auch den englischen Arbeiter
auf das Bitterste treffen würde.[**]) Die Interessen von Capital und
Arbeit sind entgegengesetzte, aber sie sind es nicht durchwegs, sie bewegen
sich in derselben Richtung, wenn die Interessen des ganzen Industrie=

daß sich das Blut des griechischen und römischen Volkes durch die fortwährenden
Kreuzungen geändert habe. Weil diese Völker physisch degenerierten, mußten sie nach
Gobineau auch sittlich degenerieren. Vergl. Gobineau: Essai sur l'inegalité des races
humaines. 1853. I. Bd. S. 39.

[*]) Engels: Der Ursprung der Familie, des Privateigenthums und des Staates.
1884. S. V.

[**]) Trefflich schildert Kautsky, wie die Entwicklung des europäischen Handels
zwischen dem 14. und 16. Jahrhunderte einen Interessengegensatz zwischen den An=
gehörigen verschiedener Völker schuf und damit auch den nationalen Gegensatz schärfer
zum Ausdrucke brachte. Vergl. Kautsky: Thomas More und seine Utopie. 1888. S. 14
u. ff. Das Hauptorgan der österreichischen Social=Demokratie, die Wiener „Arbeiter=
Zeitung" definiert in Nr. 2 des Jahrganges von 1890 den Nationalitätenkampf als
den „Kampf capitalistischer Parteien um die Herrschaft über oder wenigstens um den
Einfluß auf die wirtschaftlichen Machtmittel des Staates." Aber schon in Nr. 4
desselben Jahrganges wird mit Recht getadelt, daß Neger und Kulis auf deutschen
Schiffen verwendet werden und die deutschen Seeleute verdrängen.

zweiges in Frage kommen. So hat die Mac Kinley-Bill Meister
und Gehilfen der österreichischen Perlmutterindustrie gleich hart getroffen
und das Bestreben beider die österreichische Regierung zu Schritten bei
der nordamerikanischen zu bewegen, damit der Zoll auf Waren aus
Perlmutter herabgesetzt werde, hat diese Interessensolidarität auch officiell
zum Ausdrucke gebracht.

Rassenkampf ist eine Form des collectiven Kampfes um's Dasein,
und dieser hat seinen Grund darin, daß die Unterhaltungsmittel stets
nur im beschränkten Maße vorhanden sind. Diese Beschränktheit kann
nun allerdings zwei verschiedene Ursachen haben, sie kann aus der un-
genügenden Productivität des Wirtschaftssystems hervorgehen, oder sie
kann sich als eine Wirkung des sogenannten Bodengesetzes erklären lassen.
Im ersteren Falle läßt sie sich durch eine Änderung der Wirtschaftsordnung, im letzteren Falle nur dann beseitigen, wenn die Fortschritte
der landwirtschaftlichen Technik es ermöglichen, die landwirtschaftliche
Production zu erhöhen, ohne daß der Producent hiebei unverhältnismäßig mehr an Capital und Arbeit aufwenden müßte. So wie Malthus
die relative Übervölkerung, die sich aus der mangelhaften Wirtschaftsordnung ergibt, mit der absoluten zusammenwarf, so begieng Marx die
Einseitigkeit, das sogenannte Malthus'sche Gesetz, also die Möglichkeit
der Übervölkerung, ganz zu leugnen. Kautsky hat diese Lücke in dem
System seines Lehrers ergänzt und den wahren Kern der Malthus'schen
Lehre von allem unhaltbaren Beiwerke losgeschält, ohne jedoch, wie es
scheint, die Consequenzen davon zu ziehen, da er nach wie vor an der
materialistischen Geschichtsauffassung festhält. Denn wenn es wahr ist,
daß die Bevölkerung über den Nahrungsmittelspielraum hinauswachsen
kann, so sind nicht bloß im capitalistischen Staate, sondern auch in der
socialistischen Gesellschaftsordnung der Zukunft Rassenkämpfe denkbar,
solange nicht die Vermehrung der Bevölkerung einer internationalen
Controle unterworfen wird. *) Wir müssen also im Gegensatze zur ma-

---

*) Geradeso wie in der capitalistischen Gesellschaft zwischen den Nationen ein
Interessengegensatz besteht, weil dem beschränkten Consum ein Überschuß an Producten
gegenübersteht, ebenso kann derselbe auch in der socialistischen Gesellschaft der Zukunft
gedacht werden, soferne eine große Volkszunahme einer unzureichenden Menge des
Bodens gegenübersteht. Kautsky's Ausführungen sind aber nicht widerspruchslos.
So wird (S. 297) behauptet, daß die Form der Familie von der Productionsweise
abhängig sei, gleich darauf aber (S. 311) constatiert, daß sich die Bestimmungen des
Familienlebens „so tief eingewurzelt haben, daß sie selbst heute" — also 350 Jahre

terialistischen Geschichtsauffassung daran festhalten, daß Rassenbewußtsein ebenso wie religiöses Empfinden zu den Factoren zählt, die von der Organisation der Volkswirtschaft unabhängig sind. Das Rassenbewußtsein kann stärker oder schwächer sein, das ändert an der Realität dieses Bewußtseins ebensowenig, als die Realität des religiösen Empfindens dadurch nicht in Frage gestellt wird, daß die Menschen im Laufe der Jahrtausende ihr metaphysisches Bedürfnis in den verschiedensten Formen befriedigt haben.

Stellt man nun die Frage, wie es möglich war, die Bedeutung dieser idealen Factoren zu übersehen, wie es möglich war, die wirtschaftlichen Verhältnisse und deren Entwicklung zur einzig bewegenden Kraft der Weltgeschichte zu machen, so scheint mir die Antwort ziemlich nahe zu liegen. In der Theorie spiegeln sich immer die Vorgänge des Lebens. Je mehr die wirtschaftliche Sorge im täglichen Leben in den Vordergrund tritt, desto mehr muß auch die Theorie geneigt sein, dem Streben nach Sicherung und Besserung der materiellen Existenz die ausschlaggebende Rolle unter den Motiven menschlichen Handelns zuzuweisen. So wurzelt die materialistische Geschichtsauffassung in der zunehmenden Unsicherheit der ökonomischen Verhältnisse des Einzelnen und der starken Vermehrung seiner Bedürfnisse. Ein völlig gesichertes Einkommen hat allerdings das Individuum auch in früheren Gesellschaftsepochen nicht bezogen, was aber sein Einkommen und seine Existenz bedrohte, das waren in erster Reihe Elementarereignisse, denen man macht- und wehrlos gegenüberstand, und mit denen man sich abfinden mußte, wie jedermann, wenn er auch noch so lebenslustig ist, sich mit der Aussicht abfinden muß, daß seinem Leben einmal der Tod ein Ende bereiten wird. Dem entsprechend ist denn auch das, was dem Städter an den Bauern eines entlegenen Erdenwinkels als Indolenz erscheint, nichts anderes als jene Gemüthsstimmung, die eine Lebenslage mit sich bringen muß, in welcher der Kampf um's Dasein lediglich in einem Kampfe mit Naturgewalten besteht. Diese Gemüthsstimmung eines verhältnismäßig sorgenfreien Dahinlebens ist aber nicht der Landwirtschaft allein eigenthümlich, auch der Handwerker des Mittelalters besaß sie, solange die Zahl der Meister so gering war, daß es nie an zahlungsfähiger Nachfrage nach

nach More und dem Beginn der capitalistischen Gestaltung unserer Gesellschaft — „noch vielfach unverändert gelten, obgleich manche ihrer materiellen Grundlagen sich bereits verändert haben." Die heutige Familie scheint also doch noch eine andere Grundlage als die einer bestimmten Productionsform zu besitzen.

Handwerksproducten fehlte, oder die zünftlerische Organisation den Ab=
satz derselben sichern konnte. Erst als der locale Markt sich zum Welt=
markte erweiterte, wurde der Kampf aus einem Kampfe mit Natur=
gewalten auch zu einem Kriege Aller gegen Alle. Damit war die Ein=
kommensbildung unter den Einfluss der Conjunctur gestellt. Nun ge=
nügt es nicht mehr, daß jemand zur Sicherung seiner Lebensstellung
arbeitet, er muß auch „gesellschaftlich nothwendige" Arbeit leisten, d. h.
er darf nicht bloß auf eine Sache nicht mehr Arbeitskraft verwenden,
als nach den neuesten Fortschritten der Technik unumgänglich nöthig ist,
sondern sein Product muß auch auf dem Weltmarkte einer zahlungs=
fähigen Nachfrage begegnen. Die Berechnung der Productionskosten
und der Conjunctur setzt aber nicht bloß rastlose geistige Thätigkeit
voraus, sie schließt auch die Möglichkeit des Irrthums keineswegs aus,
so daß nicht bloß der capitalistische Unternehmer, sondern auch der
capitallose Arbeiter beständig von der Sorge verfolgt wird, ob er in der
Lage sein wird, seine ökonomische Stellung zu behaupten. Während so
die Bedingungen, an welche die Existenz des Einzelnen geknüpft ist, sich
in einem Processe der beständigen Umwandlung befinden, lernt die
Masse durch die Lebenshaltung jener Schichten, deren Einkommen un=
verhältnismäßig wächst, zahlreiche Bedürfnisse kennen, die ihr bisher
fremd waren. Je tiefer die Idee der menschlichen Gleichberechtigung in
allen Herzen Wurzel geschlagen hat, desto peinlicher wird die ökonomische
Ungleichheit empfunden, und desto mehr tritt der Wunsch nach besserer
Lebenshaltung in den Vordergrund. Kein Wunder, daß sich in solchen
Geschichtsperioden der Materialismus im vulgärsten Sinne des Wortes
genommen in den Vordergrund drängt. Denn wer die Magenfrage
kennen lernt, ist in der Regel idealen Regungen wenig zugänglich, so
daß der Dichter als er den Hunger und die Liebe als erhaltende
Kräfte des Weltgetriebes bezeichnete, in richtiger Erkenntnis dem Hunger
den Vorrang einräumte. Die Sorge um die Erhaltung der wirtschaft=
lichen Existenz tritt aber nicht bloß gegenwärtig unter den Motiven des
Handelns in den Vordergrund, sie ist auch eine Kraft, welche unter
gleichen Verhältnissen beständig die gleiche Intensität besitzt, sie ist der
Schwerkraft zu vergleichen, die überall gleichmäßig wirkt, die man sich
nicht beseitigt denken kann. Dem gegenüber ist die Größe und Inten=
sität aller idealen Motive unter dem Einflusse des Affectes wandelbarer.
Der Umstand, daß der Affect unter dem Gesetze des Contrastes steht, scheint
nun dahin geführt zu haben, daß man an dem Einflusse der idealen

Motive überhaupt zweifelte. Das ist aber meines Erachtens nicht weniger falsch, als wenn man meinte, ein Pendel bewege sich nicht, da es nach jeder Seite gleich weit ausschlägt und in der Bewegung jedesmal zum Ruhepunkte zurückkehrt.

Die materialistische Geschichtsauffassung von Marx scheint mir auf einem Irrthume zu beruhen. Sie, die Religion und Nationalität nur für ideologe Formen hält, in welchen sich die Menschen des Classenkampfes bewußt werden, steckt selbst tief in der Ideologie, wenn sie annimmt, daß zwischen den einzelnen Nationen kein Interessengegensatz besteht. Indem sie das, was im Interesse des menschlichen Geschlechtes wünschenswert wäre, als bestehend annimmt, erinnert sie lebhaft an den ökonomischen Liberalismus, welcher in seinen besten theoretischen Leistungen von der Voraussetzung ausgeht, daß die Interessen der Einzelnen mit denen der Gesammtheit zusammenfallen, und daß daher die vollkommenste Freiheit von selbst die besten wirtschaftlichen Zustände schaffen müsse. Indes kommt der materialistischen Geschichtsauffassung wie der mit noch mehr Recht als materialistisch bezeichneten Geschichtsschreibung Buckles das große Verdienst zu, eine einheitliche Erklärung der Geschichte versucht und damit die Geschichtsschreibung von der Überschätzung des persönlichen Einflusses bedeutender Männer befreit zu haben.*) Mag man deshalb über den Materialismus wie immer denken, so muß man dankbar anerkennen, daß er es war, der auf dem Gebiete der Geschichte dieselbe Leistung vollbrachte, welche auf dem Gebiete der Philosophie Demokrit zufiel, als er der griechischen Anschauung von dem Einflusse eines mit menschenähnlichen Wesen bevölkerten Olymps auf den Gang der Ereignisse seine Lehre von der Bewegung der Materie entgegensetzte und damit zum erstenmale der Meinung Ausdruck verlieh, daß wir nicht nach dem Spiele des Zufalles, sondern „nach ewigen, ehernen, großen Gesetzen unseres Daseins Kreise vollenden" müssen.**)

Halten wir also einerseits daran fest, daß der Nationalitätenstreit mit dem Kampfe wirtschaftlicher Parteien nur indirect zusammenhängt, und daß er daher auch mit einer Änderung der Wirtschaftsordnung nicht nothwendig verschwinden muß, und vergegenwärtigen wir uns andererseits die Thatsache, daß die Masse stets der ausschlaggebendste

---

*) Vergl. H. Spencer: The study of sociology. 2. Aufl. S. 30 u. ff.

**) Über die materialistische Geschichtsauffassung vergl. Th. Barth: Die Geschichtsphilosophie Hegels und der Hegelianer bis auf Marx und Hartmann. 1890. S. 41 u. ff.

Factor in diesem Streite bleibt, so entsteht die Frage, wie sich das
Zahlenverhältnis zwischen den einzelnen Nationen gestalten dürfte.
Wüchse wirklich die slavische Bevölkerung Europas so stark an, daß die
unermesslichen Flächen des heutigen Rußlands so dicht bevölkert wären,
wie die Sachsens oder Belgiens, dann würde auch der Dreibund nicht
mehr im Stande sein ein Gegengewicht zu bieten, umsomehr als Öster=
reich unter gleichen Verhältnissen immer mehr in das Fahrwasser einer
slavischen Politik gerathen müßte. Dann würde unzweifelhaft das Schwer=
gewicht der europäischen Politik immer mehr nach Osten verlegt werden,
und auf eine Epoche der romanischen und germanischen Vorherrschaft
eine slavische folgen. Fast wäre man versucht, wollte man rein äußerlich
in der Geschichte nach Analogien dieser Perspective suchen, an die Völker=
wanderung zu denken, und in der That hat denn auch der Panslavismus
für das Slaventhum wiederholt die Mission in Anspruch genommen, die
den germanischen Völkerschaften zu Ende der Römerherrschaft zufiel.
Aber noch fühlt sich Mittel= und Westeuropa nicht so alt wie das
Römerreich, als deutsche Heerhaufen den Grenzwall überstiegen, um den
Zug nach dem Süden anzutreten, und fast will es mir scheinen, daß
auch dem Slaventhum jene urwüchsige Naivität, die Tacitus an unseren
Voreltern bewundert, ziemlich abhanden gekommen ist. Auch ist das
größere Alter der Cultur an sich weder die Ursache eines rascheren
Verfalls des nationalen Lebens, noch auch eines Verlustes an Sprach=
gebiet. Ja, wenn wir auf die österreichischen Verhältnisse zurückkommen,
so hat das deutsche Volk daselbst im Laufe der Zeit nirgends größere
Verluste aufzuweisen als dort, wo es an Italiener, die Kinder eines
älteren Culturvolkes, grenzt. Denn wenn auch aus Gründen, die weiter
oben ausführlich erörtert wurden, über die nationalen Verhältnisse frühe=
rer Generationen oder gar Jahrhunderte nur mit Vorbehalt Schlüsse zu
ziehen sind, so kann es doch keinem Zweifel unterliegen, daß im heuti=
gen Wälschtirol, ja im Venetianischen sich einst deutsches Volksthum in
weit größerer Menge befunden hat wie heute, und daß dieses Volksthum
im Laufe der Zeit bis auf wenige Reste der Verwälschung anheimge=
fallen ist.*) Wir sehen somit mit der Behauptung, daß ein Volk mit

---

*) Über den Rückgang des deutschen Elementes in Südtirol in den letzten
Jahrhunderten vergl. H. J. Bidermann: Die Nationalitäten in Tirol und die wechseln=
den Schicksale ihrer Verbreitung. Forschungen zur deutschen Landes= und Volkskunde.
I. Bd. 1886. Für die neuere Zeit vergl. J. Angerer: Deutsche und Italiener in
Südtirol

jüngerer nationaler Cultur gleichsam als das jugendkräftigere unbedingt an Boden und Einfluß gewinnen müsse, kommen wir nicht aus und wir müssen daher die Frage nach der Zukunft der Deutschen in Öster= reich auf anderem Wege zu beantworten suchen.

Ob die europäische Politik die Lage der Deutschösterreicher in dieser oder jener Weise beeinflussen werde, entzieht sich selbstverständlich der Beurtheilung und niemand vermöchte hierüber mehr als Vermuthungen aufzustellen. Viel leichter fällt die Beurtheilung der inneren Politik, denn nach den gegebenen Verhältnissen ist es sehr wahrscheinlich, daß in den nächsten Decennien keine Regierung irgendwelche exclusiv nationale Politik treiben wird. Ob nun die Regierung ohne festes Parteiprogramm regieren, also ein Beamtenministerium sein wird, oder ob wirtschaft= liche Parteien die nationalen ablösen, ist für unseren Fall gleichgiltig. Genug damit, daß von Seite der Regierung die Deutschen höchstwahr= scheinlich weder eine wesentliche Förderung, noch eine wesentliche Benach= theiligung erfahren dürften. Jeder Berechnung hinwiederum entzieht es sich, ob das Nationalbewußtsein der Deutschösterreicher, welches zu Be= ginn der achtziger Jahre in denselben mächtig geweckt wurde, auch in Zukunft wach erhalten werden, oder ob es wieder jenem Cosmopolitismus weichen wird, der sich sowohl in Deutschland als in Österreich historisch recht wohl erklären läßt. Mit annähernder Genauigkeit vermögen wir nur den Zuwachs der Bevölkerung zu berechnen. Wenn wir im Folgen= den uns ausschließlich mit demselben beschäftigen wollen, so geschieht es nicht deshalb, weil wir ihn für den einzigen Factor halten, der auf die Zukunft der Deutschen in Österreich von Einfluß ist, sondern weil er allein Berechnung zuläßt.

Zweiter Abschnitt.

Die Umgangssprache der österreichischen Bevölkerung erst seit 1880 erhoben. — Wert dieser Erhebung. — Versuch den Zuwachs der einzelnen Volksstämme aus dem Alters=aufbau und der Bewegung der Bevölkerung zu ermitteln. — Eintheilung der alten deutschen Bundesländer in sieben Gruppen. — Das Verhältnis der jugendlichen Per=sonen zur Gesammtbevölkerung. — Die Geburtsüberschüsse. — Geographische und physiologische Einflüsse auf die Volksvermehrung. — Die Geburtenfrequenz. — Die Todtgeburten. — Die Kindersterblichkeit. — Die Ehefrequenz.

Der Versuch, die Vermehrung der einzelnen Volksstämme Österreichs für dieses Jahrhundert oder auch nur für die Zeit seit der Mitte dieses Jahrhunderts ziffermäßig festzustellen, ist vollständig unmöglich, da wir bezüglich der Volkszahl der einzelnen Stämme für den Beginn der be= treffenden Periode nur auf unzuverläßliche Schätzungen angewiesen sind.*) Selbst die Berechnungen Fickers, die jedenfalls Anspruch auf größere Genauigkeit erheben können, theilen schließlich die Eigenschaft, daß sie auf Grund vielfach unzulänglichen Materials unternommen wurden, daß ihnen also jene Bedeutung nicht zukommt, welche un= mittelbar amtlichen Erhebungen zutheil wird. Erst bei der Volks= zählung des Jahres 1880 wurde neben anderen Dingen auch die Um= gangssprache der einheimischen Bevölkerung erhoben und damit für die Zukunft ein Anhaltspunkt zur Berechnung der allfälligen Verschiebung des Zahlenverhältnisses zwischen den einzelnen Nationen geschaffen. Allerdings nur ein Anhaltspunkt, und zwar nur ein solcher von nicht völlig unzweifelhaftem Werte, denn einerseits ist der Begriff der Um= gangssprache ein ziemlich unklarer, und anderseits haften der Art der Erhebung naturgemäß gewisse Mängel an, die das Ergebnis als kein

---

*) Im Jahre 1846 fanden Vorerhebungen statt, um das Material zu dem ethnographischen Werte herbeizuschaffen. Vergl. G. A. Schimmer: Die einheimische Bevölkerung Österreichs nach der Umgangssprache. Statistische Monatsschrift. 1882. S. 105. Nach der statistischen Monatsschrift, XVII. Band, S. 660 war bei diesen Erhebungen für jede Gemeinde überhaupt nur eine Sprachrubrik auszufüllen.

sicheres erscheinen lassen. Was ist die Umgangssprache? Ist es die Muttersprache, ist es die Sprache, die gegenwärtig in der Familie des Gezählten gesprochen wird, oder ist es die Sprache, die an dem Orte, in welchem sich der Gezählte zur Zeit der Zählung befindet, die herr= schende ist? Das sind Fragen, die sehr verschiedene Antwort zulassen und die auch verschieden beantwortet werden, je nach der Auffassung der zur Zählung berufenen Organe. Und damit kommen wir zur zweiten Schwierigkeit, nämlich zu der Ungenauigkeit der Erhebung. Dieselbe besteht darin, daß bei der Erhebung vielfach nicht objectiv genug vorgegangen wird, so daß das Ergebnis der Zählung sehr häufig nicht das numerische Verhältnis der Nationalitäten, sondern die localen Machtverhältnisse zum Ausdrucke bringt. Allerdings geschieht die Er= hebung in der Weise, daß der Hausvater für sich, seine Familie und Dienstboten die Umgangssprache angibt, daß er demnach nicht wider Willen dieser oder jener Nationalität zugezählt werden kann. Wenn nun aber von außen ein Druck auf ihn ausgeübt wird, wenn man z. B. dem Kaufmanne den Verlust der Kundschaft ankündigt, dem Be= diensteten die Entlassung androht, falls er nicht diese oder jene Sprache als seine Umgangssprache bezeichnet, so wird sich der abhängige oder ängstliche Mann umsoeher veranlaßt sehen, diesem Drucke zu weichen, als er geringeren Wert darauf legt, als Glied dieses oder jenes Volkes zu gelten, je geringer also bei ihm das Nationalgefühl ausgeprägt ist. Sind nun erst die Zählcommissäre als Organe einzelner Gemeinden Beeinflussungen von außen zugänglicher, als es bei Staatsbeamten der Fall ist, so erklärt es sich leicht, daß die Erhebung der Umgangssprache häufig eine solche ist, daß die Ergebnisse der Volkszählung den nationalen Ansprüchen der betreffenden Machthaber entsprechen, wenn sie auch mit der Wahrheit nicht völlig übereinstimmen.*) Indes, selbst wenn die Erhebungen ganz objectiv und wahrheitsgetreu vorgenommen würden, würde die Volkszählung unserem Wunsche, den Zuwachs der einzelnen Volksstämme kennen zu lernen, nur dann entsprechen, wenn das Wort Umgangssprache überall im Sinne von Muttersprache interpretiert würde. Denn faßt man die Umgangssprache als Merkmal der Nationalität auf, zu der sich der Gezählte selbst bekennt, die er erkoren hat, so führen wir ein Element in unsere Untersuchung ein, welches dieselbe minder exact machen müßte. An Orten mit Bevölkerung gemischter

---

*) Vergl. Schimmer: A. a. O.

Nationalität befinden sich immer zahlreiche Utraquisten, d. h. Leute, welche sich beider Sprachen mit gleicher Leichtigkeit bedienen, und welche sich, je nachdem die eine oder die andere Nation zur Herrschaft gelangt, oder auch sonst einen Aufschwung nimmt, bald auf diese, bald auf jene Seite zu schlagen pflegen. Wenn wir also den Zuwachs der einzelnen Stämme nach dem Ergebnisse des Selbstbekenntnisses der Gezählten berechnen wollten, so müßten wir zugleich den Einfluß, welchen die locale Herrschaft dieser oder jener Nationalität oder das mächtigere Rassenbewußtsein auf der einen Seite ausübt, feststellen können. Doch entziehen sich diese Einflüsse jeder Berechnung. Für eine Untersuchung über die Verschiebung des numerischen Verhältnisses zwischen den einzelnen Volksstämmen, wie dieselbe vor sich gienge, wenn Politik und größere oder geringere Stärke des Nationalbewußtseins keinen Einfluß auf dieselbe übten, wenn also eine neutrale Regierung herrschte und jeder der Nation, in der er geboren wurde, bis zu seinem Tode treu bliebe, sind denn auch die Ergebnisse der Volkszählung unbrauchbar, so daß wir uns nach anderen Behelfen umsehen müssen.

Diese Behelfe finden wir nun meines Ermessens, indem wir uns, wenn die Ausdrücke gestattet sind, von der Statik zur Dynamik wenden, indem wir also, statt die Ergebnisse der zu verschiedenen Perioden veranstalteten Volkszählungen zu vergleichen, die Kraft aufsuchen, welche die Verschiebung in dem Besitzstande der einzelnen Nationalitäten bewirkt. Können wir bei den einzelnen Nationalitäten die Zusammensetzung der Bevölkerung nach Altersclassen, sowie die Bewegung der Bevölkerung festsetzen, so läßt sich auf diesem Wege mit mathematischer Genauigkeit die Zuwachsrate bei jeder derselben berechnen und somit erkennen, ob dieser oder jener Volksstamm die Tendenz hat, an Zahl gegenüber den andern zu wachsen. Wir sind dann in der Lage, die politischen Einflüsse und die Zeitströmungen außer Rechnung zu stellen und das für die Zukunft unseres Volkes Wichtigste zu erforschen: die verhältnismäßige Vermehrung der österreichischen Nationalitäten.

Was den Altersaufbau der österreichischen Bevölkerung betrifft, so haben wir diesbezüglich die Ergebnisse der Volkszählung von 1880, in welcher die Bevölkerung jeder Bezirkshauptmannschaft, geschieden nach dem Geschlechte, Alter und Civilstande, angeführt ist. Die Ergebnisse der Bewegung der Bevölkerung werden, ebenfalls gesondert nach den einzelnen Bezirkshauptmannschaften, jährlich publiciert, doch wurde bisher weder bei der Zählung der Bevölkerung nach den Altersclassen,

noch bei der jährlichen Aufnahme der Geburten, Trauungen und
Sterbefälle auf die Umgangssprache Rücksicht genommen.*) Wollen
wir daher Altersaufbau und Bewegung der Bevölkerung für die
Frage nach dem relativen Wachsthume der einzelnen Nationen verwerten,
so können wir dies nicht anders, als indem wir Angaben über die Bevölkerung der einzelnen Bezirkshauptmannschaften auf jene Nationalität
beziehen, von welcher die betreffende Bezirkshauptmannschaft bewohnt
wird. Wir legen somit die Fiction zu Grunde, daß Nationalität und
Bewohnerschaft sich decken, etwa so wie Bergmann in seinen Untersuchungen über die Bevölkerung von Posen die Deutschen mit den Evangelischen, die Polen mit den Katholiken gleichsetzt, weil die Erhebungen
nur nach dem Merkmale der Confession stattfanden, und thatsächlich die
Zahl der katholischen Deutschen und evangelischen Polen in Posen gering ist. Was die Fehlergrenze bei diesem Verfahren betrifft, so werden
wir versuchen, dieselbe in unserem Falle dadurch einzuengen, daß wir
den Bezirkshauptmannschaften, in welchen die verschiedenen Nationen
in größerem Maße gemischt vorkommen, eine Sonderstellung ein-
räumen. Damit werden wir allerdings den Zuwachs der einen und
der anderen Nation nicht absolut feststellen können, da es uns aber
im gegenwärtigen Falle weniger um die Berechnung des absoluten als
des relativen Zuwachses an Bevölkerung zu thun ist, so werden wir
schon mit der Beobachtung der Vorgänge in den von einer Nation bewohnten Bezirkshauptmannschaften auskommen und die Erscheinungen
aus den gemischten Bezirkshauptmanschaften bloß zum Vergleiche her-
beiziehen.

Damit soll nun keineswegs geleugnet werden, daß es fast in den
meisten Bezirkshauptmannschaften nationale Minderheiten gibt, die wir
einfach übersehen müssen, falls wir überhaupt auf diesem Wege zu einem
Ergebnisse gelangen wollen. Ich bin jedoch der Meinung, daß wir dies
ohne weiters thun können und zwar einerseits deshalb, weil die Verhältnisse einer kleinen Minderheit an dem Gesammtergebnisse keine Änderung hervorbringen können, und anderseits, weil kleine nationale Minder-

*) Erst bei der Volkszählung des Jahres 1890, deren Ergebnisse bisher noch
nicht vollständig veröffentlicht sind, wurden alle Angaben der Anzeigezettel und Auf-
nahmsbögen auf Zählblätter umgelegt und an die statistische Centralcommission ein-
gesandt. Vergl. Inama Sternegg: Die nächste Volkszählung. Statistische Monatschrift,
XVI. Jahrg 1890. S. 351.

heiten auf die Dauer überhaupt nicht haltbar sind und im Laufe der nächsten Generation zum großen Theile in die Mehrheit aufgehen, so daß der Zuwachs, den Geburtsüberschüsse ergeben, in der Regel der Nationalität der Mehrheit zugute kommt. Gehen wir von dem Grundsatze aus, jene Bezirkshauptmannschaften als einer Nation angehörig zu betrachten, in welchen sie mit Dreiviertel der einheimischen Bevölkerung vertreten ist, so ergeben sich folgende Gruppen:*)

I. Deutsche Bezirke:

1. Niederösterreich mit Wien,
2. Oberösterreich,
3. Salzburg,
4. deutsche Bezirke in Steiermark (die Städte: Graz, Marburg und Cilli, sowie die Bezirkshauptmannschaften: Bruck, Feldbach, Graz Umgebung, Gröbming, Hartberg, Judenburg, Deutsch=Landsberg, Leibnitz, Leoben, Liezen, Murau, Radkersburg und Weiz),
5. deutsche Bezirke in Kärnthen (die Stadt: Klagenfurt, sowie die Bezirkshauptmannschaften: Spital, St. Veit und Wolfsberg),
6. deutsche Bezirke in Tirol (die Städte: Innsbruck und Bozen sowie die Bezirkshauptmannschaften: Bozen Umgebung, Brixen, Bruneck, Imst, Innsbruck Umgebung, Kitzbühel, Kufstein, Landeck, Lienz, Meran, Reutte und Schwaz),
7. Vorarlberg,
8. deutsche Bezirke in Böhmen (die Stadt: Reichenberg sowie die Bezirkshauptmannschaften: Asch, Aussig, Bischofteinitz, Böhmisch=Leipa, Braunau, Brüx, Dauba, Eger, Falkenau, Friedland, Gabel, Gablonz,

---

*) Selbstverständlich ist diese Eintheilung, so wie jede Eintheilung eine will= kürliche. Sie geht von dem Bestreben aus zu viel Untertheilungen zu vermeiden. Aus diesem Grunde wurde auch ausnahmsweise die Stadt Cilli (635·3°/₀₀ Deutsche und 360·2°/₀₀ Slovenen) als deutsche Stadt gezählt, da sie der einzige stärker ge= mischte Bezirk Steiermarks ist, und es wohl unthunlich ist einen so kleinen Bezirk gesondert zu betrachten. Aus gleichem Grunde wurde in Böhmen der Bezirk Braunau (745·9°/₀₀ Deutsche und 254·1°/₀₀ Tschechen) als deutscher, der Bezirk Polna (256·2°/₀₀ Deutsche und 743·6°/₀₀ Tschechen) als tschechischer und in Mähren der Bezirk Auspitz (256·2°/₀₀ Deutsche und 743·6°/₀₀ Tschechen) als tschechischer Bezirk gezählt, da diese Bezirke nahezu eine Dreiviertel=Majorität der Angehörigen einer Nationalität auf= weisen. Da es uns im vorliegenden Falle bloß darauf ankommt, das Verhältnis der Deutschen zu den übrigen Volksstämmen festzustellen, so wurde weder eine eigene pol= nische Gruppe für das östliche Schlesien gebildet, noch auch im Küstenlande zwischen italienischen, slovenischen und kroatischen Bezirken unterschieden.

Graslitz, Hohenelbe, Joachimsthal, Kaaden, Kaplitz, Karlsbad, Komotau, Leitmeritz, Luditz, Mies, Plan, Podersam, Reichenberg Umgebung, Rumburg, Saaz, Schluckenau, Tachau, Tepl, Teplitz, Tetschen und Trautenau),

9. deutsche Bezirke in Mähren (die Städte: Iglau und Znaim, sowie die Bezirkshauptmannschaften: Nikolsburg, Römerstadt, Schönberg und Sternberg),

10. deutsche Bezirke in Schlesien (die Städte: Troppau und Bielitz, sowie die Bezirkshauptmannschaften: Freivaldau, Freudenthal und Jägerndorf).

II. Nordslavische Bezirke:

1. Tschechische Bezirke in Böhmen (die Stadt: Prag, sowie die Bezirkshauptmannschaften: Beneschau, Blatna, Böhmisch-Brod, Budweis, Caslau, Chotebor, Chrudim, Deutsch-Brod, Hohenmauth, Horowic, Jičin, Jungbunzlau, Karolinenthal, Klattau, Kolin, Königgrätz, Kralowitz, Kuttenberg, Laun, Ledetsch, Melnik, Moldauthein, Mühlhausen, Münchengrätz, Neubydschov, Polna, Neustadt a. Mettau, Pardubitz, Pilgram, Pilsen, Pisek, Poděbrad, Přeštitz, Přibram, Rakonitz, Raudnitz, Reichenau, Schlan, Selčan, Semil, Smichov, Starkenbach, Strakonitz, Tabor, Taus, Turnau und Wittingau),

2. tschechische Bezirke in Mähren (die Stadt: Kremsier, sowie die Bezirkshauptmannschaften: Auspitz, Boskowitz, Brünn, Datschitz, Gaya, Göding, Groß-Meseritsch, Holleschau, Iglau Umgebung, Kremsier Umgebung, Mistek, Neustadtl, Olmütz Umgebung, Prerau, Proßnitz, Trebitsch, Ungar.-Brod, Ungar.-Hradisch, Wallachisch-Meseritsch, Weißkirchen und Wischau),

3. tschechisch-polnische Bezirke in Schlesien (die Stadt: Friedeck, sowie die Bezirkshauptmannschaften: Bielitz Umgebung, Freistadt und Teschen).

III. Deutsch-tschechisch gemischte Bezirke:

1. in Böhmen (die Bezirkshauptmannschaften: Königinhof, Krumau, Landskron, Leitomischl, Neuhaus, Policka, Prachatitz, Schüttenhofen und Senftenberg),

2. in Mähren (die Städte: Brünn, Olmütz und Ungarisch-Hradisch), sowie die Bezirkshauptmannschaften: Hohenstadt, Kromau, Littau, Böhmisch-Trübau, Neutitschein und Znaim),

3. in Schlesien (die Bezirkshauptmannschaft: Troppau Umgebung).

IV. Slovenische Bezirke:

1. in Steiermark (die Bezirkshauptmannschaften: Cilli Umgebung, Luttenberg, Marburg Umgebung, Pettau, Rann und Windischgräz),
2. in Kärnten (die Bezirkshauptmannschaft: Völkermarkt),
3. Krain.

V. Deutsch=slovenisch gemischte Bezirke in Kärnten (die Bezirks= hauptmannschaften: St. Hermagor, Klagenfurt Umgebung und Villach).

VI. Italienische Bezirke in Tirol (die Städte: Trient und Rovereto, sowie die Bezirkshauptmannschaften: Ampezzo, Borgo, Cavalese, Cles, Primiero, Riva, Rovereto Umgebung, Tione und Trient Umgebung).

VII. Italienisch und südslavisch gemischtes Küstenland.

Galizien, Bukowina und Dalmatien sind bei dieser Eintheilung als Länder, welche gänzlich außerhalb der deutschen Interessensphäre liegen und demgemäß auch seinerzeit dem deutschen Bunde nicht angehörten, unberücksichtigt geblieben. Von denselben weist Dalmatien nahezu gar keine deutschsprechende Bevölkerung auf, so daß wir Deutschösterreicher mit diesem Kronlande, welches überdies auch geographisch von den anderen Kronländern getrennt ist, thatsächlich keine Beziehung haben. Im Gegensatze zu Dalmatien befindet sich in Galizien und der Bukowina, nach der Volkszählung von 1880 wenigstens absolut eine beträchtliche Menge deutschsprechender Bevölkerung. Jedoch dürfen wir nicht vergessen, daß die deutschsprechende Bevölkerung dieser Länder, von den Bewohnern der über das ganze Land zerstreuten deutschen Colonistendörfer abgesehen, zumeist aus Beamten, Soldaten und pol= nischen Juden besteht, und daß diese Letzteren, welche nicht bloß wegen Verschiedenheit der Rasse und Religion, sondern auch), worauf ich mehr Gewicht legen möchte, wegen Verschiedenheit der Cultur und Sitte nicht zu den Deutschen gezählt werden können, sich in neuester Zeit immer mehr dem Polenthume anschließen.

Am 31. December 1880 wurden in den oben aufgestellten sieben Gruppen 15,137.565 Einwohner gezählt, von welchen 14,815.490 in Öster= reich diesseits der Leitha zuständig waren. Sieht man von 3268 Ru= thenen und 512 Rumänen ab, welche meist als Soldaten in diesen alten deutschen Bundesländern*) gezählt wurden, so ergibt sich für unsere 7 Gruppen folgende Vertheilung der Nationalitäten:

---

*) Ein Theil Istriens gehörte seinerzeit nicht zum deutschen Bunde. Da es aus praktischen Gründen nicht angeht, diese an Ausdehnung und Volkszahl unbedeutenden

Gesammte zuständige Bevölkerung	Deutsch	Tschechisch	Polnisch	Slovenisch	Serbo-Kroatisch	Italienisch
I. Deutsche Bezirke 6,764.659	6.535,115	184.284	5340	17.807	1138	19.745
II. Nordslavische Bezirke 4,885.531	309.008	4,420.319	155.001	64	38	180
III. Deutsch-tschechische Bezirke 1,133.661	563.059	567.506	1443	6	4	27
IV. Slovenische Bezirke 930.882	61.689	346	28	868.177	270	371
V. Deutsch-slovenische Bezirke 135.858	81.991	63	1	53.779		24
VI. Italienische Bezirke in Tirol 354.211	8885	168	1	862	2	344.283
VII. Südslavisch-italienische Bezirke im Küstenlande 610.688	12.579	466	44	199.124	121.870	276.603
14,815.490	7,572.326	5,173.152	161.858	1,139.819	123.322	641.233 *

Bezirke gesondert zu betrachten, so soll in Zukunft, so oft von den deutschen Bundesländern die Rede ist, immer ganz Istrien mitverstanden werden.

*) Unter den 19.745 Italienern, die in deutschen Bezirken wohnen, befinden sich circa 8800 Ladiner in den Tiroler Gerichtsbezirken Kastelruth und Enneberg. In den deutschen Bezirkshauptmannschaften Böhmens leben neben 1,659.167 Deutschen 88.814 Tschechen, in den tschechischen neben 3,103.045 Tschechen 158.336 Deutsche, während in den 9 national gemischten Bezirkshauptmannschaften Böhmens sich beide Volksstämme numerisch fast die Wage halten. Aus den verhältnismäßig bedeutenden nationalen Minderheiten darf man indes nicht auf eine starke nationale Mischung Böhmens schließen. Diese Minderheiten erklären sich zum großen Theile daraus, dass deutsche Orte mit tschechischen zu einem Bezirksgerichtssprengel und deutsche Bezirksgerichtssprengel mit tschechischen zu einer Bezirkshauptmannschaft vereinigt sind. Nach Ausscheidung der einzelnen Ortschaften anderer Nationalität aus den Gerichtssprengeln würde sich für das deutsche Sprachgebiet nach der Volkszählung von 1880 eine einheimische Bevölkerung von 2,049.169 Köpfen ergeben, von welchen 1,969.327 (96·11%) auf die Deutschen und nur 79.587 (3·87%) auf die Tschechen entfielen. Vergl. Herbst: Das deutsche Sprachgebiet in Böhmen. 1887. S. 52.

Wir sehen also, dass die vier nationalen Gruppen thatsächlich je einen einheitlichen nationalen Charakter aufweisen, denn in dem deutschen Gebiete leben keine 3·5% Nichtdeutsche, in dem italienischen Theile Tirols keine 3% Nichtitaliener, und auch in den stärker gemischten nordslavischen und slovenischen Bezirken erhebt sich der Antheil des nichtslavischen Elementes nicht über 6—7%. Nahezu 90% der Gesammtbevölkerung gehören diesen nach der Nationalität ziemlich streng geschiedenen Gruppen von Bezirken an, so dass man thatsächlich ohne Gefahr des Irrthums aus dem Altersaufbau und der Volksbewegung in diesen Gruppen auf die zukünftige Gestaltung der Nationalitätsverhältnisse in Österreich Schlüsse ziehen kann. Denn, selbst wenn, was nicht anzunehmen ist, die Bewegung der Bevölkerung bei den einzelnen Volksstämmen in den gemischten Bezirken anderen Gesetzen folgen sollte, so könnte sie doch das Gesammtergebnis nicht mehr wesentlich beeinflussen.

Wenden wir uns nach diesen einleitenden Bemerkungen der Betrachtung der einzelnen populationistischen Erscheinungen zu, so werden wir in erster Reihe den Altersaufbau der Bevölkerung in den einzelnen Gruppen zu untersuchen haben, und da ist es das Verhältnis der jugendlichen Bevölkerung zur Gesammtbevölkerung, welches für unsere Untersuchung von Wert ist. Je größer unter sonst gleichen Umständen die jugendliche Bevölkerung eines Landes ist, desto kleiner sind die sogenannten productiven Altersclassen, desto geringer ist die Zahl jener, welche Steuern zahlen und Kriegsdienste leisten können. Deshalb sind Nationen, bei welchen die productiven Altersclassen überwiegen, reicher und mächtiger als jene, bei denen dies nicht der Fall ist. Das gilt freilich nur für die Gegenwart, denn je zahlreicher die jüngere Generation, desto mehr muss die Nation wachsen, so dass ihr, wenn auch nicht die Gegenwart, so doch die Zukunft gehört. Die bekanntesten Beispiele dieser Art bieten Frankreich und Deutschland. In Frankreich, wo die Bevölkerung nahezu stationär ist, bilden die productiven Altersclassen einen weit größeren Theil der Bevölkerung als in Deutschland. Deshalb kann das französische Volk behäbiger leben als das deutsche und leichter eine gewisse Steuersumme oder Truppenzahl, auf den Kopf der Bevölkerung zurückgeführt, aufbringen; absolut wächst aber das deutsche Volk über das französische beträchtlich hinaus, so dass, wenn die Verhältnisse dieselben bleiben, das politische Gleichgewicht zu Ungunsten Frankreichs verschoben werden muss. Und was von Frankreich im Verhältnisse zu Deutschland gilt, das gilt leider auch von dem

deutschösterreichischen Volksstamme im Verhältnisse zu den nichtdeutschen
Völkern Österreichs. Denn während im Durchschnitte der alten deutschen
Bundesländer auf je 100 Einwohner 32·42 im Alter von 0 bis einschließlich 15 Jahren fallen, beträgt der Antheil dieser fünfzehn Altersclassen in den deutschen Bezirken bloß 30·14%. Den höchsten Procentsatz jugendlicher Bevölkerung besitzen die tschechischen, beziehungsweise
polnischen Bezirke in den Sudetenländern mit 35·35, auf sie folgen
Wälschtirol und die slovenischen Bezirke mit 32·96%, den Schluß bildet
das Küstenland mit 32·08% jugendlicher Personen. Die deutsch-nord-
slavisch und deutsch-slovenisch gemischten Bezirke nehmen eine Mittelstellung ein, in ersteren ist die 0—15-jährige Bevölkerung mit 33·81%,
in letzteren mit 30·89% der Gesammtbevölkerung vertreten.

So dürftig diese Zahlen sind, so werfen sie doch ein interessantes
Streiflicht auf unsere nationalen Verhältnisse, sie zeigen im Lapidarstil,
warum der Einfluß des deutschen Volkes ein sinkender sein muß, warum
ein Stück nationalen Bodens nach dem anderen bedroht, mit Einwanderern fremder Zunge besetzt wird und schließlich verloren geht. Wenn
thatsächlich die Jugend Österreichs in weit höherem Maße den nichtdeutschen Stämmen angehört, dann vermag allerdings die lebende Generation Deutschösterreichs sich eines behaglicheren Lebens zu erfreuen,
sie mag dort, wo man mit materiellen Opfern Erfolge erreichen kann,
gegenwärtig ihren nationalen Besitzstand wahren: die Zukunft gehört
unstreitig den kommenden Geschlechtern und somit in einem weit höheren Grade den nichtdeutschen Volksstämmen.

Indes ist der Schluß aus dem Altersaufbau auf die Verschiebung
der Nationalitäten leicht gewissen Fehlern ausgesetzt, da die Wanderbewegung der Bevölkerung nicht in Rechnung gestellt werden kann. In
allen Orten, wo der Verkehr einen großen Umfang gewonnen hat,
strömen aus entlegenen Gegenden Leute zusammen, um daselbst dauernd
oder auch nur zeitweilig ihren Erwerb zu suchen. Selbstverständlich
sind es vorwiegend erwachsene Personen, die an dieser Wanderbewegung
theilnehmen. Dadurch wird aber naturgemäß an solchen Orten der
Procentsatz der jugendlichen Personen beträchtlich herabgedrückt, und in
der That ist derselbe in Städten wie Wien und Prag erheblich niedriger
(23·76% und 22·28%) als im Durchschnitte (32·42%). Wollen wir
also zu einer genaueren Kenntnis des Zuwachses der einzelnen Volksstämme gelangen, so können uns diese Erhebungen über den Altersaufbau nicht genügen, sondern wir müssen der Vergleichung die sogenannten

Geburtsüberschüsse zu Grunde legen, die sich aus der Differenz zwischen Geburten und Sterbefällen jährlich für jeden österreichischen Verwaltungs= bezirk berechnen lassen. Verwerten wir die von dem österreichischen statistischen Bureau berechneten Geburtsüberschüsse für den Durchschnitt der Jahre 1881—1885, so ergibt sich, auf die nach der Volkszählung von 1880 erhobene Bevölkerungsmenge bezogen, der jährliche Bevölkerungs= zuwachs in den deutschen Bezirken mit 5·17%, in den nordslavischen Bezirken mit 10·09%, in den slovenischen Bezirken mit 7·73%, in Wälschtirol mit 5·92%. Von den Gruppen mit gemischtsprachiger Be= völkerung nehmen die deutsch=tschechischen in den Sudetenländern mit 6·41% eine Mittelstellung zwischen den deutschen und tschechischen Bezirken, die deutsch=slovenischen mit 6·05% eine solche zwischen den deutschen und slovenischen Bezirken ein, das Küstenland erfreut sich jedoch mit 8·34% eines stärkeren Bevölkerungszuwachses als es die Mittelstellung zwischen den wälschtiroler und slovenischen Bezirken ergeben würde.*) Der raschere Zuwachs der Bevölkerung im Küstenlande muß sonach auf andere Ursachen, als ihre nationale Zusammensetzung zurückgeführt werden. Halten wir aus alldem fest, daß das deutschösterreichische Volk an Zahl weit weniger zunimmt als seine Nachbarn, ja daß die Zunahme der tschechischen Bevölkerung nahezu doppelt so stark ist als die der deutschen, so werden wir sofort begreifen, warum von dem deutschen Sprachboden ein Stück nach dem andern verloren gehen mußte, und warum es gerade die Sudetenländer sind, in welchen die Gebietsverluste am bedeutendsten sind. Wir sehen nun, warum die Einwanderung in die Orte mit einer Bevölkerung gemischter Nationalität fast immer nur eine nichtdeutsche ist, warum es so schwer fällt deutsche Dienstboten und Lehrlinge herbeizuziehen, und warum jeder deutsche Ort, der in= folge irgend welcher Ursache ein Mittelpunkt des Verkehres wird, immer Gefahr läuft durch die starke Zufuhr fremden Blutes seinen nationalen Charakter zu verlieren. Durch den relativ geringen Zuwachs ist das deutschösterreichische Volk überall auf die Defensive angewiesen, und auch die beste Taktik vermag in diesem Kampfe nicht mehr als Verluste zu verhindern. Indes hat nach den Lehren der Kriegskunst auch der Vorzug, den die bessere Taktik gewährt, seine Grenze; gegen eine große Über= macht kämpft auch der beste Taktiker vergebens. Wendet nun gar der

---

*) In Galizien, Bukowina und Dalmatien betrugen die Geburtsüberschüsse 9·88, 11·69 und 15·00%.

übermächtige Gegner, woran ihn niemand hindern kann, ebenfalls eine gute Taktik an, so sind Verluste unvermeidlich. Daß sich das deutsch=österreichische Volk in dieser Lage befindet, ist traurig, aber die Gerechtigkeit verbietet es, jemand für Verhältnisse verantwortlich zu machen, die, wenn ich so sagen darf, in erster Reihe das Ergebnis elementarer Gewalten sind. Mag man daher immerhin eine bessere nationale Taktik verlangen, mag man den alten Führern manchen verdienten Vorwurf machen, eines darf man nie außer acht lassen, daß sie das deutsch=österreichische Volk zu einem ungleichen Kampfe geführt haben, der nie nationalen Gewinn, sondern nur Verlust bringen konnte.

Bevor wir daran gehen können nach den Ursachen des verhältnis=mäßigen Zurückbleibens unseres Volksstammes zu forschen, ist es nöthig uns über Größe und Art des Übels eine genauere Kenntnis zu ver=schaffen, und dies werden wir am besten dadurch erreichen, daß wir uns nicht mit der Zahl des Gesammtdurchschnittes begnügen, sondern untersuchen wie sich die Verhältnisse in den Bezirken darstellen. Thun wir dies und untersuchen wir, wie die Bevölkerung in den einzelnen Theilen des deutschösterreichischen Gebietes sich nach dem Alter aufbaut, und wie die Geburtsüberschüsse sich in denselben verhalten, so werden wir sofort drei, auch geographisch getrennte Gebiete von einander unter=scheiden müssen: Nieder=Österreich mit Wien, die deutschen Bezirke in den alten inneröfterreichischen Erblanden und jene in den Sudetenländern.

Die Zusammenstellung des Verhältnisses der jugendlichen Personen zur Gesammtbevölkerung und der Geburtsüberschüsse in den oben=bezeichneten Gebieten führt zu folgendem Ergebnisse:

	Nach der Volkszäh lung des Jahres 1880 entfielen auf je 100 Bewohner Ange= hörige der 15 ersten Altersclassen	Auf je 1000 Be= wohner nach der Volkszählung von 1880 entfallen im Durchschnitte der Jahre 1881—1885 Geburtsüberschüsse
I. Nieder Österreich:		
1. Wien	23·76	9·23
2. Das übrige Land .	31·75	4·83
Zusammen . .	29·26	6·24

	Nach der Volkszäh lung des Jahres 1880 entfielen auf je 100 Bewohner Ange= hörige der 15 ersten Altersclassen	Auf je 1000 Be= wohner nach der Volkszählung von 1880 entfallen im Durchschnitte der Jahre 1881—1885 Geburtsüberschüsse
II. Inner=Österreich:		
1. Ober Österreich . . .	28·50	3·71
2. Salzburg	27·76	2·12
3. Deutsche Steiermark . .	28·27	3·11
4. Deutsches Kärnten . .	28·49	4·80
5. „ Tirol . . .	27·55	0·31
6. Vorarlberg	29·71	3·41
Zusammen . .	28·26	2·84
III. Sudetenländer:		
1. Deutsches Böhmen . .	32·97	6·83
2. „ Mähren . .	33·59	5·74
3. „ Schlesien . .	33·89	5·84
Zusammen . .	33·13	6·61

Schon der erste Blick zeigt, wie verschieden sich die Volksbewegung in den beiden letztgenannten Ländergruppen gestaltet, wie verschieden nicht bloß das Verhältniß der 15 ersten Altersclassen zur Gesammtbevölkerung ist, sondern auch in wie ungleicher Weise die Volkszahl zunimmt. Denn während die deutschen Bezirke der Sudetenländer eine nicht unerhebliche Volksvermehrung durch Geburtsüberschuß aufweisen, wächst die Be= völkerung Inner=Österreichs sehr langsam an, und haben große Länder= gebiete der Alpenwelt eine nahezu stagnierende Volksmenge. In Nieder= Österreich erscheint Wien trotz der weit geringeren Vertretung der jüngsten Altersclassen mit einem beträchtlich höheren Geburtsüberschuß wie die ländlichen Bezirke desselben Kronlandes, ja derselbe reicht fast zu dem der tschechischen Bezirke hinan. Dieser große Geburtsüberschuß rührt aber nicht ausschließlich von der Wiener Bevölkerung her, denn es sind die zahlreichen Findelkinder des Wiener Gebärhauses in Rechnung zu stellen, welche zum großen Theile vom Lande, und zwar zunächst von Nieder=Österreich, aber auch aus den angrenzenden Bezirken anderer

Kronländer stammen. *) Es ist deshalb ein Theil der Geburten, die in der Statistik für Wien ausgewiesen sind, den niederösterreichischen Landbezirken gutzuschreiben, so dass die Bevölkerungsverhältnisse in denselben jenen in den deutschen Bezirken der Sudetenländer ähneln.

Wendet man seine Aufmerksamkeit den einzelnen Bezirken in den drei genannten Gebieten zu, so zeigt sich die weitere sehr beachtenswerte Erscheinung, dass dieselben innerhalb der Sudetenländer bezüglich des Geburtsüberschusses viel größere Verschiedenheiten aufweisen, als in den Kronländern Inner-Österreichs. Denn während z. B. der größte Geburtsüberschuss in Ober-Österreich 7·62, in Kärnten 7·0, in Steiermark 6·07, in Vorarlberg 4·25 und in Tirol 3·71 beträgt, beziffert er sich nur in Schlesien mit 7·45, hingegen in Mähren mit 9·43 und in Böhmen mit 13·85 pro Mille. Von den 34 deutschen Verwaltungsbezirken des letztgenannten Landes haben nicht weniger als 7 einen jährlichen Geburtsüberschuss von über 10 und nicht weniger als 5 einen solchen von 9 pro Mille. Wenn trotzdem der Durchschnitt des Geburtsüberschusses in Deutsch-Böhmen erheblich hinter diesen Ziffern zurückbleibt, so ist dies auf den Umstand zurückzuführen, dass den hohen Geburtsüberschüssen im Nordwesten, niedere im Norden und Nordosten gegenüberstehen. Welchen Ursachen diese Verschiedenheit zuzuschreiben ist, bleibe vorläufig dahingestellt, aber ein Gedanke drängt sich uns auf, dass nämlich die Verschiedenheit der Volksbewegung auf Gründe zurückgeführt werden muss, die mit Nationalität und Rasse nichts zu thun haben. Denn wenn auch wiederholt ein tiefgehender nationaler Unterschied zwischen den Deutschen in den Sudeten- und Alpenländern construiert wurde, wenn es sich darum handelte, den Mangel an Zusammenhalt

---

*) Die große Anzahl der unehelichen Geburten in Wien (im Durchschnitte der Jahre 1881—1883 : 12.318 gegen 16.068 eheliche) erklärt sich aus demselben Grunde. Diesen hat wohl Roscher nicht gewürdigt, wenn er mit sittlicher Entrüstung ausruft: „Kann ein Staat frei sein, dessen Hauptstadt (Wien 1853/6) durchschnittlich 10.330 uneheliche und 11.099 eheliche Geburten zählt." Roscher: Die Grundlagen der National ökonomie §. 249. Anmerkung. Im Durchschnitte der drei letzten Jahre 1889—1891 wurden im Wiener Findelhause 6856 Kinder aufgenommen. Von diesen waren nach Wien 369, nach den übrigen Theilen Nieder Österreichs 2947 zuständig. Da nach dem österreichischen Heimatsrechte die Zuständigkeit durch den dauernden Aufenthalt in anderen Gemeinden als der Heimatsgemeinde nicht verloren wird, so ist es allerdings möglich, dass unter den nach auswärts zuständigen Findelkindern sich viele befanden, deren Großeltern bereits nach Wien einwanderten.

zu beschönigen, so hat bisher noch niemand zwischen den Deutschen am
rechten und linken Elbufer, den Bewohnern des Riesen= und Erzgebirges,
eine solche Scheidemauer aufzuführen versucht.

Während in Böhmen Bezirke mit rascher Volksvermehrung neben
solchen mit stagnierender Bevölkerungsmenge stehen, weist Inner=Österreich
durchgehends eine geringere Volksvermehrung auf. Es scheint also that=
sächlich der geringere Bevölkerungszuwachs eine für Inner=Österreich
typische Erscheinung zu sein, da sie sich auf weit auseinanderliegende
Bezirke erstreckt. Soweit sie das eigentliche Alpengebiet betrifft, könnte
man versucht sein in der geringen Menge fruchtbaren, leicht zu bestellen=
den Bodens eine Schranke des Bevölkerungszuwachses zu sehen, und
thatsächlich weisen Deutsch=Tirol, Salzburg, Ober= und Mittelsteiermark,
sowie die angrenzenden Bezirke Ober=Österreichs einen sehr geringen Ge=
burtsüberschuß auf. Trotzdem reicht diese Erklärung keineswegs aus,
denn die Geschichte lehrt, daß gerade Gebirgsvölker oft eine sehr be=
deutende Expansivkraft besitzen, die dadurch verstärkt wird, daß ihnen
ihre gebirgige Heimat als Festung dient, in welche sie sich nöthigenfalls
zurückziehen können. Eines der bekanntesten Beispiele dieser Art bietet
die alte Geschichte an den Samniten. Dieses Bergvolk hatte durch
systematische Auswanderung, etwa zur Zeit, wo Veji und die ponti=
nischen Sümpfe römisch wurden, ganz Unteritalien mit Ausnahme
weniger und unter sich nicht zusammenhängender griechischer Pflanzstädte
und der apulisch=messapischen Küste besiedelt, so daß eine um das Jahr
336 v. Ch. Geb. verfaßte griechische Küstenbeschreibung die Wohnsitze
des samnitischen Volkes als von einem Meere bis zum anderen sich er=
streckende bezeichnen konnte. Die Geburtsüberschüsse in den verhältnis=
mäßig unwirtlichen Appeninen waren so bedeutende, daß die Erobe=
rungsbahn des samnitischen Volkes bis zur ersten Berührung mit dem
latinischen Stamme bei weitem ausgedehnter und glänzender erschien,
als die des Letzteren. Wenn schließlich trotzdem Italien und große
Theile angrenzender Länder nicht samnitisch, sondern latinisch wurden,
so ist dies auf ganz andere Ursachen, als auf geringeren Volkszuwachs
bei den Samniten zurückzuführen *).

Diesem Beispiele aus dem Süden Europas reiht sich eines aus
dem Osten an. So versetzt Tamm, **) der neueste Forscher über den

---

*) Mommsen: Römische Geschichte. I. Bd. S. 32, 118, 354 u. ff.
**) Traugott Tamm: Über den Ursprung der Rumänen. 1891. S. 44.

Ursprung der Rumänen, ihren ursprünglichen Sitz nach Sieben=
bürgen und erklärt die Besiedlung des heutigen Rumäniens, sowie
einzelner Theile von Ungarn und der Bukowina dadurch, daß das
rumänische Element mit starker Expansivkraft stets über die Randgebirge
Siebenbürgens hinübergeflutet sei. Daß aber die physikalische Be=
schaffenheit der Gebirgsländer für die Volksbewegung nicht entscheidend
ist, vermag man daraus zu ersehen, daß die von Slovenen und Italienern
bewohnten Theile des österreichischen Alpenlandes einen beträchtlich höheren
Geburtsüberschuß aufzuweisen haben, als die benachbarten deutschen
Bezirke. Dieselbe Erscheinung zeigt sich, wenn wir den österreichischen
Boden verlassen, auch in dem übrigen Alpengebiete. So stehen z. B.
in Frankreich die Departements Savoyen und Hochsavoyen rücksichtlich
der Geburten und Sterbefälle günstiger als der französische Durchschnitt, *)
und in der Schweiz nehmen die Cantone Graubünden und Tessin, mit
einem, im Vergleiche mit den deutschösterreichischen Alpenländern beträcht=
lichen jährlichen Geburtsüberschusse von 4·6 und 5·6"/₀₀, von den Alpen=
cantonen die niedrigste Stelle ein, während sich einzelne Bezirke im Berner
Oberlande einer viel bedeutenderen Volkszunahme zu erfreuen haben.**)
Dem Leben in den Bergen kann daher auch nicht die geringe Volks=
vermehrung in Inner=Österreich zugeschrieben werden.

Ein anderer naheliegender Gedanke wäre es, den geringen Geburts=
überschuß einfach als eine Stammeseigenthümlichkeit der österreichischen
Deutschen aufzufassen. Denn wenn bei Thieren naheverwandter Rassen

---

*) Levasseur: La population française. 1889. Bd. II. S. 27 und 156.

**) Im Durchschnitte der Jahre 1870—1880 betrug der jährliche Geburtsüber=
schuß pro Mille:

in Uri	7·2,	in	Tessin		5·6
„ Schwyz	8·7,	„	Wallis		8·9
„ Glarus	7·0,	„	Unterwalden	ob dem W.	9·6
				unter dem W.	6·1
„ Graubünden	4·6,	„	Appenzell	a. Rh.	6·8
				i. Rh.	7·4
„ Bern			Bez. Frutigen		13·7
			„ Interlaken		12·5
			„ Saanen		10·0
			„ A. Simmenthal		12·6
			„ C.=Simmenthal		13·1
			„ Oberhasle		7·7
			„ Entlebuch)		9·2

die Vermehrungsfähigkeit eine sehr verschiedene ist, so läßt sich der Ge=
danke, daß auch bei den Menschen ähnliche Unterschiede obwalten könnten,
gewiß nicht von vorneherein abweisen. Was das heutige deutsche
Volk anbelangt, so besteht wohl kein Zweifel, daß es, wie alle übrigen
großen Völker Europas, ein Mischvolk ist, welches im Laufe von Jahr=
tausenden aus verschiedenen Elementen zu der heutigen Gestalt erwachsen
ist. Tacitus, dem wir die erste eingehende Schilderung der alten Ger=
manen verdanken, hält dieselben zwar für eine ziemlich reine, unver=
mischte Rasse und führt als Grund seiner Behauptung an, daß ein
bestimmter Typus bei allen vorhanden sei. Es erscheint aber zweifel=
haft, ob diese Bemerkung außer für die Gemeinfreien auch für die
Unfreien gilt, deren Tacitus gelegentlich Erwähnung thut.*) Wahr=
scheinlich ist, daß die Unfreien in überwiegender Zahl aus den unter=
worfenen Theilen fremder Stämme bestanden, gewiß aber auch aus
Angehörigen deutschen Stammes, welche ihre Freiheit verwirkt hatten,
so daß durch diese und durch außerehelichen Geschlechtsverkehr zwischen
den Männern der herrschenden und den Weibern der dienenden Classe
die Unfreien allmählich anthropologisch der herrschenden Rasse näher
gebracht wurden.**) Dieser Proceß der Assimilierung der Unfreien
konnte naturgemäß bei den germanischen Grenzstämmen sich weit schwie=
riger vollziehen, weil die siegreichen Fehden bei ihnen weit mehr als
bei den im Innern Germaniens seßhaften Stämmen Kriegsgefangene
fremder Völker zuführen mußten.***) Als nun gar während der Stürme
der Völkerwanderung und später unter den Karolingern deutsche Ein=
wanderer das Land am rechten Donauufer betraten, welches sich der

---

*) Wenn es wahr ist, was die Sprachforscher aus der Ähnlichkeit der Be=
zeichnungen für Rind in allen arischen Sprachen schließen wollen, daß die arischen
Volksstämme, als sie von dem asiatischen Hochlande nach Westen wanderten, bereits
Viehzüchter waren, so dürfte die Sclaverei eine uralte Einrichtung dieser Stämme ge=
wesen sein, da mit dem Übergange von der Jagd zur Viehzucht regelmäßig Sclaverei
zu entstehen pflegt.

**) In Brasilien sollen sich die zahllosen Mischrassen allmählich dem Typus der
herrschenden weißen Rasse nähern. Vergl. Quatrefages: Rapport sur le progrès de
l'anthropologie. 1867. S. 456.

***) Zuckerkandl nimmt an, daß bereits bei den Bajuwaren die (nichtgermanische)
brachycephale Rasse in compacten Massen vertreten war. Derselbe Gelehrte weist
darauf hin, daß unter dem Adel der dolichocephale Typus weit mehr vorherrscht als
unter den Bürgerlichen. Vergl. Mittheilungen der anthropologischen Gesellschaft in
Wien. Band XIII. S. 129 und Band XIV. S. 120.

Hauptsache nach) mit dem heutigen Inneröfterreich deckt, trafen sie auf eine mehr oder minder dichte einheimische Bevölkerung, welche bereits unter der Römerherrschaft ein gewisses Culturniveau erreicht hatte. Ob diese Bevölkerung den vorarischen Stämmen der Ligurer, Euganeer oder Rhätier angehörte, welchen auch die Funde aus der Steinzeit zugezählt werden sollen, und die in den Alpen lange Schutz vor den Ariern fanden, wie Figier meint, oder ob schon die Bevölkerung Noricums aus einer Mischung von 10 verschiedenen Völkerschaften bestand, wie Obermüller annimmt,*) wird sich wohl kaum mit größerer Sicherheit feststellen lassen, wie daß die zahlreichen Orts- und Flußnamen, die nicht auf germanische, romanische oder slavische Wurzeln zurückgeführt werden können, jenem Volke der Kelten**) angehören, dessen Existenz man neuerlich überhaupt in Frage gezogen hat. Genug damit, daß in den Alpen gewiß die verschiedensten versprengten Völkerschaften Schutz fanden und mit den einwandernden Deutschen zu dem heutigen deutsch-österreichischen Stamme verwachsen sind. Deutsche Sprache und deutsche Sitte wurde diesen schwächeren Stämmen aufgenöthigt, ihre nationale Existenz wurde zerstört, und ihr Name ist verschollen, aber spurlos sind sie nicht verschwunden, sie haben ihre Rasseneigenthümlichkeiten auf ihre Kinder und Kindeskinder vererbt, und mancher, der sich dem Judenthume gegenüber stolz als Arier fühlt, hat nur wenig Blut von dem Volke in sich, welches einst von dem asiatischen Hochlande seinen Siegeszug nach dem Westen antrat.

Der Anthropologie fällt die Aufgabe zu nachzuweisen, wie ein großes Volk aus der Vereinigung verschiedener Typen geworden ist, welche die mannigfachsten Verbindungen miteinander eingegangen sind.***)

---

*) Mittheilungen der anthropologischen Gesellschaft in Wien. 1878. S. 281 u. ff. 1880.

** Bezüglich der Kelten hat Peez in jüngster Zeit die Hypothese aufgestellt, daß die leitenden Classen Galliens germanischen Ursprunges waren, die niederen Classen aber einem vorarischen Volke angehörten. A. Peez: Europa aus der Vogelperspective. Sonderabdruck aus den Beilagen zur Münchener allgemeinen Zeitung. 1889. S. 40 u. ff.

***) Nach Gumplowicz kann man aus der Sprache keinen Schluß auf die Abstammung eines Volkes ziehen. Im beständigen Rassenkampfe schreitet die Amalgamierung der ethnisch verschiedenen Gruppen fort. Bloß die Dialecte wie die Stammesgottheiten erinnern an die einzelnen Völkerschwärme, aus denen die heutigen großen Nationen entstanden sind. Vergl. L. Gumplowicz: Der Rassenkampf. 1885. S. 191.

So führt Zuckerkandl*) die deutsche Bevölkerung Inner-Österreichs auf drei verschiedene Volksstämme zurück, deren specifische Merkmale noch in der Schädelbildung der heutigen Generation nachzuweisen sein sollen. Neben Resten der dolichocephalen Urbevölkerung und neben den ebenfalls dolichocephalen, großen und blonden germanischen Stämmen soll ein kleiner, dunkler, brachycephaler Stamm der Ahne unseres deutschösterreichischen Volkes sein. Die Existenz dieser brachycephalen Rasse ist allerdings nichts weiter als eine Hypothese, um die Verbreitung der Brachycephalie zu erklären,**) die auf slavische Elemente nicht zurückgeführt werden kann, da den Südslaven jener untersetzte Bau fehlt, welcher unter den Deutschen Inner-Österreichs vielfach gefunden wird. Jedenfalls müßte diese brachycephale Rasse einst über die ganze Alpenwelt verbreitet gewesen sein, da auch der allemanische Volksstamm, sowie die am Südabhange der Alpen sitzenden Italiener sich durch Brachycephalie bemerkbar machen.***)

Halten wir daran fest, daß die innerösterreichische deutsche Bevölkerung ein Gemisch verschiedener Volksstämme ist, das im Laufe der Zeit durch vielfachen Zusatz slavischen Blutes noch mannigfaltiger wurde, so liegt die Frage nahe, ob nicht die Mischung so heterogener Elemente die Fortpflanzungsfähigkeit des Mischvolkes beeinträchtigt habe. Kennt doch die Naturgeschichte eine Reihe von Kreuzungen, deren Producte, trotz großer Lebensfähigkeit, ein bedeutendes Maß von Unfruchtbarkeit besitzen. Damit berühren wir eine Frage, welche zu den bestrittensten der Naturwissenschaft gehörte, zu deren Beantwortung aber gerade deshalb sehr viel Material zusammengetragen wurde. Wie in vielen anderen Fällen war in dem Streite ob das Menschengeschlecht im natur-

---

*) Zuckerkandl: A. a. O. Bd. XIII. S. 125 u. ff.

**) Tappeiner meint der hyperbrachycephale Typus der Tiroler Bevölkerung rühre von dem Einflusse des Alpenklimas her. Vergl. Zeitschrift für Ethnologie. 1880. S. 288. Im Gegensatze hiezu nimmt auch Holl eine Kreuzung mit brachycephalen Elementen an, bemerkt jedoch, daß die Zunahme der Brachycephalie von transformierenden Tendenzen sowohl im Organismus als in der Umgebung abhängig sei. „Denn die heutigen Schädelformen stellen nicht etwas Abgeschlossenes dar, sie sind einem fortwährend einwirkenden Processe der Umformung unterworfen gewesen und noch unterworfen. Dieser Process geht in der Weise vor sich, daß der Schädel seine Länge auf Kosten der Occipitalregion immer mehr verliert. Dabei gewinnt er an Höhe, namentlich aber an Breite." Vergl. Mittheilungen der anthropologischen Gesellschaft in Wien. Bd. XVII. S. 132.

***) Vergl. Peschel: A. a. O. S. 62 u. ff.

wissenschaftlichen Sinne eine Art bilde, oder aber in mehrere Arten zerfalle, die Erforschung der Wahrheit Nebensache. Man verfocht diese oder jene Meinung mit Leidenschaft, weil man den Standpunkt der Bibel vertreten zu müssen glaubte, oder seine Privilegien rechtfertigen wollte. Denn wenn die Menschen wirklich keinen gemeinsamen Stamm= vater haben, so ist es weit weniger unmenschlich die Herrschaft über jene auszuüben, welche sich durch wesentliche Merkmale von uns unter= scheiden. Unterthänigkeit und Sclaverei sind dann nichts anderes, als natürliche Herrschaftsverhältnisse, welche nur dann einen unsittlichen Charakter annehmen, wenn, wie bei der Thierquälerei, die berechtigte Gewalt zu strafen in unberechtigte Mißhandlung ausartet. Die mo= ralische Berechtigung zur Freiheit flösse dann nicht aus der Gesinnung, wie Aristoteles behauptet, indem er sagt: daß mancher Freie unfrei und mancher Unfreie frei geboren werde, sie wäre mit der Abstammung gegeben und damit ein unveränßerliches Recht eines bestimmten Menschen= typus. Da die Abstammung des Menschengeschlechtes zu den Dingen gehört, welche sich der directen Erforschung entziehen, so mußte man den Versuch machen, die auf dem Gebiete der Thier= und Pflanzenwelt gewonnenen Erfahrungen auch analog auf die Menschen anzuwenden. Nahm man an, daß der Begriff der Art eine Summe ähnlicher In= dividuen bedeute, die von einem gemeinsamen Stammvater abstammen, und hatte man die Erfahrung gemacht, daß bei Pflanzen und Thieren die Kreuzung zwischen Individuen verschiedener Arten in der Regel un= fruchtbare, die zwischen Individuen verschiedener Rassen derselben Art hingegen fruchtbare Nachkommenschaft hervorbringe, so ließe sich aus der Unfruchtbarkeit oder Fruchtbarkeit der menschlichen Bastarde ein Ana= logieschluß auf die Abstammung des Menschengeschlechtes ziehen. Man hat deshalb überall, wo Menschen verschiedener Hautfarbe und ver= schiedener Körperbildung zusammentrafen, darnach geforscht ob die von ihnen gezeugten Mischlinge fruchtbar sind oder nicht, eine Untersuchung, die dadurch erschwert wurde, daß die klimatischen Einflüsse dem Fort= kommen dieser oder jener Rasse an einem bestimmten Ort überhaupt Schwierigkeiten bereiten. Um diese Einflüsse des Klimas zu eliminieren, mußte man daher dieselbe Beobachtung gleichzeitig an mehreren Orten anstellen, wo die Mischlinge unter den verschiedensten Lebensbedingungen den Kampf ums Dasein zu bestehen hatten. Als Ergebnis dieser Unter= suchung kann man bezeichnen, daß Menschen verschiedenster Hautfarbe und Körperbildung mit einander fruchtbare Nachkommen erzeugen, daß also das Menschengeschlecht eine Art bildet, welche in verschiedene Rassen zerfällt.*)

Weit schwieriger ist die Beantwortung der Frage, inwieweit der Grad der Fortpflanzungsfähigkeit durch die Kreuzung der Rassen verändert werde, ob also Mischrassen eine erhöhte oder verminderte Fruchtbarkeit zukomme. So behauptet man z. B., daß die Mischlinge zwischen Hottentoten einerseits und Weißen oder Negern anderseits weit fruchtbarer sind als die Hottentoten, und desgleichen, daß die Mulatten mit einander oder mit Weißen einen besonderen Grad von Fruchtbarkeit besitzen. Ob sich dies wirklich so verhält, oder ob hier, wie in anderen Fällen, einzelne Beobachtungen verallgemeinert wurden, darüber wird erst eine zuverläßliche Statistik ein Licht werfen. Einstweilen müssen wir auf eine Beantwortung dieser Frage verzichten, und können es umsoeher thun, als sie für den gegenwärtigen Fall nicht ins Gewicht fällt. Denn von welchen Stämmen immer das Volk Inner-Österreichs seine Herkunft ableiten mag, darüber kann kein Zweifel bestehen, daß sie entweder einer Rasse, oder doch sehr nahe verwandten Rassen im Sinne der Naturwissenschaft angehörten, so daß eine Kreuzung dieser Stämme eine Veränderung der Fruchtbarkeit nicht hervorgebracht haben kann.**) Weit eher ließe sich annehmen, daß einer jener im Kampfe ums Dasein untergegangenen Stämme gewisse physiologische Eigenschaften auf seine Nachkommen vererbt habe, die sich noch heute erhalten haben. Daß zu diesen physiologischen Eigenschaften Kurzlebigkeit nicht gehören kann, mag man daraus ersehen, daß der Inner-Österreicher in der Regel älter wird als der nicht im Alpengebiete lebende Bewohner Österreichs. Ob aber überhaupt die geringe Vermehrung des deutschösterreichischen Volkes auf physiologische Eigenschaften zurückzuführen sei, oder was sonst dieselbe verursache, das soll im Folgenden an der Hand der Statistik näher untersucht werden. Wir werden daher in erster Reihe unsere Aufmerksamkeit der weiblichen Fruchtbarkeit zuwenden und uns sodann

---

*) Vergl. über die ganze Frage Peschel: A. a. O. S. 104 u. ff. Quatrefages: „Unité etc." passim, und „Rapport ꝛc." passim, Darwin: Die Abstammung des Menschen und die geschlechtliche Zuchtwahl. Deutsch von Carus. I. Bd. S. 188 u. ff. und Th. Waitz: Anthropologie der Naturvölker I. Bd. S. 201 u. ff.

**) So sagt Müller: „Alle Anthropologen sind darin einig, daß die indogermanischen, hamitischen, semitischen, kaukasischen und baskischen Völker einer und derselben Rasse angehören." F. Müller: Allgemeine Ethnographie. 2. Aufl. S. 6. Vergl. noch Rüdiger: A. a. O. S. 105.

noch mit den Todtgeburten, der Kindersterblichkeit und der Ehefrequenz zu beschäftigen haben.

a) Die weibliche Fruchtbarkeit.

Indem wir im Folgenden uns etwas eingehender mit der weiblichen Fruchtbarkeit beschäftigen wollen, müssen wir uns vor allem klar machen, daß darunter nicht die potentielle Fruchtbarkeit verstanden werden kann. Denn, da wir die Fruchtbarkeit nur indirect messen können, wenn sie virtuell ist, erhalten wir bloß die untere Grenze der physiologischen Fähigkeit, bezüglich der oberen sind wir nur auf mehr oder minder unzuverlässliche Muthmaßungen angewiesen. Eine Frau, welche einem Kinde das Leben geschenkt hat, hat den Nachweis ihrer Fruchtbarkeit erbracht: ob sie die Fähigkeit besitzt, weitere Kinder ins Leben zu setzen, ist für den Statistiker eine unlösbare Frage. Denn die Fortpflanzung des Menschen ist keine unwillkürliche Lebensäußerung, wie etwa die Thätigkeit des Herzens oder der Niere, sondern sie steht unter dem Einflusse von Wünschen und Hoffnungen und ist von den Verhältnissen abhängig, in welchen die Menschen entweder nach den Geboten der Religion und der Sitte oder nach unerbittlichen Gesetzen der Nothwendigkeit leben.*) Daher die bekannte Thatsache, daß nach Kriegen und Epidemien, wenn einerseits der Druck der Sorge von den Gemüthern weicht und anderseits das wirtschaftliche Fortkommen erleichtert ist, die Geburtenfrequenz zunimmt, um nach einiger Zeit auf den normalen Satz herabzusinken. Daraus folgt, daß die Geburtenzahl weit mehr einen Maßstab für das moralische Verhalten der Menschen, Moral hier im weitesten Sinne des Wortes genommen, abgibt,**) als für die Zeugungsfähigkeit, und daß es im concreten Falle sehr genaue und schwer zu erlangende Sachkenntnis erfordert, um eine

---

*) Umgekehrt wirkt natürlich der Ausbruch eines Krieges. So nahm nach dem Ausbruche des Krieges im Jahre 1870 die Zahl der Conceptionen in Bayern weit mehr ab, als sich aus der Abwesenheit der Erzeuger im Felde rechtfertigen ließ. Vergl. G. v. Mayr: Die Gesetzmäßigkeit im Gesellschaftsleben. 1877. S. 237.

**) Demgemäß betrachtet Oettingen die Lehre von der weiblichen Fruchtbarkeit als zur Moralstatistik gehörig. A. v. Oettingen: Die Moralstatistik in ihrer Bedeutung für die christliche Socialethik. 2. Aufl. 1874. S. 243. Auch Montesquieu war schon dieser Ansicht, wenn er sagt: „Les femelles des animaux ont à peu près une fécondité constante. Mais, dans l'espèce humaine, la manière de penser, le caractère, les passions, les fantaisies, les caprices, l'idée de conserver sa beauté, l'embarras de la grossesse, celui d'une famille trop nombreuse, troublent la propagation de mille manières." Montesquieu: Esprit des lois. III. Bd., Cap. 1.

abnehmende Geburtenzahl statt auf krankhafte moralische und schwierige wirtschaftliche Verhältnisse auf die sinkende Lebenskraft eines Volkes zu= rückführen zu können. Dies gilt insbesondere von der Fruchtbarkeit der nicht verheirateten Bevölkerung. Sie, die so recht eigentlich ein Merkmal ungesunder socialer Verhältnisse einerseits und des Mangels an Selbstbeherrschung oder des trotzigen Sichhinwegsetzens über die als unhaltbar befundenen Gesetze der Sitte ist, kann mit der ehelichen Frucht= barkeit überhaupt nur dann auf eine Linie gesetzt werden, wenn es sich, wie im vorliegenden Falle, darum handelt, die Wirkung beider, also die Zunahme der Bevölkerung in Rechnung zu stellen.

Was die zur Feststellung der weiblichen Fruchtbarkeit einzuschlagenden Wege betrifft, so stehen uns mehrere Verfahren zu Gebote. Wir können die Zahl der jährlichen ehelichen und unehelichen Geburten in ein Verhältnis zur Gesammtbevölkerung setzen, also feststellen, dass z. B. auf 30 Lebende eine Geburt fällt, oder wir können, was die ehelichen Kinder betrifft, die Zahl der während eines bestimmten Zeitraumes geschlossenen Ehen mit der Zahl der während des entsprechend gleichen Zeitraumes gebo= renen ehelichen Kinder vergleichen und somit berechnen, wie viele Kinder auf eine Ehe entfallen. Beide Verfahren haben ihre Vorzüge, aber auch ihre Nachtheile. So ist das erste Verfahren zwar ein einfaches, aber rohes und liefert vergleichbare Zahlen nur dann, wenn bei den einzel= nen Völkern der Altersaufbau und Civilstand der Bevölkerung wenigstens annähernd gleich sind. Denn gerade rasch wachsende Nationen werden verhältnismäßig eine geringere Geburtenziffer aufweisen als stationäre, weil bei den ersteren die jugendlichen Elemente zahlreicher vertreten sind. Weit mehr fällt aber der Civilstand ins Gewicht, denn die ehe= lichen Kinder stehen ja nicht mit der Gesammtbevölkerung, sondern nur mit der verheirateten in einem Zusammenhange, es wird also nach diesem Verfahren die eheliche Fruchtbarkeit eines Volkes, in welchem die große Mehrzahl der Frauen verheiratet ist, größer erscheinen, als die in einem Lande mit geringer Ehefrequenz, selbst wenn in dem letzteren auf eine Ehe thatsächlich mehr Kinder entfallen sollten. Diesen Fehler vermeidet das zweite System, indem dasselbe nur die Zahl der Ehen mit der Zahl der ehelichen Geburten in ein Verhältnis setzt. Es ist vortrefflich und gibt die Fruchtbarkeit genau an, wenn es gelingt, die in einer bestimmten Zahl von Ehen geborenen Kinder mit eben dieser Zahl in ein Verhältnis zu setzen. Leider ist dieses Verfahren, mittelst dessen z. B. Göhlert die Fruchtbarkeit der Adelsfamilien berechnete, nur in solchen Fällen verwendbar, wo, wie in dem Gothaer Almanach, jede Geburt genau als dieser oder jener Familie zurechenbar verzeichnet ist. In der weitaus überwiegenden Zahl der Fälle muß man sich daher begnügen, die Gesammtzahl der Ehen mit der Gesammtzahl der ehelichen Geburten zu vergleichen. Dies setzt aber einerseits ein Material für einen Zeitraum von Decennien voraus und bietet anderseits nicht die Gewähr voller Genauigkeit. Denn auch hier wird eine Nation mit rasch ansteigender Ehezahl im Verhältnisse zu einer Nation mit stationärer Ehefrequenz eine geringere Geburtenzahl aufweisen, als ihr thatsächlich zukommt. Wir werden daher keinen der beiden Wege, sondern einen dritten einschlagen, der von der Schweizer Statistik seit geraumer Zeit betreten und auch sonst vielfach empfohlen wurde, und die Zahl der Geburten mit jener der gebärfähigen weiblichen Bevölkerung in ein Verhältnis bringen. Damit erlangen wir die Vortheile, welche das zweite der geschilderten Verfahren bietet, wir sind aber auch in der Lage für kürzere Perioden Vergleiche über die Zu- und Abnahme der Geburtenzahl anzustellen und vermeiden den Fehler: die Ehen der jüngeren Generation mit den Ehen alter Leute auf eine Linie zu setzen.*) Die Genauigkeit verlangt es auch hier, daß wir die Geburtenzahl mit der jeweiligen gebärfähigen Bevölkerung vergleichen, daß also für die letztere ein Zuwachscoëfficient in Anschlag gebracht wird. Wenn ich trotzdem in Folgendem nach dem Beispiele der Schweizer Statistik diesen Zuwachscoëfficienten vernachlässige, so geschieht es nicht bloß deshalb, weil die Größe der gebärfähigen verheirateten und unverheirateten weiblichen Bevölkerung, welche bei der Volkszählung von 1890 erhoben wurde, derzeit noch nicht bekannt ist, sondern auch weil dieses umständlichere Verfahren in dem vorliegenden Falle keineswegs jene Garantie bietet, die es sonst gewährt. Bei der nachfolgenden Untersuchung handelt es sich um kleine Verwaltungsgebiete mit geringer Bevölkerung, die Beobachtung müßte demnach mehr ins Individuelle gehen, als wir auf Grund der heutigen Volkszählungsstatistik vermögen. Denn gerade je kleiner ein Verwaltungsgebiet ist, desto mehr ist der Zuwachs nicht bloß der Bevölkerung, sondern auch der Ehen Zufälligkeiten ausgesetzt. Das Auflassen eines Bergwerkes, die Beendigung eines Eisenbahnbaues, die Verlegung einer Garnison vermögen auf die Volksbewegung eines kleinen Verwaltungs-

---

*) Insoferne die physiologische Fruchtbarkeit der Frauen gegen das Ende des gebärfähigen Alters abnimmt, bleibt die Möglichkeit eines gewissen Fehlers auch hier.

gebietes einzuwirken, und wenn dasselbe nach Ablauf von zehn Jahren bei einer neuen Volkszählung eine Zunahme oder Abnahme der verhei= rateten gebärfähigen Frauen aufweist, so vermag doch nur der Orts= kundige mit annähernder Sicherheit anzugeben, ob die Ehefrequenz während des ganzen Decenniums eine gleichmäßige war. Um indes den Fehler, die Geburtenzahl auf eine zu geringe oder zu große Zahl ge= bärfähiger Frauen zu beziehen, möglichst zu eliminieren, wollen wir zu der im Jahre 1880 ermittelten gebärfähigen Bevölkerung, bloß die Ge= burten in ein Verhältnis setzen, welche der Durchschnitt der Jahre 1881, 1882 und 1883 ergibt. Wenn ich indes abweichend von der Schweizer Statistik, die ebenfalls stets den dreijährigen Durchschnitt der Geburten berechnet, die Gebärfähigkeit schon mit dem 45., anstatt wie dort mit dem 48. Jahre enden lasse, so leitet mich die Erwägung, daß Frauen von über 45 Jahren nur mehr sehr selten gebären, und daß es prak= tisch ist, die Bevölkerung in Altersclassen von 5 zu 5 Jahren einzutheilen. Eine weitere Sicherstellung gegen die Fehler, welche aus der Vernach= lässigung des Zuwachscoëfficienten sich ergeben, werden wir schließlich darin suchen, daß wir unsere Vergleiche vorzugsweise auf jene Bezirke beschränken, deren Bevölkerung in der Zeit von 1880 bis 1890 nicht besonders angewachsen ist, da man annehmen kann, daß innerhalb kür= zerer Zeiträume die Ehefrequenz in gleichem Verhältnisse mit dem Volkszuwachse zunimmt.

Theilen wir unser Beobachtungsgebiet nach der nationalen Verschie= denheit wieder in die 7 Gruppen, so erhalten wir bezüglich der weib= lichen Fruchtbarkeit folgendes Ergebnis:

	Auf 1000	
	verheiratete	unverheiratete
	Frauen im Alter von 15—45 Jahren ent= fallen im Durchschnitte der Jahre 1881—1883	
	eheliche	uneheliche
	Lebendgeburten	
In den deutschen Bezirken	279·4	54·9
„ „ nordslavischen Bezirken	294·9	33·9
„ „ deutsch=tschechisch gemischten Bezirken	279·4	33·5
„ „ slovenischen Bezirken	309·6	31·5
„ „ deutsch=slovenisch gemischten Bezirken	276	82·7
„ „ italienischen Bezirken Tirols . .	314	3·3
und dem südslavisch=italienisch gemischten Küstenlande	307·4	20·7

Ein Blick auf die Tabelle belehrt uns sofort, daß die deutschen Bezirke unter jenen mit einheitlich nationalem Charakter bezüglich der ehelichen Fruchtbarkeit die niederste, bezüglich der unehelichen die höchste Stufe einnehmen. Die mit deutschgemischter Bevölkerung kommen den reindeutschen Bezirken nahe, ja bezüglich der ehelichen Fruchtbarkeit nehmen die deutsch-slovenischen Bezirke Kärntens die niederste Stufe unter den 7 Gruppen ein. Nun darf man allerdings aus dieser letzteren Thatsache nicht zu viel folgern, denn es sind die einzelnen Gruppen sehr ungleich, sowohl an räumlichem Umfange als an Volkszahl. Um deshalb einen genaueren Einblick zu erhalten, sind wir genöthigt, die diesbezüglichen Verhältnisse in den einzelnen Kronländern und hierauf in den einzelnen Bezirken zu untersuchen. Einstweilen sei nur auf die interessante Thatsache aufmerksam gemacht, daß die eheliche und uneheliche Fruchtbarkeit, wenigstens bei den Deutsch-Österreichern, im umgekehrten Verhältnisse steht, eine Thatsache, welche darauf hinzuweisen scheint, daß die Geburtenfrequenz zum großen Theile durch die socialen Verhältnisse beeinflußt ist.

Wenden wir uns zunächst den Sudetenländern zu, so sehen wir, daß die Deutschen an unehelicher Fruchtbarkeit die Tschechen und Polen weit überflügeln, während sie an ehelicher hinter denselben zurückbleiben. Denn wenn wir von Prag und Brünn, welche einen großstädtischen Charakter auch in der Bewegung der Bevölkerung aufweisen, absehen, so besitzen die slavischen Bezirke Böhmens, Mährens und Schlesiens eine eheliche Fruchtbarkeit von 290·9, 303 und 308 pro Mille gegen eine solche von 283·9, 283 und 282 pro Mille in den deutschen Bezirken der betreffenden Kronländer. In Mähren und Schlesien nehmen die gemischten Bezirke mit 285 und 304 eine Mittelstellung zwischen den deutschen und slavischen ein, hingegen bleiben die gemischten Bezirke Böhmens mit 273·1 pro Mille unehelicher Fruchtbarkeit sowohl hinter den tschechischen, als auch hinter den deutschen zurück. Nachdem nun gerade in den neun Bezirkshauptmannschaften Böhmens, welche wir als gemischte bezeichneten, das Mischungsverhältnis zwischen Deutschen und Tschechen ein derartiges ist, daß sich beide Nationalitäten die Wage halten, so folgt daraus, daß die Nationalität, wenn überhaupt, so doch jedenfalls nicht der einzige Factor ist, der die eheliche Fruchtbarkeit be

Anmerkung. In Galizien, Bukowina und Dalmatien sind die entsprechenden Relativzahlen für die eheliche Fruchtbarkeit 283·1, 285·1 und 307·2⁰⁰, für die uneheliche 63·2, 60·3 und 11·9⁰⁰.

stimmt. Diese Meinung findet ihre weitere Begründung, wenn wir die einzelnen Verwaltungsgebiete innerhalb der drei Kronländer rücksichtlich der ehelichen Fruchtbarkeit betrachten. So weisen in Böhmen sowohl die deutschen, als auch die tschechischen Bezirkshauptmannschaften sehr namhafte Unterschiede bezüglich der Fruchtbarkeit der Ehen auf. Elf deutsche, siebzehn tschechische und eine gemischte Bezirkshauptmannschaft haben eine solche von über 300 pro Mille, die Städte Prag und Reichenberg, sechs deutsche, sechs tschechische und drei gemischte Bezirkshauptmannschaften eine solche von weniger als 260 pro Mille. Die tiefste Stelle nimmt die tschechische Bezirkshauptmannschaft Hohenmauth mit 231 pro Mille ein. Es folgen dann deutsche und tschechische Bezirke in bunter Reihe mit höheren Sätzen; die höchste Fruchtbarkeit findet sich, wenn wir von Brüx (334 pro Mille) wegen des besonders raschen Zuwachses absehen wollen, in dem tschechischen Bezirke Böhmisch-Brod mit 331 pro Mille. Aber an denselben reihen sich unmittelbar die deutschen Bezirke Graslitz und Saaz mit 330 und 323 pro Mille, von welchen nur der erstere in der Zeit von 1880 bis 1890 einen erheblicheren Bevölkerungszuwachs erfahren hat.*) Ungünstiger für die deutschen Bezirke stehen die Dinge in Mähren, aber auch hier nimmt von den Landbezirken die tschechische Bezirkshauptmannschaft Neustadtl mit 257 pro Mille die tiefste Stufe ein, während der gemischte Bezirk Kroman mit 330 pro Mille unter den Bezirken mit der höchsten ehelichen Fruchtbarkeit die zweite, der deutsche Bezirk Nikolsburg mit 324 pro Mille die fünfte Stelle einnimmt. In Schlesien endlich besitzt von den Landbezirken der deutsche Bezirk Freudenthal mit einer Geburtenfrequenz von 281 pro Mille den letzten Rang, dem slavischen Bezirke Freistadt, der mit der ansehnlichen Ziffer von 343 pro Mille die erste Stelle einnimmt, rückt der gemischte Bezirk Troppau nahe, wenn man in Erwägung zieht, daß der Bezirk Freistadt zu jenen gehört, die außerordentlich rasch anwachsen. Von den ausschließlich deutschen Kronländern hat Nieder-Österreich mit Wien eine Geburtenfrequenz von 264, ohne Wien aber mit den Vororten, eine solche 287 pro Mille. Ober-Österreich und Salzburg kommen mit 282 und 281 der Geburtenfrequenz der Deutschen in den Sudetenländern sehr nahe. Von allen Bezirken der drei genannten Länder nimmt der oberösterreichische Bezirk Rohrbach mit 342 die erste,

---

*) Wie bezüglich der Geburtsüberschüsse so zeigt sich auch bezüglich der ehelichen Fruchtbarkeit ein großer Unterschied zwischen den deutsch-böhmischen Bezirken am rechten und am linken Ufer der Elbe.

der niederösterreichische Korneuburg mit 337 die zweite Stelle ein, während der oberösterreichische Bezirk Kirchdorf unter den Landbezirken mit 233 die geringste Fruchtbarkeit aufweist. In Steiermark und Kärnten, in welchen Ländern die Deutschen etwas mehr als zwei Drittel, die Slovenen etwas weniger als ein Drittel der Bevölkerung ausmachen, ist die eheliche Geburtenfrequenz der Deutschen am niedersten. Sie beträgt in den Landbezirken des ersteren Landes 267, in denen des letzteren 268. Obwohl nun die slovenischen Bezirke Steiermarks mit einer durchschnitt= lichen Geburtenfrequenz von 281 und die gemischten Bezirke Kärntens mit einer solchen von 276 günstigere Verhältnisse aufweisen, als die deutschen, so übertrifft doch der deutschsteirische Bezirk Hartberg mit 316 pro Mille alle Bezirke beider Länder bei weitem. Auch hier zeigt sich wieder, daß eine große oder kleine Geburtenfrequenz nicht schlecht= weg als Nationaleigenthümlichkeit aufzufassen ist, denn sonst wäre es unbegreiflich, warum der unmittelbar an den Bezirk Hartberg angren= zende, ebenfalls deutsche Bezirk Graz Umgebung nur eine Geburten= frequenz von 243 haben könnte. Von allen österreichischen Kronländern, die von Deutschen bewohnt werden, haben wir nur mehr Tirol und Vorarlberg zu beleuchten, und diese beiden Kronländer sind es, die unser besonderes Interesse erwecken müssen. Denn während Deutsch-Tirol das einzige größere Gebiet Österreichs ist, in welchem nahezu kein Geburts= überschuß besteht, und Vorarlberg auch nur einen solchen von ganz ge= ringer Größe aufweist, ist die eheliche Fruchtbarkeit in diesen Ländern am höchsten. Zwar kommt Krain, mit 336, dem Durchschnitte Tirols (338) ganz nahe, aber das rührt daher, daß die italienischen Bezirke nur eine Geburtenfrequenz von 314 besitzen. Deutsch-Tirol mit 367 und Vorarlberg mit 362 weisen eine eheliche Fruchtbarkeit auf, welche weit höher ist, als die in den diesbezüglich günstigsten Bezirken der Sudetenländer, ja der Bezirk Bruneck hat eine Geburtenfrequenz, welche jene des schlesischen Bezirkes Freistadt um beinahe 100 überragt, eine Thatsache, die um so merkwürdiger ist, als der erstere Bezirk in der Zeit von 1880 bis 1890 an Bevölkerung abgenommen hat, während die Bevölkerung des letzteren, offenbar wegen des blühenden Kohlen= bergbaues, in einer an amerikanische Verhältnisse erinnernden Weise ge= wachsen ist.

Fassen wir das Gesagte kurz zusammen, so müssen wir als Er= gebnis festhalten, daß aus der durchschnittlich geringeren ehelichen Frucht= barkeit in keiner Weise auf eine mindere Lebensfähigkeit des deutsch österreichischen Stammes geschlossen werden darf, denn ganz abgesehen von Tirol und Vorarlberg, wies uns fast in jedem Kronlande der eine oder der andere deutsche Bezirk große eheliche Fruchtbarkeit auf. Es kann demnach nicht der Mangel an physiologischer Fortpflanzungsfähigkeit sein, wenn im Durchschnitte die Ehen der Deutschen weniger mit Kindern gesegnet sind, als die der anderen Nationen. Diese Erscheinung kann zunächst aus dem höheren Heiratsalter der Deutsch-Österreicher erklärt werden. Denn, wenn wir die Zeit vom 15. bis 45. Jahre, innerhalb welcher die Frauen gebärfähig sind, in Abschnitte von je 5 Jahren theilen, so ergeben sich für unsere sieben Gruppen folgende Zahlen, aus welchen das Heiratsalter der weiblichen österreichischen Bevölkerung zu ersehen ist:

	Von 100 verheirateten Frauen standen am 31. December 1880 im Alter von						
	15—20	20—25	25—30	30—35	35—40	40—45	
				Jahren			
In den deutschen Bezirken . .	0·54	7·82	18·92	24·44	24·98	23·30	100
„ „ nordslavischen Bezirken	1·06	11·82	22·07	23·20	22·07	19·78	100
„ „ deutsch-tschechisch ge- mischten Bezirken .	0·68	9·47	20·36	23·63	23·47	22·39	100
„ „ slovenischen Bezirken .	0·86	8·99	18·18	23·87	25·04	23·06	100
„ „ deutsch-slovenisch ge- mischten Bezirken .	0·49	7·92	16·63	23·35	25·25	26·36	100
„ „ italienischen Bezirken in Tirol	0·54	8·83	20·49	23·80	24·14	22·20	100
„ „ italienisch-südslavisch gemischten Bezirken des Küstenlandes .	1·10	11·75	20·26	22·99	22·82	21·08	100

Wenn wir nun mit zahlreichen Schriftstellern annehmen, daß physiologisch die Fruchtbarkeit des Weibes vor dem 30. Lebensjahre höher ist, als nach demselben, und daß sie namentlich gegen Schluß des ganzen Zeitraumes rasch abfällt, *) so werden wir es begreiflich finden,

---

*) A. Quetelet: Physique sociale ou essai sur le developpement des facultés de l'homme. 1869. I. Bd. S. 183. Göhlert: Statistische Untersuchungen über die Ehen. 1870. S. 11. Wappäus: Allgemeine Bevölkerungsstatistik. 1859. II. Bd. S. 329. E. Reich: Die Fortpflanzung und Vermehrung des Menschen aus dem Gesichtspunkte der Physiologie und Bevölkerungslehre. 1880. S. 187.

daß die deutsch-slovenisch gemischten Bezirke Kärntens die geringste eheliche Geburtenfrequenz aufweisen, und daß sich an diese Bezirke unmittelbar die gesammten deutschen Bezirke reihen, nachdem diese beiden Gruppen verhältnißmäßig die meisten Ehefrauen in den höheren Altersclassen besitzen. Weniger zutreffend scheint es, daß die slovenischen, sowie die wälschtiroler Bezirke hohe Geburtenfrequenzen aufweisen, obwohl sie einen größeren Procentsatz von Ehefrauen der älteren Altersclassen haben. Es spricht dies jedoch nicht gegen die Annahme, daß das Heiratsalter der Frau ein maßgebender Factor ist, sondern erinnert daran, daß wir uns stets hüten müssen, die Geburtenfrequenz rein mechanisch aufzufassen. Sie ist das Ergebnis zahlreicher Factoren, von welchen die physiologische Befähigung nur einer, wenn auch ein sehr wichtiger ist. Indem die physiologische Fruchtbarkeit gleichsam die äußerste Grenze steckt, welche die Geburtenfrequenz erreichen kann, steht sie unter dem Einflusse der Zeit, von der alle anderen Factoren unabhängig sind. Nimmt man aber an, daß bloß die physiologische Fruchtbarkeit die Geburtenfrequenz bestimme, so können wir im vorliegenden Falle den Schluß ziehen, daß die höhere Ziffer der tschechischen Bezirke keineswegs auf eine größere Lebenskraft der tschechischen Nation zurückzuführen ist, sondern daß sich dieselbe einfach aus dem Umstande ergibt, daß von den gesammten Ehefrauen zwischen 15 und 45 Jahren in den deutschen Bezirken 72·72%, in den tschechischen aber nur 65·05% der höheren Altersclasse angehören. *)

Nun läßt sich allerdings einwenden, daß wenn auch die geringere eheliche Geburtenfrequenz zu erklären sei, wenn man aus derselben auch keineswegs auf geringere Lebenskraft unseres Volksstammes schließen dürfe, der Erfolg schließlich doch der sei, daß die deutsche Bevölkerung langsam anwachse und von den anderen Nationen überflügelt werde. Indes kann man aus der Thatsache, daß die Frauen in den deutschen Bezirken im Durchschnitte später heiraten, als in den nichtdeutschen, und daß somit die eheliche Geburtenfrequenz in den ersteren eine geringere ist, noch keineswegs erklären, daß die Geburtsüberschüsse in den von Deutschen bewohnten Bezirken geringer sind, als in den Ländern der übrigen Gruppen, denn einerseits sind die Unterschiede in der ehelichen

*) In Schlesien, wo die Differenz zwischen der ehelichen Fruchtbarkeit der deutschen und slavischen Bezirke am höchsten ist, stehen von den gebärfähigen deutschen Ehefrauen 71·25%, von den slavischen aber nur 62·74%, in der höheren Altersclasse. Entsprechend den Unterschieden in der Fruchtbarkeit wird der Unterschied im Alter der Ehefrauen in Mähren kleiner als in Schlesien und ist in Böhmen am kleinsten.

Fruchtbarkeit doch weit geringer, als in den Geburtsüberschüssen, und anderseits besitzen gerade die deutschen Bezirke eine uneheliche Frucht= barkeit, die weit bedeutender ist, als die in den meisten anderen Bezirken. Mag man nun diese uneheliche Fruchtbarkeit, die im Zusammenhange mit dem späteren Heiratsalter der Frauen betrachtet, nichts anderes als ein Symptom ist, daß die Lebensverhältnisse bei den Deutschen in Österreich wegen des höheren standard of life schwieriger sind, als bei den andern Stämmen, bedauern, der Erfolg die Volkszahl zu vermehren muß auch ihr zuerkannt werden. Das Menschenmaterial, welches aus den unehelichen Geburten erwächst, braucht keineswegs ein durchaus schlechteres zu sein, als es die ehelichen Kinder sind. Sehr viel hängt hiebei von den Landessitten, sowie von den Umständen ab, unter welchen ein uneheliches Kind das Licht der Welt erblickt. Wo, wie z. B. in unseren Alpenländern, das uneheliche Kind nicht von vornherein als Paria behandelt wird, sondern im Familienkreise aufwächst, wird es an Charakterfestigkeit und sittlicher Tüchtigkeit dem ehelichen Kinde nicht nachstehen. Gibt nun gar noch die Kirche ihren Segen dazu, indem sie die Eltern, wenn auch erst in späterer Zeit vereinigt, so stehen diese unehelichen Kinder auch nach bürgerlichem Rechte den ehelichen gleich. Nachdem aber gleiche Ursachen gleiche Wirkungen hervorbringen, so müssen wir erwarten, daß diese unehelichen aber durch nachträgliche Ehe der Eltern legitimierten Kinder nicht bloß in ihrem sittlichen Verhalten, sondern auch sonst in jeder Beziehung den ehelichen völlig gleichkommen. Wenn wir also auch annehmen wollen, daß eine sehr große Zahl unehe= licher Kinder der Noth zum Opfer fällt und frühzeitig ins Grab sinkt, so kommen doch diese legitimierten Kinder für die Volksvermehrung in gleicher Weise in Betracht, wie die ehelichen, und wir müssen deshalb die unehelichen Geburten, auf welche später die Ehe der Eltern folgt, bei Berechnung der ehelichen Fruchtbarkeit berücksichtigen. Dies mit dem Anspruche auf Genauigkeit zu thun, wird uns nun allerdings nicht möglich, da die Legitimation unehelicher Kinder in Österreich nicht vor dem Jahre 1886 erhoben wurde, und thatsächlich viele Eltern unehelicher Kinder heiraten, ohne daß die Legitimation in der Weise durchgeführt wird, daß aus ihr rechtliche Folgen für die Kinder eintreten. *) Nehmen wir aber an, daß die Zahl der im Jahre 1886 legitimierten Kinder von

---

*) Über die diesbezüglich herrschenden Mißstände vergl. M. Ertl: Uneheliche Geburt und Legitimation. Statistische Monatsschrift. 1887. S. 424.

dem jährlichen Durchschnitte nicht mehr als um einige Procente abweicht, und dass Leichtsinn, Unklarheit der Verwaltungsnormen und ähnliche Momente, welche die Erhebung der durch nachträgliche Ehen legitimierten Kinder beeinträchtigen, in allen Kronländern, auf die sich unsere Unter= suchung erstreckt, in ähnlicher Weise wirksam sind, so zeigt sich, dass die Zahl der legitimierten unehelichen Kinder in den deutschen Bezirken ganz unverhältnismäßig groß ist, dass also in Deutsch=Österreich ein großer Theil der Mädchen den Vater seiner unehelichen Kinder heiratet.*) Ziehen wir nun bei Beurtheilung der ehelichen Fruchtbarkeit die Legiti= mation in Rechnung, wobei wir freilich nur die zur Zeit der Eheschließung lebenden, nicht aber die bereits vor derselben verstorbenen Kinder berück= sichtigen können, so kommen wir zu dem allerdings nur annäherungsweise richtigen Ergebnisse, dass die Fruchtbarkeit der Frauen in den deutschen Bezirken nicht geringer ist, als in den übrigen Gruppen, ja dass in einzelnen Kronländern, wo Deutsche mit Slaven oder Italienern zusammen= stoßen, die Ersteren nicht bloß eine höhere uneheliche, sondern auch eine höhere eheliche Fruchtbarkeit aufweisen, als die Letzteren. Es ist daher gewiss gänzlich falsch, die langsame Volksvermehrung der Deutsch=Öster= reicher der geringeren Fruchtbarkeit derselben zuzuschreiben, denn, wenn es auch von einzelnen Orten mit gemischtsprachiger Bevölkerung richtig

---

*) Im Jahre 1886 wurden durch nachfolgende Ehe der Eltern Kinder legitimiert:
In den deutschen Bezirken 10.804
„ „ nordslavischen Bezirken . . . 3.590
„ „ deutsch=nordslavisch gem. Bezirken 1.086
„ „ slovenischen Bezirken . . . 865
„ „ deutsch=slovenisch gem. Bezirken 329
„ „ Wälschtirol 28
„ im Küstenlande 342
in Böhmen 3668 Kinder in den deutschen
„ „ 2721 „ „ „ tschechischen
„ „ 618 „ „ „ gemischten
in Mähren 244 „ „ „ deutschen
„ „ 763 „ „ „ tschechischen
„ „ 406 „ „ „ gemischten
in Schlesien 264 „ „ „ deutschen
„ „ 106 „ „ „ slavischen
„ „ 62 „ „ „ gemischten
„ Galizien 1.732 Kinder
„ der Bukowina 262 „
„ Dalmatien 254 „

sein mag, was Gehre von der Brünner Sprachinsel sagt, daß die Nicht=
deutschen einen doppelt so reichen Kindersegen haben, als die Deutschen,
so rührt das nur daher, daß die Deutschen in jenen Orten meist
der besitzenden Classe, die Nichtdeutschen aber dem Proletariat angehören.*)
Nur soweit sich an einzelnen Orten in den gemischten Bezirken der
Classenunterschied mit dem nationalen deckt, führt die ungleiche Geburten=
frequenz in den einzelnen Classen zu einer für das Deutschthum ungün=
stigen Verschiebung der nationalen Verhältnisse. Für das gesammte
Beobachtungsgebiet ist der verhältnismäßige Rückgang des deutschen
Elementes aus geringerer Fruchtbarkeit nicht abzuleiten, es müssen also
andere Factoren sein, welche in dieser Richtung einwirken.

b) Die Todtgeburten.

Indem ich bei der Berechnung der Geburtenfrequenz nur die
Lebendgeborenen berücksichtigte, habe ich von vornherein den Einfluß
ausgeschlossen, den der Umstand auf die Volksvermehrung ausübt, daß
ein gewisser Procentsatz aller Geburten auf die Todtgeburten entfällt.
Ich will deshalb bloß der Vollständigkeit halber die für unsere nationalen
Gruppen diesbezüglich gewonnenen Zahlenverhältnisse mittheilen, welche
im Durchschnitte der Jahre 1881 bis 1883 die folgenden sind:

	Auf hundert	
	eheliche	uneheliche
	Lebendgeburten erfolgten Todtgeburten	
In den deutschen Bezirken	3·14	4·31
„ „ nordslavischen Bezirken . . .	2·53	4·25
„ „ deutsch=tschechisch gemischten Be= zirken	2·23	3.11

*) Wenn das deutsche Bürgerthum z. B. in den mährischen Städten numerisch
zurückgeht, so liegt die Ursache meines Erachtens darin, daß die Tendenz zur Centralisation
der Geschäfte viele bürgerliche Elemente in die Großstädte zieht, und daß die Tendenz
zur Centralisation des Capitals in wenigen Händen und damit zu steigender Luxus=
entfaltung die Zahl des höheren Mittelstandes überhaupt vermindert, indem sie zu
Ehelosigkeit oder Beschränkung der Kinderzahl nöthigt. Ähnliche Verhältnisse führen
dahin, daß ein Adelsgeschlecht nach dem anderen ausstirbt. So soll z. B. der fran=
zösische Adel, der unter Heinrich IV. lebte, zu Beginn unseres Jahrhunderts weniger
Nachkommen besessen haben, als er Köpfe zählte. Vergleiche Sismondi: Nouveaux
principes d'économie politique. II. Bd. S. 272 u. ff.

	Auf hundert	
	eheliche	uneheliche
	Lebendgeburten erfolgten Todtgeburten	
In den slovenischen Bezirken . . .	1·94	2·86
„ „ deutsch-slovenisch gemischten Be- zirken	1·94	3·19
„ Wälschtirol	1·26	8·11
Im Küstenlande	2·10	5·27*)

Bei den Deutsch-Österreichern ist der Procentsatz der todtgeborenen ehelichen Kinder**) am höchsten, bei den Wälschtirolern am niedrigsten. Hingegen nehmen bei den Letzteren die Todtgeburten der unehelichen Kinder einen sehr bedeutenden Procentsatz ein, was sich wohl daraus er= klären mag, daß die unehelichen Mütter in einem Lande, in welchem es so wenig uneheliche Kinder gibt, wie in Wälschtirol, eine sehr tiefe sociale Stellung einnehmen und sich darum im schwangeren Zustande nicht jene Pflege zutheil werden lassen können, welche wünschenswert wäre. So verlockend es wäre, weitere Schlüsse aus den oben mitge= theilten Zahlen zu ziehen, so müssen wir uns dies doch versagen, da wir wissen, daß die Statistik der Todtgeburten bezüglich ihrer Zuver= lässlichkeit viel zu wünschen übrig läßt. Wie nämlich Mayr, Bergmann und Andere hervorheben,***) und jeder weiß, der viel mit dem Volke gelebt hat, herrscht in katholischen Gegenden der Brauch, jedem Kinde, welches nicht lebensfähig scheint, die Nothtaufe zu ertheilen, um es von der Erbsünde frei zu machen. Infolge dessen werden manche Kinder, selbst wenn sie schon bei der Geburt ihr Leben einbüßten, nicht als todtgeboren, sondern als gestorben verzeichnet, und so kommt es, daß in strengkatholischen Gegenden die Zahl der Todtgeburten oft verhältnis= mäßig sehr klein ist. Da sich nun in keiner Weise feststellen läßt, in wie weit die größere oder geringere Stärke der religiösen Empfindung

*) In Galizien, Bukowina und Dalmatien beträgt der Procentsatz der Todt= geburten bei den ehelichen Geburten 2·4, 1·7 und 0·8, bei den unehelichen 3·8, 2·9 und 2·3.

**) Dadurch wird die gesammte Geburtenfrequenz (Lebend- und Todtgeburten zusammengerechnet) bei den Deutschösterreichern etwas günstiger.

*** Mayr: A. a. O. S. 217. E. v. Bergmann: A. a. O. S. 183. G. Rümelin: in Schönberg's Handbuch der politischen Ökonomie. 1882. I. Bd. S. 1219.

in den einzelnen Ländern auf die von uns mitgetheilten Zahlen Einfluß genommen haben, so werden wir denselben nur im Zusammenhange mit der Kindersterblichkeit eine Bedeutung beimessen.

c) Die Kindersterblichkeit.

Um für die Sterblichkeit der Kinder von der Zeit der Geburt bis zum Alter von 5 Jahren brauchbare Zahlen zu gewinnen, werden wir die durchschnittliche Sterblichkeit zu der durchschnittlichen Geburtenzahl in's Verhältnis setzen. Ohne die Zahl der Angehörigen dieses ersten Lebensalters zu kennen, fassen wir den Zuwachs, den dieselbe durch die Geburt erfährt und den Abgang, den dieselbe durch den Tod erleidet, in's Auge und ersehen somit, welcher von unseren nationalen Gruppen durch die Kindersterblichkeit eine beträchtliche Verzögerung ihres Anwachsens zutheil wird. Für den Durchschnitt der Jahre 1881 bis 1883 gelangen wir hierbei zu folgenden Ergebnissen:

	Auf hundert	
	eheliche	uneheliche
	Geburten entfallen Sterbefälle von Kindern bis zu 5 Jahren	
In den deutschen Bezirken	38·2	38·6
„ „ nordslavischen Bezirken . . .	35·5	46·6
„ „ deutsch tschechisch gemischten Bezirken	34·8	40·4
„ „ slovenischen Bezirken	32·3	33·4
„ „ deutsch slovenisch gemischten Bezirken	23·8	36·2
„ Wälschtirol	34·5	35·6
im Küstenlande	35·7	35·9*)

Wie zu erwarten war, stellt sich durchwegs die Sterblichkeit bei den unehelichen Kindern als größer heraus wie bei den ehelichen. Diese Differenz ist indes von sehr verschiedener Größe, denn während in den slavischen Bezirken der Sudetenländer erheblich mehr uneheliche als eheliche Kinder sterben, ist sie im Küstenlande und in den deutschen Bezirken ganz unbedeutend. Daß diese Letzteren in dieser Richtung gün-

---

*) Zu Galizien, Bukowina und Dalmatien betrug die Sterblichkeit bei den ehelichen Kindern 41·0, 44·1 und 26·0, bei den unehelichen 44·8, 46·6 und 34·4%.

stige Verhältnisse aufweisen, beruht zum Theil auf dem Umstande, daß viele Kinder, die in dem Wiener Findelhause geboren werden, nicht in Wien, sondern auf dem Lande, u. zw. auch in nichtdeutschen Bezirken sterben, gewiß wirkt aber auch der Umstand mit, daß das uneheliche Kind in Ländern, die eine stärkere uneheliche Geburtenfrequenz aufweisen, hinsichtlich der Pflege günstiger daran ist als dort, wo man es von vorneherein als Product eines Sündenfalles betrachtet. *)

Bezüglich der Kindersterblichkeit im Allgemeinen, sowie auch bezüglich des Verhältnisses der Todtgeburten zu den Lebendgeburten, nehmen nun leider die deutschen Bezirke Österreichs eine ungünstige Stellung gegenüber den Bezirken mit Bewohnern anderer Nationalität ein. Insbesondere die südslavischen und italienischen Bezirke ragen durch weit günstigere Verhältnisse hervor und zeichnen sich diesbezüglich nicht bloß vor den deutschen, sondern auch vor den nordslavischen Bezirken aus. Doch wäre es auch hier, geradeso wie bei der Untersuchung über die Fruchtbarkeit, verfehlt eine größere Anzahl von Todtgeburten oder eine größere Kindersterblichkeit schlechtweg als eine Nationaleigenthümlichkeit

---

*) Wenn wir die Sterblichkeitsverhältnisse der Kinder in den einzelnen Theilen des deutschen Gebietes untersuchen, so kommen wir zu dem Ergebnisse, daß in vielen derselben die unehelichen Kinder weit mehr gefährdet sind, als in der Durchschnittsziffer zum Ausdrucke gelangt. Es entfallen nämlich auf je 100 eheliche, bezw. uneheliche Geburten Sterbefälle von Kindern bis zu fünf Jahren bei den

	ehelichen	unehelichen
I. In Nieder-Österreich		Kindern
1. Wien	37·7	19·1
2. Land ohne Wien	40·7	59·9
Zusammen	40·0	37·4
II. In Inner-Österreich		
1. Oberösterreich	34·9	36·7
2. Salzburg	33·4	34·0
3. Deutsch-Steiermark	32·9	39·5
4. „ Kärnten	28·7	31·5
5. „ Tirol	30·4	30·0
6. Vorarlberg	30·7	34·0
Zusammen	32·3	36·4
III. In den Sudetenländern		
1. Deutsch Böhmen	42·2	43·4
2. „ Mähren	35·5	42·1
3. „ Schlesien	36·2	43·0
Zusammen	40·9	43·2

aufzufassen, denn, wenn wir anstatt des Durchschnittes das Einzelne in's
Auge fassen, so finden wir, daß auch bezüglich dieser Verhältnisse in
den einzelnen Bezirken die verschiedensten Erscheinungen zutage treten.
So ist z. B. in Kärnten, und zwar in allen Bezirken ohne Rücksicht
auf die Nationalität ihrer Bewohner, die Zahl der todtgeborenen Kinder,
sowie die Sterblichkeit der ehelichen Kinder klein, und dasselbe gilt von
Deutschtirol sowohl bezüglich des Verhältnisses der Todtgeburten zu den
Lebendgeburten, als auch hinsichtlich der Sterblichkeit der ehelichen und
unehelichen Kinder. Hingegen sind selbst in geographisch gut abgeschlos-
senen Gebieten, wie in den Sudetenländern, die Verhältnisse bei den
Angehörigen einer Nationalität sehr verschieden. So erweisen sie sich in
den deutschen Bezirken Mährens und Schlesiens in jeder Hinsicht günstiger, als in den slavischen Bezirken dieser Länder, während umgekehrt
die deutschen Bezirke Böhmens mehr Todtgeburten und eine größere
Sterblichkeit der ehelichen Kinder besitzen, als die tschechischen. Unter
den deutschen Bezirken Böhmens weisen die nordöstlichen eine Kindersterblichkeit weit über dem Durchschnitte auf. Nach dem Bezirke Friedland mit einer Sterblichkeitsziffer der ehelichen Kinder von 50·8% folgen
die Bezirke Reichenberg Umgebung, Schluckenau, Stadt Reichenberg,
Rumburg und Trautenau mit 48·8, 47·2, 46·1, 46·2 und 43·2%, so
daß wir, da auch die Sterblichkeit der unehelichen Kinder in diesen Bezirken weit über dem Durchschnitte der deutsch-böhmischen Bezirke steht,
wie schon bei anderen Gelegenheiten darauf hinweisen müssen, daß die
Bezirke rechts der Elbe für die Zunahme der Bevölkerung recht ungünstige Verhältnisse aufweisen.

Wie also die Verschiedenheit der Nationalität keineswegs ausreicht,
die größere oder geringere Lebensgefährdung der Nachkommenschaft zu
erklären, so werden wir ebensowenig anderes als einzige Ursache derselben anzugeben vermögen. Vielfach mögen die ungünstigen sanitären
Verhältnisse einzelner Orte, welche in gleicher Weise auch das Leben
der Erwachsenen bedrohen, der Grund sein, daß Kinder massenhaft in's
Grab sinken. In einzelnen Landstrichen mag man auf die unzweck-
mäßige Ernährung der Kinder mit Kuhmilch anstatt mit Muttermilch
die zahlreichen Erkrankungen der Verdauungsorgane zurückführen, die
unseren Säuglingen so gefährlich sind. Inwieweit jedoch die künstliche
Ernährung der Säuglinge mit der physischen Unfähigkeit der Mütter,
ihre Kinder zu stillen, zusammenhängt, also aus Rasseneigenthümlichkeiten
zu erklären oder auf andere Ursachen zurückzuführen ist, dafür fehlen

uns die nöthigen Behelfe. Anzunehmen ist es, daß die Beschäftigung der Mutter außer dem Hause nicht bloß diese natürliche Ernährung des Kindes, sondern überhaupt seine Pflege beeinträchtigt. In Bezirken und Bevölkerungsschichten, in welchen den Frauen nicht bloß die Besorgung des Hauswesens obliegt, sondern in welchen sie auch genöthigt sind, einen Theil des Unterhaltes der Familie außer dem Hause zu verdienen, wird daher die Sterblichkeit der Kinder eine besonders hohe sein müssen. Einen ziffermäßigen Ausdruck, inwieweit die Frauen in den einzelnen Ländern und Bezirken außer dem Hause beschäftigt sind, vermögen wir nicht zu gewinnen, wenn wir jedoch die unfallversicherungspflichtigen Weiber, die gewiß nur einen kleinen Theil sämmtlicher erwerbsthätigen bilden, in's Auge fassen, so werden wir immerhin einige Anhaltspunkte für die Erklärung der Kindersterblichkeit erlangen.*)

Vergleichen wir die Zahl der im Jahre 1888 als unfallversicherungspflichtig erhobenen Weiber mit den Ergebnissen der Volkszählung von 1880, was wir leider thun müssen, da eine Zählung der nunmehr unfallversicherungspflichtigen Personen vorher nicht stattfand, so ergeben sich uns nachfolgende Verhältniszahlen.

Auf 1000 Einwohner nach der Volkszählung von 1880 entfielen im Jahre 1888 unfallversicherungspflichtige Weiber:

In den deutschen Bezirken . .	19·3
„ „ nordslavischen Bezirken	13·4
„ „ deutsch-tschechisch gemischten Bezirken .	23·8
„ „ slovenischen Bezirken	4·5
„ „ deutsch-slovenisch gemischten Bezirken	4·5
„ Wälschtirol . . .	14·2
im Küstenlande	6·9.

So dürftig diese Ziffern sind, da sie sich nur auf einen Theil der erwerbsthätigen Frauen beziehen, so sind sie doch geeignet einiges Licht auf die Ursachen der Kindersterblichkeit zu werfen. Sie geben einen Erklärungsgrund, warum die slovenischen und deutsch-slovenisch gemischten Bezirke bezüglich derselben so günstig gestellt sind, sie erklären es weiter, warum die nordslavischen Bezirke in den Sudetenländern bezüglich der

---

*) Nach dem österreichischen Unfallversicherungsgesetze sind wesentlich nur die Arbeiter versicherungspflichtig, welche bei Bauten, in Bergwerken oder bei Maschinen beschäftigt sind. Eine Statistik der unfallversicherungspflichtigen Weiber umfaßt also das Heer der Kellnerinnen, Näherinnen, Wäscherinnen, Ladenmädchen u. s. w. nicht.

Sterblichkeit der ehelichen Kinder zwar günstigere Verhältnisse als die deutschen, aber ungünstigere als die südslavischen und südslavisch-italienisch gemischten Bezirke besitzen. Indes werden wir den Einfluß der Erwerbsthätigkeit der Frau auf Todtgeburten und Kindersterblichkeit erst dann voll ermessen können, wenn wir uns auch im vorliegenden Falle nicht mit dem großen Durchschnitte begnügen, sondern auf die Verhältnisse in den einzelnen Bezirken eingehen. So finden wir, daß die deutsch-slovenisch gemischten Bezirke Kärntens sowie die deutschen Bezirke Kärntens und Tirols, welche unter den deutschen Bezirken günstige Sterblichkeitsverhältnisse der Kinder haben, auch sehr wenig unfallversicherungspflichtige Weiber besitzen. Und was schließlich Böhmen betrifft, so stehen den 28·6 per Mille versicherungspflichtigen Weibern in den deutschen Bezirken bloß 9·9 per Mille in den tschechischen gegenüber. Die deutschen Bezirke am rechten Ufer der Elbe, welche überhaupt ungünstige Verhältnisse hinsichtlich der Volksbewegung besitzen, sind ganz vorwiegend der Sitz der Textilindustrie, welche außerordentlich viele Weiber beschäftigt. Während im Durchschnitte von Deutsch-Böhmen auf 1000 Einwohner 28·6 versicherungspflichtige Weiber entfallen, steigt dieser Satz in den sechs Bezirken mit der höchsten Kindersterblichkeit rechts der Elbe auf 63·5, ja in dem Bezirke Reichenberg Umgebung auf 80·4 per Mille. Kein Zweifel, daß in diesen Bezirken die Fabriksarbeit der Frauen eine wesentliche Ursache der Kindersterblichkeit ist.*)

Ziehen wir nun die Ergebnisse unserer bisherigen Untersuchungen, so müssen wir feststellen, daß aus denselben auf den verhältnismäßig numerischen Rückgang des deutschen Elementes in Österreich nicht geschlossen werden kann. Scheinbar ist allerdings die Fruchtbarkeit der verheirateten Frauen bei den Deutschösterreichern geringer, wenn wir aber in Rechnung ziehen, daß sie regelmäßig in etwas höherem Alter in die Ehe treten und häufig vor der Ehe geborene Kinder in dieselbe

---

*) Die große Kindersterblichkeit im nordöstlichen Böhmen führt auch Singer auf die Fabriksarbeit der Frauen zurück. Bezeichnend ist diesbezüglich die Bemerkung Singers, daß der Bezirk Gablonz, in welchem viel Hausindustrie vorhanden ist, bei der die Frauen im eigenen Hause arbeiten, günstigere Verhältnisse aufweist als die Nachbarbezirke. Auch die große Zahl der Todtgeburten hängt ohne Zweifel mit der Fabriksarbeit der Mutter zusammen. So bemerkte ein in einer mechanischen Weberei angestellter Fabriksarzt, daß unter 87 von Fabriksarbeiterinnen geborenen Kindern 13 todt zur Welt kamen. Vergl. J. Singer: Untersuchungen über die socialen Zustände in den Fabriksbezirken des nordöstlichen Böhmen. 1885. S. 200 u. ff.

mitbringen, so schwindet dieser Vorsprung der anderen Nationen. Hingegen sind thatsächlich, wie oben erörtert wurde, die ehelichen Kinder
deutscher Eltern mehr der Gefahr des Todes ausgesetzt als die
italienischer oder slavischer Eltern. Was aber dem deutschen Volke in
Österreich durch diese Sterblichkeit der ehelichen Kinder an Volkszuwachs
entgeht, das wird zum guten Theile durch die starke uneheliche Geburtenfrequenz, sowie die relativ günstigen Sterblichkeitsverhältnisse dieser unehelichen Kinder hereingebracht. Aus der Differenz in der Fruchtbarkeit
der Ehefrauen und der Sterblichkeit der ehelichen Kinder vermögen wir
den verhältnismäßigen numerischen Rückgang des deutschen Elementes
aber umsoweniger zu erklären, als die Tschechen, welche innerhalb der
alten deutschen Bundesländer am raschesten anwachsen, und die einen
beinahe doppelt so großen Geburtsüberschuß besitzen, als die Deutschen,
sowohl hinsichtlich der ehelichen Fruchtbarkeit, als der ehelichen Kindersterblichkeit diesen Letzteren ganz nahe, jedenfalls aber weit näher kommen,
als die Italiener oder Südslaven. Es muß deshalb anderes als der
Unterschied in der Fruchtbarkeit und der Kindersterblichkeit auf die ungleiche
Vermehrung der Nationalitäten einwirken, und dieses Moment kann nur
in der verschiedenen Ehefrequenz gefunden werden.

d) Die Ehefrequenz.

Nachdem es uns im vorliegenden Falle bloß darauf ankommt zu
untersuchen, ob die größere oder geringere Häufigkeit der Ehen auf den
Zuwachs der Bevölkerung bei den einzelnen Nationalitäten einen Einfluß
übt, so haben für uns bloß die Ehen ein Interesse, aus welchen Kinder
zu erwarten sind. Wie bei Berechnung der weiblichen Fruchtbarkeit werden
wir auch gegenwärtig bloß nach der größeren oder geringeren Häufigkeit
jener Ehen fragen, in welchen die Frau im Alter von 15—45 Jahren,
also im gebärfähigen Alter steht. Eine vergleichende Zusammenstellung
dieser Ehen innerhalb unserer sieben Gruppen, führt zu nachfolgendem
Ergebnisse:

Von 100 gebärfähigen Frauen waren nach der Volkszählung von
1880 verheiratet:

1. In den deutschen Bezirken . 41·50
2. „ „ nordslavischen Bezirken . . . . 52·80
3. „ „ deutsch-tschechisch gemischten Bezirken 47·78
4. „ „ slovenischen Bezirken . 41·97

5. In den deutsch-slovenisch gemischten Bezirken 30·12

6. „ Wälschtirol . . . . . . 42·57

7. Im Küstenlande . . . . 51·39*)

Während die früheren Untersuchungen ergeben haben, daß die Fruchtbarkeit unter Berücksichtigung der Legitimation unehelicher Kinder per subsequens matrimonium zwischen den einzelnen Gruppen und namentlich zwischen der ersten und zweiten Gruppe nur ganz unbedeutende Differenzen aufweist, und daß auch bei der ehelichen Kindersterblichkeit der Unterschied zwischen der ersten und zweiten Gruppe nur wenige Procente beträgt, zeigt uns die letzte Tabelle die gewaltigsten Sprünge bezüglich der Ehefrequenz, so daß wir keinen Augenblick daran zweifeln können, daß die numerische Verschiebung zu Ungunsten des deutschen Elementes in Österreich in erster Reihe der geringen Ehefrequenz der Deutschösterreicher zuzuschreiben ist. Allerdings steht mit dieser geringen Zahl der Eheschließungen die hohe uneheliche Fruchtbarkeit der Deutschösterreicher im engsten Zusammenhange, aber der Zuwachs durch die unehelichen Geburten kann in der Regel den Mangel an ehelichen nicht wettmachen, da die deutschen Bezirke Österreichs im Durchschnitte noch immer eine mehr als fünfmal so große eheliche als uneheliche Geburtenfrequenz besitzen. Nur dort, wo wie in Kärnten die uneheliche Geburtenfrequenz so groß ist, daß mehr als zwei Fünftel aller Geburten auf die unehelichen entfallen, wird die geringere Ehezahl keine langsamere Volksvermehrung mit sich bringen. So kommt es auch, daß die deutsch-slovenisch gemischten Bezirke Kärntens, trotz ihrer geringen Ehezahl, ansehnliche Geburtsüberschüsse besitzen, während anderseits Wälschtirol wegen der verschwindend geringen Zahl unehelicher Kinder, trotz seiner größeren Ehefrequenz, an Bevölkerungszuwachs hinter diesen Kärntner Bezirken zurückbleibt. Wie sehr aber die Zahl der gebärfähigen Ehefrauen für den Geburtsüberschuß maßgebend ist, das beweist vor allem der Vergleich der Ehefrequenz, der Geburtsüberschüsse und der unehelichen Fruchtbarkeit innerhalb der einzelnen Gruppen der deutschösterreichischen Bezirke. Dieser Vergleich führt zu einem umso zwingenderen Ergebnisse, als die Kindersterblichkeit in den Gruppen mit geringer Ehefrequenz nieder ist, und somit nicht für den Ausfall in den Geburtsüberschüssen verantwortlich gemacht werden kann.

———— — —

*) In Galizien, Bukowina und Dalmatien waren 58·16, 59·40 und 54·51°/₀ der gebärfähigen weiblichen Bevölkerung verheiratet.

	Von 100 gebärfähigen Frauen waren nach der Volkszählung von 1880 verheiratet	Im Durchschnitte der Jahre	
		1881—1883 wurden auf 1000 unverheiratete gebärfähige Frauen lebende uneheliche Kinder geboren	1881—1885 betrug der Geburtsüberschuß auf 1000 Einwohner nach der Volkszählung von 1880
In Deutsch-Böhmen . .	48·60	52·2	6·83
„ Deutsch-Mähren . .	47·42	33·5	5·74
„ Deutsch-Schlesien . .	44·39	34·1	5·84
„ Nieder-Österreich . .	42·00	67·5	6·24
„ Ober-Österreich . . .	40·69	44·0	3·71
„ Deutsch-Steiermark . .	34·60	61·4	3·11
„ Vorarlberg . .	33·71	12·6	3·41
„ Salzburg . . .	33·08	56·8	2·12
„ Deutsch-Tirol . . .	29·66	15·3	0·31
„ Deutsch-Kärnten . .	25·57	99·5	4·80
Im Durchschnitte . . .	41·50	54·9	5·17

Deutsch-Böhmen und Deutsch-Kärnten stehen als die entgegengesetzten Pole einander gegenüber; in dem einen ist die Ehefrequenz, in dem andern die uneheliche Fruchtbarkeit beinahe doppelt so groß, wie bei dem Gegentheile. Von diesen beiden Extremen abgesehen, reihen sich aber im Großen und Ganzen die Gruppen so aneinander, daß der Geburtsüberschuß der Ehefrequenz parallel geht, und daß nur ganz bedeutende Unterschiede in der unehelichen Fruchtbarkeit kleine Verschiebungen desselben hervorbringen.

Wenn wir nun die Ergebnisse unserer Untersuchungen für die Frage verwerten: warum das deutsche Element in Österreich, und zwar insbesondere durch die geringe Volksvermehrung Inner-Österreichs, einen so unbedeutenden Zuwachs erfährt, so unterliegt es keinem Zweifel, daß die geringe Zahl der Ehen die wichtigste Ursache davon ist. Wie dem nun auch sein mag, ob man den geringeren Zuwachs der deutsch österreichischen Bevölkerung bedauert, oder ob man sich über denselben freut, eine Wirkung muß die Zurückführung desselben auf die geringe Ehefrequenz haben, die Zerstörung der Legende von der physischen

Überlegenheit der Slavenwelt über die germanischen Völker.*) Man könnte allenfalls aus der geringen Geburtenfrequenz auf ein Versiegen der nationalen Lebenskraft schließen, obwohl die Zahl der Geburten noch von vielen anderen Momenten abhängt als von der Fortpflanzungs= fähigkeit der Eltern, man könnte allenfalls in der größeren Kindersterb= lichkeit eine geringere Eignung für den Kampf ums Dasein erblicken, obwohl wir wissen, daß die Deutschösterreicher im Durchschnitte nicht kürzer leben als die Angehörigen der anderen Volksstämme, aber nie und nimmer wird man das spätere Heiratsalter und die geringere Ehenzahl in den deutschen Bezirken auf anthropologische Ursachen zurückzuführen vermögen. Dieselben können nur in socialen Verhältnissen ihren Grund haben, den aufzudecken das nächste Capitel dieser Arbeit versuchen soll.

---

*) Nach dem militär=statistischen Jahrbuche waren in Österreich=Ungarn von je 1000 Stellungspflichtigen mit einer Körperlänge von 153 *cm* aufwärts wegen Körperschwäche untauglich in den ausschließlich oder nahezu ausschließlich von

Jahr	Deutschen	Magyaren	Tschechen und Slovaken	Polen	Ruthenen	Kroaten	Rumänen
			bewohnten Ergänzungsbezirken				
1888	456	619	483	721	659	756	671
1889	427	585	441	519	548	595	631
1890	399	588	398	519	575	669	695
Durchschnitt	427	597	440	586	594	673	665

Alle sonstigen Mängel mit Ausnahme der Tuberkulose, also Kropf, Plattfuß, Kurz= sichtigkeit 2c. waren am stärksten bei den Deutschen und hierauf bei den Tschechen vertreten. Der Größe nach nehmen unter den österreichischen Recruten die Kroaten die erste Stelle ein, auf sie folgen Deutsche und Tschechen, während die Recruten aus den übrigen Nationalitäten von, zum Theile sehr erheblich, kleinerer Statur sind.

Dritter Abschnitt.

Lebensfuß und Eheschließung. — Die Ehefrequenz und die Agrarverhältnisse in den Sudetenländern und in Inneröfterreich. — Versuch die Grundbesitzvertheilung und die Art des landwirthschaftlichen Betriebes in den einzelnen Kronländern zu erheben. — Einfluß der Grundbesitzvertheilung und des landwirthschaftlichen Betriebes auf die Ehefrequenz. — Der Eheconsens. — Die geringe Volksvermehrung in den Alpenländern und ihr Einfluß auf die wirtschaftliche Entwicklung dieser letzteren.

Jede kritische Besprechung der Auffassung, welche der Ehe officiell durch die große Menge wird, ist mißlich, denn sie bedeutet zum min=
desten einen Angriff auf etwas von der öffentlichen Meinung als un=
antastbar Hingestelltes. Und wie bei einem Stiche in ein Wespennest die Wespen in bedenklicher Weise um das Haupt des Friedensstörers schwir=
ren, so wird dem Kritiker der Vorwurf in den Ohren gellen, daß er die zartesten Bande verletze, und daß ihm für die edelsten Regungen des Herzens jedes Verständnis fehle. Als ob Liebe und Ehe identisch wären und der Wert der Ehe ausschließlich in der Vereinigung Lie=
bender zu suchen wäre. Wir wollen von den prägnantesten Beispielen des Gegentheiles absehen, wir wollen die Hofpoeten, welche die Macht der Liebe besingen, wenn sich zwei Fürstenkinder nach zweimaligem Zu=
sammentreffen bei Hoffestlichkeiten verloben, ruhig dem Fluche der ver=
dienten Lächerlichkeit überlassen, wir wollen nicht auf die Ehen hinweisen, die zwischen Familienangehörigen geschlossen werden, um die materielle Unterlage eines Welthauses vor der allmählichen Abbröcklung zu be=
wahren. *) Auch in weit tieferen Schichten der Gesellschaft wird die Ehe in

---

*) Von Conservativen werden Privilegien, wie die Fideicommisse oder Reichthum überhaupt, damit vertheidigt: es sei im Interesse der Cultur wünschenswert, daß es im Staate einen Kreis unabhängiger Leute gebe. Daß diese materiell un abhängigen Kreise thatsächlich aber weder im politischen Leben, noch in der Familie unabhängig sind, lehrt die Geschichte der Wahlen aus dem österreichischen Großgrund besitze ebenso wie die große Zahl der standesmäßigen Heiraten. Das war stets so

der Regel noch durch) andere Momente beeinflußt als die Neigung, und
es ist sehr häufig bloß der Geringfügigkeit des materiellen Einsatzes
zuzuschreiben, daß in dem einzelnen Falle sein Einfluß übersehen wird.
Allerdings ist die materialistische Auffassung der Ehe zum großen Theile
eine Folge unserer Gesellschaftsordnung, und es unterliegt keinem Zweifel,
daß eine Umgestaltung derselben im Sinne einer Ausgleichung des Ein-
kommens zugleich zahlreiche Momente beseitigen würde, welche heute
dem Bunde zweier Herzen hinderlich im Wege stehen. Ob aber durch
Beseitigung, oder doch Milderung der Ungleichheit in den Vermögens-
verhältnissen die unglücklichen Ehen bis auf wenige Reste verschwinden
würden, möchte doch zu bezweifeln sein. Die Erfahrung lehrt wenigstens,
daß manche Ehe, welche aus Leidenschaft geschlossen wurde, zur Last
für beide Theile wird, weil, wenn die Leidenschaft flieht, nicht immer
die Liebe zurückbleibt,*) und daß umgekehrt in Volksclassen, in denen
fast nur aus Convenienz geheiratet wird, wie in unserem Bauernstande,
oder in der ärmeren Schichte der Juden, das eheliche Zusammenleben
wider alles Erwarten ein gutes ist. Der Grund für diese auffallende Erscheinung ist meines Erachtens nicht ausschließlich in der nüchternen Anschauung von Volkskreisen zu suchen, die gezwungen sind in
harter Arbeit ihren Lebensunterhalt zu gewinnen, er muß vor allem
auch darin gefunden werden, daß das unlösliche, oder doch schwer zu
lösende Band der Ehe eine Interessengemeinschaft herstellt, wie sie viel-
seitiger und inniger nicht gedacht werden kann. Indem alle Vorgänge
der Außenwelt beide Ehegatten in gleicher Weise berühren, indem Macht
und Einfluß, Ehre und Stellung, Einkommen und Vermögen beiden
in demselben Maße zutheil werden, schafft das äußere Band der Ehe
ein festes Verhältnis zwischen zwei Menschen, welches durch vorübergehende Leidenschaft zu dritten Personen zwar gestört, aber in der

---

und es verräth deshalb tiefe Menschenkenntnis, wenn Euripides keinen Geringeren
als den König Agamemnon sagen läßt:

'3 ist keiner von den Menschen, der als frei erscheint,
Der ist der Dinge Sclave, jener des Geschicks,
Dem legt die Volksgunst, jenem das geschrieb'ne Recht
Zwang an zu handeln, wie sein beff'rer Sinn verwirft."

*) Wie so häufig finden sich auch diesbezüglich bei Schiller und Rousseau ver-
wandte Gedanken ausgedrückt. So schildert Rousseau den Einfluß der Zeit auf das
eheliche Leben mit den Worten: „Mais quand l'amour a duré longtemps une douce
habitude remplit le vide, et l'attrait de la confiance succède aux transports de la
passion." Émile IV. S. 156.

weitaus überwiegenden Mehrzahl der Fälle nicht dauernd aufgelöst werden kann.

Von der Mehrzahl der Ehen gilt nicht, daß sie in dem Himmel geschlossen werden, und nicht leidenschaftliche Liebe, sondern der nackte Zwang hält das Institut der Ehe aufrecht. *) Ihr socialer Wert beruht meines Erachtens in erster Linie darauf, daß die Ehe in einer Zeit, in welcher der Individualismus alle gesellschaftlichen Bande auflöst und den Krieg Aller gegen Alle predigt, in welcher Treue und Vertrauen zu einer Ware geworden sind, deren Tauschwert nach Geld berechnet und gemessen werden, wenigstens zwischen einem kleinen Kreise von Personen eine wahrhaft menschenwürdige Vereinigung herstellt, eine Oase, die umso wohlthuender wirkt, je größer die sittliche Verwilderung ist, welche der ökonomische Individualismus nothwendig im Gefolge hat. Daher ist denn auch der Wunsch zu heiraten ein so allgemeiner, daß schon Montesquieu**) mit dem bekannten Ausspruche: „Partout où il se trouve une place où deux personnes peuvent vivre commodément il se fait un mariage," den Nagel auf den Kopf treffen konnte. Freilich das vivre commodément zieht, gerade weil häufig die Neigung nicht das Leitmotiv ist, eine gewisse Schranke, und so sehen wir denn, daß überall dort, wo der Lebensfuß ein höherer ist, auch das Heiratsalter steigt und damit zugleich die Ehenzahl abnimmt.

Diese Thatsache erklärt es, daß, um zu unserer österreichischen Bevölkerungsstatistik zurückzukehren, in den nordslavischen Ländern in jüngeren Jahren geheiratet wird, als in den von Deutschen bewohnten Bezirken. Denn wenn auch der Fuß, auf welchem die Bevölkerung der einzelnen Landestheile lebt, sich der genauen Messung entzieht, so wird der Umstand von niemand angezweifelt werden, daß der Arbeitslohn, also das Einkommen einer sehr zahlreichen Volksschichte in den slavischen Bezirken der Sudetenländer niedriger ist, als in den von Deutschen bewohnten Theilen Österreichs. ***) Auch in den Städten, wo der Kampf ums

---

*) Es erscheint mir deshalb durchaus nicht folgerichtig, wenn man zu gleicher Zeit dem Socialismus vorwirft, daß er Zwang bedeuten müsse, und die Ehe als Fundament der Gesellschaftsordnung vertheidigt. Denn die Ehe ist nichts anderes als eine Art Zwangsgemeinschaft, welche einen Kreis gemeinsamer Interessen schafft, wie dies nach der Idee des Socialismus die Gesellschaftsordnung der Zukunft zwischen möglichst vielen Gliedern des Volkes thun soll.

**) Montesquieu: Ésprit des lois. XXIII. Buch, X. Cap.

***) Daß die Löhne der Fabriksarbeiter in den rein oder vorwiegend deutschen Bezirken Böhmens wesentlich höher sind, als in den gemischtsprachigen und tschechischen

Dasein härter ist als auf dem Lande, äußert sich der höhere Lebensfuß der Bevölkerung in einer Erhöhung des Heiratsalters.*) Aber hier zeigt sich eine sehr auffällige Erscheinung. Während nämlich in den Sudeten= ländern, und zwar sowohl in den deutschen als auch in den slavischen und gemischtsprachigen Theilen derselben, der Unterschied zwischen Stadt und Land stark hervortritt, indem in den Städten ein erheblich gerin= gerer Theil der gebärfähigen weiblichen Bevölkerung verheiratet ist als auf dem Lande, schwindet dieser Unterschied in Inner=Österreich in größerem oder geringerem Maße, ja in einzelnen Ländern, wie z. B. in Salzburg, ist relativ die Zahl der Ledigen auf dem Lande größer als in der Landeshauptstadt. Man müßte also, indem man Heiratsalter und Heirats= frequenz mit dem standard of life in Zusammenhange bringt, annehmen, daß in den Sudetenländern in den Städten, in Inner=Österreich aber auf dem Lande größere Wohlhabenheit herrscht. Inwieweit dieser Schluß richtig ist, wollen wir vorderhand ununtersucht lassen, umsomehr als uns die Statistik gesondert bloß die Bewegung der Bevölkerung in den Städten mit eigenem Statut gibt, und uns damit begnügen, darauf hin= zuweisen, daß der Unterschied von Stadt und Land im heutigen Wirt= schaftsleben jene Bedeutung verloren hat, die ihm im deutschen Mittel= alter zukam. Im Mittelalter entsprach nämlich dem städtischen Leben die gesammte gewerbliche Thätigkeit und der gesammte Handelsverkehr, so daß der Unterschied von Stadt und Land zugleich mit dem Unter= schiede von Industrie= und Bodenproduction zusammenfiel. Der heutige Verkehr hat diese alten Schranken durchbrochen, die „Pfuschercouncurrenz" auf dem Lande, auf welche die Zunftmeister der Stadt Jagd machten, hat so sehr den Sieg erfochten, daß zahlreiche Industriezweige sich gänz= lich daselbst niedergelassen haben. Neben dem Bauerndorfe erhebt sich der Fabriksschornstein, und der Fluß, der früher kaum Mühlen treiben durfte, setzt jetzt die mannigfachsten Maschinen in Bewegung. Wenn wir daher vom Lande in wirtschaftlicher Beziehung sprechen und damit die Landwirtschaft im Gegensatze zu Industrie und Handel meinen, so dürfen wir als ländliche Bezirke nur jene Landbezirke gelten lassen, in

---

Theilen desselben Landes, haben auch die jüngst von der Reichenberger Handels= und Gewerbekammer durchgeführten Erhebungen ergeben. Vergl. Nordböhmische Arbeiter= statistik. S. XLIX.

*) Daß die Heiratsfrequenz von der Beschäftigung der Bevölkerung abhängt, bemerkt auch Wappäus. Vergl. Wappäus: Allgemeine Bevölkerungsstatistik. 1859. I. Bd. S. 174, II. Bd. S. 482.

denen die Landwirtschaft und das Landhandwerk die Hauptnahrungs=
quellen der Bevölkerung bilden.

Für die Eintheilung unseres Beobachtungsgebietes nach dem
Momente der Beschäftigung der Bevölkerung leistet uns wieder die
Erhebung der unfallversicherungspflichtigen Personen ganz wesentliche
Dienste. Denn indem die Versicherungspflicht gegen Unfälle im Großen
und Ganzen mit der Beschäftigung bei Maschinen zusammenfällt, werden
wir bloß jenen Bezirken den Charakter von ländlichen zuerkennen, in
welchen die Versicherungspflichtigen nur einen kleinen Procentsatz der Ge=
sammtbevölkerung ausmachen. Vergleichen wir die Procentsätze versiche=
rungspflichtiger Personen mit den Procentsätzen der verheirateten, gebär=
fähigen weiblichen Bevölkerung in den einzelnen Bezirkshauptmann=
schaften, so ergibt sich uns die merkwürdige Thatsache, daß die rein
ländlichen Bezirke in dem slavischen Sprachgebiete der Sudetenländer
keinen geringeren Procentsatz verheirateter gebärfähiger Frauen besitzen
als die Bezirke mit Industriethätigkeit. In Deutschböhmen, sowie an
dem linken Donauufer Nieder=Österreichs trit die Verschiedenheit der Be=
schäftigung der Bevölkerung in der Ehefrequenz wenig hervor, *) hingegen
fällt in dem ganzen Alpenlande, soweit es deutsch ist, geringe Industrie
und geringere Ehefrequenz zusammen. Es kann deshalb der geringe
Procentsatz der verheirateten gebärfähigen Bevölkerung nicht eine Folge
der Landwirtschaft an sich sein, sondern sie muß mit bestimmten Grund=
besitzverhältnissen oder einer bestimmten Art des landwirtschaftlichen Be=
triebes in Zusammenhang stehen. Nachdem aber die geringe Ehefrequenz,
wie wir oben festgestellt haben, die Ursache ist, daß die Deutschen in
Österreich an Volkszahl immer weiter hinter den übrigen Nationen
zurückbleiben, so wird sich aus der Verschiedenheit der Grundbesitzver=
hältnisse und des landwirtschaftlichen Betriebes zugleich eine Schluß=
folgerung auf die fernere Gestaltung der nationalen Verhältnisse in den
alten deutschen Bundesländern ziehen lassen.

Leider kommt uns zur Beantwortung dieser Frage die österreichische
Statistik nur sehr wenig entgegen, so daß wir genöthigt sind, uns bei
Festtellung der thatsächlichen Verhältnisse mit gewissen Näherungswerten
zu begnügen. Eine einheitliche, eingehende Statistik über die Vertheilung

---

*) In den Bezirken an dem linken Donauufer waren im Jahre 1880 von der
gebärfähigen weiblichen Bevölkerung 47·52% verheiratet, in jenen auf dem rechten
Donauufer (mit Ausnahme der Bezirke Sechshaus und Hernals) nur 43·83%, obwohl
die Industrie in diesem Theile des Landes stärker vertreten ist als im Norden.

des Grund und Bodens fehlt überhaupt für die Gesammtheit der im Reichsrathe vertretenen Königreiche und Länder. Alles, was wir dies= bezüglich besitzen, beschränkt sich auf die Ergebnisse der letzten Grund= steuerregulierung, welche folgende uns im vorliegenden Falle interessie= rende Thatsachen festgestellt hat.

Land	Zahl der Grundsteuerträger	Auf einen Grundsteuerträger entfallen im Durchschnitte					
		an Besitzbogen	an steuerpflichtiger Grundfläche in Jochen und zwar an				
			Acker	Wiese	Garten und Weingarten	Weide und Alpe	Wald	See, Sumpf und Teich
Nieder-Österreich . .	266.461	1·43	5·6	1·5	0·45	0·47	4·42	0·01
Ober-Österreich . .	111.657	1·41	6·5	3·5	0·37	0·46	6·34	0·14
Salzburg	24.424	1·44	4·7	4·2	0·13	17·26	16·50	0·46
Steiermark . . .	188.947	1·46	3·9	2·4	0·53	2·42	9·90	0·02
Kärnten	49.321	1·58	5·0	3·7	0·14	8·09	16·09	0·22
Krain	106.558	1·44	2·4	2·8	0·31	2·77	7·21	0·02
Triest	9434	1·23						
Görz und Gradiska .	46.015	1·47	1·1	1·0	0·75	2·47	2·44	0·01
Istrien	110.800	1·33						
Tirol	194.879	1·54	1·2	1·4	0·15	7·24	9·54	0·06
Vorarlberg . . .	31.763	1·23	0·4	2·0	0·07	6·44	3·70	—
Böhmen . . .	754.556	1·28	6·0	1·2	0·16	0·60	3·46	0·09
Mähren . .	457.728	1·18	4·6	0·5	0·15	0·48	2·31	0·01
Schlesien . .	77.552	1·17	5·7	0·7	0·15	0·74	3·90	—
Galizien . .	1,120.021	1·10	4·6	1·1	0·13	0·99	2·47	0·02
Bukowina . . .	153.286	1·10	3·3	1·5	0·09	1·46	5·19	0·01
Dalmatien . . .	112.814	1·89	2·1	0·2	1·83	9·07	5·94	0·20*

Was zunächst die Zahl der Grundsteuerträger betrifft, so ist sie in Wirklichkeit gewiß nicht unerheblich geringer, denn da die Grundsteuer= träger innerhalb eines jeden Steueramtsbezirkes gesondert erhoben wurden, so mußte natürlich jeder, der in verschiedenen Bezirken Grundeigenthum besitzt, mehrfach gezählt werden. Wenn wir nun auch nicht annehmen wollen, daß die Grundbesitzer in einem ähnlichen Verhältnisse als sie

---

*) Vergl. K. Th. v. Inama-Sternegg: Die definitiven Ergebnisse der Grund= steuerregulierung in Österreich). Statistische Monatsschrift. 1884.

Besitzungen in verschiedenen Steuergemeinden eines und desselben Steuer=
amtsbezirkes besitzen auch in den verschiedenen Steueramtsbezirken Eigen=
thum an Grund und Boden haben, so müssen wir doch von der Ge=
sammtzahl der Grundbesitzer einen Procentsatz hinwegdenken, dessen Größe
wir allerdings nicht bestimmen können, da er je nach der Vertheilung
des großen und mittleren Grundbesitzes und der räumlichen Ausdehnung
der Steueramtsbezirke, ja sogar nach der Gestaltung ihrer Grenzen
sehr verschieden ausfallen würde. Weit mehr als dieser Mangel
fällt für die Beantwortung unserer Frage die Thatsache ins Gewicht,
daß die vorstehende Tabelle nur Durchschnittszahlen gibt. Das hat
für uns einen zweifachen Nachtheil, denn erstens sind die meisten Kron=
länder Österreichs von zwei verschiedenen Volksstämmen bewohnt, so
daß uns Durchschnittszahlen keinen Einblick in die wirtschaftlichen Ver=
hältnisse, die innerhalb der einzelnen Sprachgebiete herrschen, gewähren,
und zweitens haben Durchschnittszahlen selbst für ein Kronland mit ein=
heitlich nationalem Charakter von vornherein nur beschränkten Wert.
Jeder Durchschnitt kann nämlich doppelte Bedeutung haben, er kann sich
bloß rechnungsmäßig aus dem arithmetischen Mittel erheblicher Maxima
und unerheblicher Minima ergeben, oder aber er kann eine Größe aus=
drücken, die für gewisse Verhältnisse deshalb typisch ist, weil sie that=
sächlich am häufigsten gefunden wird. Wir wissen daher auch im vor=
liegenden Falle noch sehr wenig, wenn wir lesen, daß in Nieder-Öster=
reich auf einen Grundsteuerträger im Durchschnitte 12·48 Joch Grund ent=
fallen, denn dieser Durchschnitt kann sich ebenso gut aus dem arithmetischen
Mittel von Latifundien= und Parzellenbesitz, als aus dem zahlreichen Vor=
kommen eines kleinen Bauernstandes mit 10—15 Joch Grund ergeben. *)

Um daher die Fehler zu vermeiden, die sich aus solchen Durch=
schnittszahlen ergeben müssen, sind wir genöthigt, uns nach gewissen
Correcturen umzusehen, um wenigstens indirect einen Einblick in die
Grundbesitzvertheilung zu gewinnen. Eine solche Correctur wäre ins=
besondere darin zu finden, wenn wir wenigstens den Flächenraum,
welcher dem großen Grundbesitze angehört, von der auf die Zahl der
Grundsteuerträger zu vertheilenden Fläche in Abzug bringen könnten.

---

*) Selbstverständlich läßt sich aus dem Umfange einer Besitzung noch kein Schluß
auf die materielle Lage des Besitzers ziehen, da dieselbe außer durch persönliche
Momente noch durch die Lage und Güte der Grundstücke bestimmt wird. Nach der
durchschnittlichen Höhe des Katastralreinertrages zu schließen, scheint der Boden der
Marktländer ein sehr dürftiger zu sein.

Denn wenn z. B. nach den definitiven Resultaten der Grundsteuer=
regulierung auf einen Grundsteuerträger in Oberösterreich an Acker und
Wiese 10 Joch, in Böhmen aber nur 7·2 Joch entfallen, so muß die
Zerstücklung der landwirtschaftlichen Fläche in Böhmen weit mehr vor=
geschritten sein als in Ober=Österreich, wenn man bedenkt, daß der große
Besitz in Letzterem vorwiegend Waldbesitz ist, während sich in Böhmen
ansehnliche Flächen von Acker und Wiese in den Händen des Groß=
grundbesitzes befinden. Wir werden daher zunächst das Ergebniß der
Erhebungen über die Verbreitung des Großgrundbesitzes und der Fidei=
commisse zu verwerten trachten, da andere Erhebungen für die Gesammtheit
der im Reichsrathe vertretenen Königreiche und Länder bisher nicht ver=
anstaltet wurden, oder doch das Ergebniß derselben nicht in die Öffent=
lichkeit gedrungen ist. Inama, dem wir die einzigen Mittheilungen
verdanken, welche wir bezüglich der Vertheilung des Großgrundbesitzes
und der Fideicommisse auf die einzelnen Länder besitzen, bezeichnet als
Großgrundbesitzer denjenigen, der für eine Besitzung in einem Steuer=
amtsbezirke eine Steuer von mindestens tausend Gulden entrichtet. In
ganz Österreich diesseits der Leitha, einschließlich von Galizien, der Buko=
wina und Dalmatien, wurden nun 1805 solche Großgrundbesitze gezählt,
welche sich auf die einzelnen Kronländer in folgender Weise vertheilen:

Kronland	Großgrund=besitzungen	Von sämmtlichen Großgrund=besitzungen entfallen Procente auf	Nach den definitiven Re=sultaten der Grundsteuer=regulierung entfallen von der Hauptsumme des Katastralreinertrages Procente auf
Nieder=Österreich . .	194	10·7	11·97
Ober=Österreich . .	36	2·0	7·20
Salzburg	5	0·3	0·90
Steiermark . . .	50	2·6	6·49
Kärnten	14	0·8	1·81
Krain	7	0·4	1·71
Küstenland . . .	23	1·3	1·81
Tirol und Vorarlberg	10	0·6	3·29
Böhmen	678	37·6	30·83
Mähren	247	13·7	14·82
Schlesien . . .	69	3·8	2·19
Galizien	440	24·4	14·85
Bukowina . . .	25	1·4	1·27
Dalmatien . . .	7	0·4	0·86
Zusammen . .	1805	100·0	100·00

Dabei kommen in Nieder-Österreich, Böhmen, Mähren und Schlesien gar keine Steueramtsbezirke vor, in welchen kein Großgrundbesitz vorhanden wäre. Ober-Österreich, Salzburg, Steiermark, Kärnten, Krain und Galizien haben je einen oder einige wenige, das Küstenland, Tirol und Vorarlberg dagegen sehr viele solche Bezirke. *) Von sämmtlichen Besitzungen mit einer Steuerleistung von wenigstens tausend Gulden entfallen auf Nieder-Österreich und die Sudetenländer 65·8%, auf die Karpathenländer 25·8%, auf die Alpen- und Karstländer 8·4%, während die genannten drei Ländergruppen an der Hauptsumme des Katastralreinertrages mit 59·81, 16·12 und 24·07% betheiligt sind.

Leider gibt uns diese Erhebung nur die Steuerleistung in einseitiger Begrenzung, keineswegs aber das Areal der Großgrundbesitzungen an, welches uns aber gerade im vorliegenden Falle besonders interessieren würde. Verwendbarer sind daher für unseren Zweck die Ergebnisse der Erhebungen, welche über die Fideicommißgüter angestellt wurden, denn sie bezogen sich nicht auf die Steuerleistung, sondern auf die Ausdehnung der Besitzungen, so daß wir ganz genau wissen, wie viel Procente der Acker-, Wiesen- oder Waldfläche in jedem Kronlande durch das Institut der Fideicommisse dem freien Verkehre entzogen sind. Ein Fideicommißgut ist nun allerdings nicht immer ein großes Gut, doch fallen die Begriffe des Fideicommisses und Großgrundbesitzes sehr häufig zusammen, und namentlich in Böhmen, Mähren, Schlesien, Galizien und Kärnten ist diese Übereinstimmung nach Inama am vollkommensten. **) Die Fideicommißgüter mit einem größeren Umfange als 200 Joch (115 ha) vertheilen sich auf die einzelnen Kronländer in folgender Weise:

---

*) K. Th. v. Inama-Sternegg: Zur Charakteristik des Großgrundbesitzes in Österreich. Statistische Monatsschrift. 1884. S. 551.

**) K. Th. v. Inama-Sternegg: Die Familien-Fideicommisse in Österreich. Statistische Monatsschrift. 1893. S. 472.

Kronland	Fideicommißgüter in einer Ausdehnung		
	von 200—1000 Joch (115—575 *ha*)	von 1000—5000 Joch (575—2877 *ha*)	von über 5000 Joch (2877 *ha*)
Nieder-Österreich . . .	10	26	17
Ober-Österreich . . .	8	5	1
Steiermark	16	5	2
Kärnten	5	3	7
Krain	1	2	4
Böhmen	—	17	40
Mähren	—	8	10
Schlesien	—	2	3
Küstenland	2	—	—
Tirol und Vorarlberg .	—	—	—
Galizien	—	4	4
Bukowina	—	—	—
Dalmatien	8	2	—
Zusammen . .	50	74	88

Aus diesen Zahlen, in welchen der fideicommissarische Besitz der kaiserlichen Familie nicht inbegriffen ist, folgt, daß der große fideicommissarische Besitz in den Sudetenländern und in Nieder-Österreich viel stärker vertreten ist, als im Süden, ja daß er in einigen Kronländern vollständig fehlt. Die wirtschaftliche Bedeutung, welche die großen Fideicommisse in den erstgenannten Ländern haben, wird umso größer, wenn man bedenkt, daß sie, von Kärnten abgesehen, nur in diesen Ländern einen nennenswerten Bruchtheil der Acker- und Wiesenfläche einnehmen, während die Fideicommißarea aller übrigen Kronländer zum größten Theile aus Wald, Weide, Teichen und unproductivem Boden besteht.*)

---

*) Von der gesammten Fläche entfallen auf die Fideicommißarea Procente.

	An Acker	An Wiesen	Überhaupt
In Nieder-Österreich .	3·08	4·15	6·32
„ Böhmen	5·20	7·22	11·15
„ Mähren	2·93	4·93	7·99
„ Schlesien	1·64	1·60	3·43
„ Kärnten	1·26	1·85	6·83

Die Erhebungen über den österreichischen Großgrundbesitz und die Fideicommisse gewähren uns demnach keinen genauen Einblick in die Bedeutung des großen Besitzes. Wir konnten ihnen weder die Ausdehnung des Großgrundbesitzes überhaupt, noch seine Vertheilung auf die einzelnen Culturarten entnehmen, wir sind also nicht in der Lage anzugeben, wie viel Procente der Ackerfläche einerseits, der Wiesen= und Waldfläche anderseits sich in jedem Kronlande in Händen des Großgrundbesitzes befinden. Aber einige Anhaltspunkte gewähren uns diese Erhebungen doch, sie lassen uns erkennen, daß der Großgrundbesitz, wenigstens soweit er wertvolle Culturflächen umfaßt, vorwiegend dem Norden und Nordosten der Monarchie angehört, während er in den Alpen= und Karstländern, von Nieder=Österreich abgesehen, weit spärlicher vertreten ist.

Der geringen Bedeutung, welche dem großen Besitze in den Alpenländern zukommt, ist es vermuthlich auch zuzuschreiben, daß über die Ausdehnung des landtäflichen Besitzes in den meisten derselben kein Material vorliegt, während der landtäfliche Besitz der Sudetenländer verschiedene Bearbeitungen erfahren hat.*) Allerdings fällt ebensowenig wie mit dem Begriffe des Realfideicommisses mit jenem des landtäflichen Gutes wirtschaftlich der Begriff des Großgrundbesitzes zusammen, denn es gibt ganz kleine landtäfliche Güter und großen Rusticalgrundbesitz. Dies sind aber doch nur Ausnahmen, und namentlich kann der Rusticalbesitz nur dann ein großer sein, wenn seine Entstehung in die allerletzte Zeit fällt. So lange nämlich der Unterthänigkeitsverband bestand, und auch nachher, so lange in den einzelnen Kronländern besondere Bestimmungen über die Erbfolge und den Besitz bäuerlicher Anwesen in Kraft waren, war dem Aufkaufen von solchen Anwesen durch das Capital manche Schwierigkeit in den Weg gelegt. Es kann deshalb bloß dort, wo es überhaupt keine Landtafeln gibt, wie in Dalmatien, auch aus früherer Zeit einen nichtlandtäflichen Großgrundbesitz geben. Was schließlich die Zeit seit der vollständigen Mobilisierung von Grund und Boden betrifft, so wurde ohne Zweifel viel Bauerngrund aufgekauft.**) Aber dieser Bauerngrund wurde doch meistens mit den landtäflichen Gütern vereinigt, so daß die Zahl der Großgrundbesitzer, deren Besitz ausschließlich aus zusammengekauften Bauerngrundstücken besteht, zu

---

*) So sind von älteren Arbeiten die von Jechl und Jonal zu erwähnen.
**) In Galizien werden von den Juden durch Aufkauf von Bauerngrundstücken größere Grundcomplexe gebildet. Vergl. v. Marasse: Grundbesitzverhältnisse in Galizien. Statistische Monatsschrift 1875. S. 302.

Beginn der 80=er Jahre unseres Jahrhunderts, auf welche Zeit sich
unsere Untersuchung bezieht, nicht sehr bedeutend gewesen sein konnte.
Gab es also einerseits zu Beginn des letzten Jahrzehnts wenig rusticalen
Großgrundbesitz, so kommen anderseits die kleinen Landtafelgüter, ge=
rade wegen ihrer Kleinheit, nur wenig in Betracht, wenn es sich darum
handelt zu berechnen, welcher Procentsatz von der Gesammtfläche auf
den landtäflichen Grundbesitz entfällt, so daß wir innerhalb einer ge=
wissen Fehlergrenze thatsächlich den landtäflichen Besitz mit dem Groß=
grundbesitz identificieren können.*) Thun wir dies, und verwerten wir
für die Sudetenländer die Arbeiten von Prochazka, für Nieder=Österreich
und Steiermark die Arbeiten von Günther und für Galizien den Aufsatz
von Marasse, so werden wir die schon früher ausgesprochene Meinung,
daß der Großgrundbesitz vorwiegend dem Norden und Nordosten der
Monarchie angehöre, vollständig bestätigt finden.**)

Kronland	Anzahl der land= täflichen Besitzungen		Der landtäfliche Besitz umfaßt Procente			
	überhaupt	mit einem Ausmaße von unter 100 ha	von der Ackerfläche	von der Wiesenfläche	von der Waldfläche	von der gesammten Fläche
Nieder=Österreich .	611	223	7·00	12·40	38·30	21·00
Steiermark . .	399	115	3·00	5·00	33·00	25·00
Böhmen . . .	1007	93	16·88	22·73	68·64	34·42
Mähren . . .	301	21	11·50	18·60	75·60	29·50
Schlesien . . .	123	7	15·60	17·00	75·00	39·10
Galizien . . .	7435	unter 300 Joch = 172½ ha 2935	25·60		93·30	42·98

*) Wie gering die Fehlergrenze noch vor gar nicht langer Zeit in Böhmen
war, kann man daraus ersehen, daß nach den „Tafeln zur Statistik der Land= und
Forstwirtschaft des Königreichs Böhmen," welche auf Erhebungen in den 60=er Jahren
beruhen, auf die Besitzstände von einem Ausmaße über 200 Joch (= 115 ha) 33·3%
der Gesammtarea entfielen, während Prochazka den Antheil des landtäflichen Besitzes
an der Fläche Böhmens mit 34·42% berechnet.

**) J. Prochazka: Böhmens land= und lehentäflicher Grundbesitz. 1877. Derselbe:
Böhmens landtäfliche Güter. 1886. Derselbe: Mährens und Schlesiens land= und
lehentäflicher Grundbesitz. 1881. F. Günther: Der niederösterreichische Großgrundbesitz.

Von allen Kronländern, die in Betracht kommen, nimmt Galizien den obersten Rang ein, indem daselbst fast die Hälfte des gesammten Bodens landtäflich ist; ihm folgen die Sudetenländer, in welchen beiläufig ein Drittel der Grundfläche auf den landtäflichen Besitz entfällt; in letzter Reihe stehen die Kronländer Steiermark und Nieder-Österreich. Während aber fast der gesammte landtäfliche Besitz der Sudetenländer zugleich Großgrundbesitz ist, fällt in Galizien, Nieder-Österreich und Steiermark ein Theil desselben nicht in diese Kategorie, so daß sich namentlich in dem letzteren Lande der Antheil des großen Besitzes an der Acker- und Wiesenfläche des Kronlandes als ein sehr unbedeutender herausstellt. *)

Damit haben wir aber auch eine Handhabe zur Beurtheilung der Grundbesitzvertheilung erhalten. Wir wissen nunmehr, daß von der Anzahl der Joche, welche nach den Ergebnissen der Grundsteuerregulierung im Durchschnitte auf den einzelnen Grundsteuerträger entfällt, in den nördlichen und nordöstlichen Kronländern der Monarchie ein weit bedeutenderer Abzug zu Gunsten des großen Besitzes zu machen ist, als in allen übrigen, so daß bei gleicher Größe des durchschnittlichen Besitzes, der mittlere Besitz in der erstgenannten Ländergruppe weniger vertreten sein muß, als in den südlichen Kronländern. Unter Berücksichtigung dieser Verhältnisse sind wir auf Grund des Ergebnisses der Grundsteuerregulierung zu der Folgerung berechtigt, daß Ober-Österreich, Salzburg und Kärnten den zahlreichsten mittleren Grundbesitz haben, indem in diesen Ländern nicht bloß an und für sich an Acker und Wiese im Durchschnitte eine erheblich größere Fläche auf den einzelnen Grundsteuerträger entfällt als in den übrigen, sondern auch auf den Großgrundbesitz nahezu kein Abzug zu machen ist. Höhere Durchschnittszahlen weisen, nach Berücksichtigung des auf den Groß-

1875. Derselbe: Der österreichische Großgrundbesitz. 1873. v. Marasse: A. a. O. Bemerkt muß werden, daß Günthers Angaben für Steiermark viel zu wünschen übrig lassen, da einzelne Angaben fehlen, andere zweimal vorkommen.

*) Für die Vertheilung des Großgrundbesitzes auf die einzelnen Länder ist es auch bezeichnend, daß die sechs großen Hypothekenbanken (Österr.-ungar. Bank, Österr. Bodencreditanstalt, Central-Bodencreditbank, Österr. Hypothekenbank, Galizische Actienhypothekenbank und Bukowinaer Bodencreditbank), welche fast nur auf Häuser und landtäfliche Güter Darlehen gewähren, ihre Hypotheken größtentheils in Ungarn, Galizien, Nieder-Österreich, Bukowina und Böhmen haben. Vergl. Schiff: Zur Frage der Organisation des landwirtschaftlichen Credits in Deutschland und Österreich. S. 125.

grundbesitz entfallenden Antheils nur mehr Nieder-Österreich, Steiermark und Böhmen auf, während Dalmatien und das Küstenland die niederste Stelle einnehmen.

Wie zahlreich in jedem der Kronländer die Besitzstände einer bestimmten Größenkategorie vorkommen, wissen wir leider nicht, da bloß für einige wenige Angaben vorhanden sind. Für die große Mehrzahl derselben müssen wir auf eine ältere Statistik zurückgreifen, welche, wenn auch vielfach von den Ereignissen überholt, doch im Großen und Ganzen ein Bild der Grundeigenthumsvertheilung gibt. Freilich ist das Eintheilungsmoment hier nicht die Größe des Besitzes, sondern des Katastralreinertrages, so dass wir nur indirect und, da wir bloß den durchschnittlichen Katastralreinertrag des Joches einer gewissen Culturart in den einzelnen Kronländern kennen, auch nur innerhalb einer gewissen Fehlergrenze auf die Größe der einzelnen Besitzstände Schlüsse ziehen können. *)

Mit Schluß der Katastraloperationen über den Grund- und Hausbesitz zusammen hatten von je 1000 Katastraleinlagen einen Katastralreinertrag:

In	Unter 1	1—4	4—8	8—20	20—40	40—80	80—200	200—400	400—800	über 800	Zusammen
					Gulden						
Nieder-Österreich . .	90	174	149	195	118	117	119	29	6	3	1000
Ober-Österreich . . .	143	143	103	147	103	106	171	68	14	2	1000
Salzburg	128	150	94	136	126	146	180	34	5	1	1000
Steiermark	86	158	145	209	145	138	104	12	2	1	1000
Kärnten	135	164	110	157	120	154	137	18	4	1	1000
Krain	143	209	127	156	126	148	82	7	1	1	1000
Küstenland	262	219	130	178	110	61	28	7	3	2	1000
Mähren	227	191	131	140	78	84	103	35	7	4	1000
Schlesien sammt Enclaven	190	165	100	174	130	93	95	39	8	6	1000
Dalmatien	468	232	117	111	42	17	9	3	1	—	1000
In sämmtlichen zehn Kronländern	191	185	130	163	103	100	96	25	5	2	1000

Soweit sich aus diesen Zahlen, welche sich ebenfalls auf die Grundsteuerträger und nicht auf die Grundbesitzer beziehen und somit Doppel-

*) Tafeln zur Statistik des Steuerwesens im österreichischen Kaiserstaate. Herausgegeben vom k. k. Finanzministerium 1858. S. 106.

zählungen enthalten können, ein Schluß ziehen läßt, kann man die zehn Kronländer hinsichtlich der Vertheilung des Grundbesitzes in drei Gruppen theilen. In den Karstländern, im Küstenlande und Dalmatien, als einer Gruppe, ist der Großgrundbesitz sehr spärlich vertreten, auch der größere und mittlere Bauernstand ist weit weniger zahlreich als in allen übrigen Provinzen. In der Gruppe der Sudetenländer fehlt es nicht an einem zahlreichen Bauernstande, aber daneben finden sich nicht bloß ausgedehnter Großgrundbesitz, sondern auch Parzellenbesitz in großer Zahl. Die vorwiegend im Gebiete der Alpen liegenden Kronländer, welche die dritte Gruppe bilden, besitzen hingegen einen sehr zahlreichen größeren und mittleren bäuerlichen Besitz, neben welchem sowohl Großgrundbesitz als Parzellenbesitz vollständig in den Hintergrund treten. Bloß Nieder=Österreich und Krain nehmen innerhalb dieser letzten Gruppe eine gewisse Sonderstellung ein, indem ersteres den Übergang von den Alpen= zu den Sudetenländern, letzteres den Übergang von den Alpen= zu den Karstländern darstellt. In beiden Kronländern finden wir also einen zahlreichen Parzellenbesitz, dem in Nieder=Österreich ein namhafter Großgrundbesitz gegenübersteht, während ein solcher in Krain nur spärlich vertreten ist.*)

Dieser Eintheilung scheint der Umstand entgegenzustehen, daß in Salzburg und Ober=Österreich die Grundsteuerträger mit einem Katastralreinertrage von über 200 fl. zahlreich vertreten sind, ja daß Ober=Österreich von allen 10 Kronländern überhaupt die größte Zahl solcher Grundsteuerträger aufweist. Trotzdem würde man irren, wenn man annehmen wollte, daß der Großgrundbesitz in Ober=Österreich in ähnlicher Weise vertreten sei wie in Nieder=Österreich oder in den Sudetenländern. Denn aus der Arbeit von Foltz**) wissen wir, daß es in Ober=Österreich unter 132.992 Besitzständen bloß 190 gibt, die mehr als 400 Joch umfassen und die zusammen nicht mehr als 17% des Gesammtareals einnehmen. Der Antheil, der hievon auf den privaten Großgrundbesitz entfällt, ist umso kleiner, da das im Besitze des Staates befindliche Salzkammergut allein eine Größe von nahezu 100.000 Joch (meist

---

*) Aus einem zahlreichen Parzellenbesitze darf noch nicht schlechtweg auf ungesunde wirtschaftliche Verhältnisse geschlossen werden. Er ist social unbedenklich, sobald der Parzellenbesitzer nicht von dem Ertrage der Landwirtschaft leben muß, sondern denselben nur als Zubuße betrachtet, wie dies bei vielen Landhandwerkern und Industriearbeitern der Fall ist.

**) C. Foltz: Statistik der Bodenproduction von Ober Österreich. 1878. S. VI.

Wald und unproductiven Boden) besitzt. Thatsächlich überwiegt der Bauernstand in Ober-Österreich bei weitem, denn von den 132.992 Besitzständen, von welchen 6433 als bloß Bauarea umfassend im Abzug zu
bringen sind, hatten 24.413 einen Besitz von 20 bis 50 Joch, der zusammen 38% der Gesammtarea einnimmt. Dieser mittlere Bauernstand
verfügt über nahezu zwei Fünftel der Grundfläche des Landes; auf den
gesammten bäuerlichen Besitz entfallen aber nach den Angaben von Foltz
mindestens zwei Drittel des Landes, wobei noch zu berücksichtigen ist,
daß der große Besitz in dem gebirgigen Süden vorwiegt und meistens
Wald und unproductive Flächen umfaßt.*)

Die Richtigkeit unserer Eintheilung der österreichischen Kronländer
in Gruppen, von denen jede einen bestimmten Typus der Grundbesitzvertheilung aufweist, findet sowohl in dem, von hervorragenden Fach-
männern bearbeiteten Werke: Die Bodencultur Österreichs, als auch durch
die vor ungefähr 10 Jahren eingeholten Gutachten über die Reform
der Erbfolge in landwirtschaftliche Besitzungen mittlerer Größe ihre
Bestätigung.**) Durch die letzteren allerdings nur soweit sie Thatsachen
ans Licht gefördert haben, was leider nur in beschränkter Weise der Fall
ist. Denn, was zunächst die Form betrifft, in welcher diese Gutachten
eingeholt wurden, so versandte man in bureaukratischer Weise Frage-
bogen an die einzelnen Landeschefs, die ihrerseits diese Fragen in erster
Reihe den Bezirkshauptleuten und Gerichtsvorstehern des betreffenden Kronlandes zukommen ließen. Nur vereinzelt wurden Vereine, Corporationen und Private, welche im Volke leben und sich mit Landwirtschaft
beschäftigen, gleichfalls in den Rahmen der begutachtenden Personen einbezogen. Nichtsdestoweniger hätte auch diese Form der Erhebung

---

*) Der Antheil, den die Besitzer mit weniger als 5 Joch an der Gesammtfläche
des Kronlandes haben, läßt sich nach Foltz auf etwa 10% schätzen. Der Parzellenbesitz Oberösterreichs ist meist in dem Besitze von Landhandwerkern, welche in den
Ortschaften wohnen; aber auch Industriearbeiter haben Grundbesitz. Vergl. Lorenz:
Statistik der Bodenproduction von zwei Gebietsabschnitten Ober-Österreichs. 1867. S. 37.

**) Die Bodencultur Österreichs. Im Auftrage des k. k. Ackerbauministeriums
redigiert vom Sectionsrathe Dr. J. R. Lorenz und General-Domäneninspector Josef
Wessely. Wien, 1873. Gutachten über die Reform der Erbfolge in landwirtschaftliche
Besitzungen. Beilagen zu den stenographischen Protokollen des Abgeordnetenhauses
(1886 X. Session zu 70 der Beilagen). Eine mit unseren Auseinandersetzungen über-
einstimmende Darstellung der Grundbesitzverhältnisse Österreichs gibt auch Pospischil:
Die Heimstätte mit besonderer Rücksicht auf die Verhältnisse des bäuerlichen Grundbesitzes in Österreich. 1884. S. 89.

6*

genügt, um für die Beurtheilung der landwirtschaftlichen Verhältnisse
ein reiches Material herbeizuschaffen, wenn man eben sein Augenmerk
in erster Reihe auf Herbeischaffung desselben gerichtet hätte. Wer aber
die 17 Fragen des Ackerbauministeriums liest, wird sofort den Eindruck
empfangen, daß man nicht Material, sondern ein Urtheil über den Ge=
setzentwurf betreffend das Anerbenrecht gewinnen wollte. Es entspricht
dies übrigens ganz der bureaukratischen Übung, über jede Frage die
Unterbehörde einzuvernehmen, und so die Verantwortung für die Ent=
scheidung entweder ganz abzuwälzen oder doch wenigstens zu theilen,
hat sich aber hier ebensowenig wie in anderen Fällen als zweckdienlich
erwiesen. Denn um kurzweg ein Urtheil darüber abzugeben, ob man
im Interesse der Erhaltung des mittleren Grundbesitzes das gemeine
Erbrecht aufheben solle oder nicht, bedurfte weder das Ministerium, noch
der österreichische Reichsrath der Unterstützung von mehreren hundert
Bezirkshauptleuten, Bezirksrichtern und sonstigen Personen. Das Ziel
mußte dem Gesetzgeber klar sein, und die Frage, ob dasselbe durch dieses
oder jenes Mittel zu erreichen sei, gehört zu jenen, welche sich nach den
Regeln der Logik von dem Referenten im Ministerium oder von dem
Parlamente mindestens ebenso gut beantworten lassen, wie von einem
Beamten der Unterbehörden. Nicht über die Berechtigung und Zweck=
mäßigkeit einer gesetzgeberischen Maßregel zu urtheilen, sondern Aufschlüsse
über die Verhältnisse, in welchen sich die Grundbesitzer in den einzelnen
Bezirken befinden, zu geben, wäre die Aufgabe der subalternen Ver=
waltungs= und Gerichtsbeamten gewesen, und es unterliegt keinem Zweifel,
daß sie viel zur Kenntnis unserer Agrarzustände hätten beitragen können,
wenn die Fragestellung eine entsprechende gewesen wäre. So wimmelt
es denn in den eingelangten Berichten und Gutachten von Urtheilen
über die hannöversche und westphälische Agrargesetzgebung, von Gemein=
plätzen über das Recht der nachgebornen Kinder auf gleiche Erbportionen
und über den nachtheiligen Einfluß des römisch=rechtlichen Eigenthums=
begriffes auf unsere Wirtschaftszustände, je nach der politischen Partei=
stellung des Gefragten. Nur nebenher geht manches wertvolle Detail,
welches wir, so weit es der vorliegende Gegenstand erfordert, ebenso be=
nützen wollen, wie die von officieller Seite herausgegebene Schrift über
die Bodencultur Österreichs.

Was zunächst die Kronländer Galizien, Bukowina und Dalmatien
betrifft, so liegen sie allerdings außerhalb unserer Beobachtungssphäre.
Wenn wir uns trotzdem mit denselben ein wenig beschäftigen, so geschieht

es deshalb, weil ihre Agrarverhältnisse manche Ähnlichkeit besitzen und die Ehefrequenz in den drei Gebieten noch bedeutender ist als bei den Tschechen, so daß die Bevölkerung in denselben trotz großer Sterblichkeit weit rascher wächst als sonstwo in Österreich. Nachdem nun aber Dalmatien ganz andere klimatische Verhältnisse besitzt als die Karpathenländer und in der Bukowina die Angehörigen der verschiedensten Volksstämme in größerer Zahl vertreten sind, so scheinen mir diese Länder mehr als manches andere den Beweis für den innigen Zusammenhang zwischen den Agrarverhältnissen und der Volksbewegung zu erbringen.

Durch die geringe Bedeutung des Großgrundbesitzes unterscheidet sich allerdings Dalmatien wesentlich von den Karpathenländern, es ist ihnen aber darin sehr ähnlich, daß der selbstwirtschaftende mittlere Grundbesitz in ihm spärlich vertreten ist, und daß der größte Theil des baufähigen Grund und Bodens aus äußerst zahlreichen kleinen Parzellen besteht, von welchen mehrere je das Eigenthum einer Familie bilden. In Galizien und in der Bukowina ist die Naturaltheilung des Bodens bei Erbfällen seit altersher gebräuchlich, und dies hat zu einer nahezu vollständigen Atomisierung des Grundbesitzes geführt, welche dort, wo nicht, wie in der Nähe von Städten, intensive Gartenwirtschaft möglich ist, völlige Verarmung der landwirtschaftlichen Bevölkerung und Auswucherung derselben verursacht hat. Zahlen über die Größe der Landgüter geben weder die Gutachten noch die Schrift: „Über die Bodencultur Österreichs," man wird sich aber einen Begriff von der Grundzerstückelung machen können, wenn man in einem Gutachten liest, daß in der Nähe von Krakau ein Besitz von mehr als 3 Joch zu den größten Seltenheiten gehört,*) und wenn ein anderes Gutachten für die Bukowina als kleinstes Gut, welches dem Anerbrecht unterworfen werden soll, ein solches mit zwei Joch bezeichnet, während andererseits im Salzburgischen ein Besitz von 10 bis 12 Joch schon als Kleinbesitz gilt. Speciell vom

---

*) Nach Marasse gab es im Jahre 1859 in Galizien 799.783 Grundbesitzer, welche sich nach der Größe ihres Besitzes in folgende Kategorien theilen ließen:

Besitzer mit weniger als 2 Joch 215.997
„ 2— 5 Joch 133.035
„ 5— 10 „ 193.071
„ 10— 20 „ 185.455
„ 20— 50 „ 60.676
„ 50—300 „ 7.049
über 300 „ . . . . . . 4.500.

Gerichtssprengel Komarno in Galizien wird gemeldet, daß sich in 19 Gemeinden desselben in der Zeit von 1854 bis 1880 die Zahl der Grund= eigenthümer verdoppelt habe, und daß die Zahl der Katastralparzellen von 29.970 auf 37.347 gestiegen sei. In Dalmatien bestehen nur noch im Innern des Landes Spuren der alten slavischen Hauscommunion, die aber rasch verschwinden und einer Theilung des Bodens platzmachen. Diese Theilung der Grundstücke ist bereits so tief eingewurzelt, daß nur weibliche Nachkommen bei Erbfällen bisweilen in Geld entschädigt werden, und daß selbst die Theilung von Meliorationen auf Colonengründen von den Grundherren, ungeachtet aller Anstrengungen, nicht verhindert werden kann.*)

Ähnliche Verhältnisse wie Dalmatien weist das geographisch wie ethnisch nahe verwandte Küstenland auf. Auch hier fehlt, bis auf einige slovenische Striche in Görz, der selbstwirtschaftende mittlere Grund= besitzerstand. Grund und Boden ist entweder in Händen des städtischen Bürgerthums, welches denselben durch Colonen bestellen läßt, oder aber in Zwergwirtschaften getheilt, von denen manche nach dem Tode des Vaters durch mehrere Geschwister gemeinsam betrieben werden.**) Es kann unter solchen Umständen nicht Wunder nehmen, daß auch die Volks= bewegung im Küstenlande derjenigen in Dalmatien sehr ähnlich ist, und in der That erinnern wir uns, daß das Küstenland sehr hohe Geburts= überschüsse hat.

Wesentlich verschieden von den erwähnten vier Kronländern sind alle übrigen dadurch, daß in ihnen der selbstwirtschaftende mittlere Grund= besitzerstand, der sogenannte Bauernstand, in reichlicherem Maße ver= treten ist. Durch Herkommen oder durch Gesetz genöthigt, den väterlichen Hof ungetheilt und wenig oder gar nicht belastet einem der Kinder zu übertragen, konnte der bäuerliche Erblasser keinerlei Bestimmungen treffen, welche seinen Besitz verkleinert hätten, und so hat sich denn in den deutschen und deutsch=slavischen Ländern, sowie in Tirol ein zahlreicher Bauern= stand, allerdings mit Besitzungen von sehr verschiedener Größe, erhalten; bloß in Wälschtirol sind die Verhältnisse ähnliche wie im Küstenlande, mittlere geschlossene Höfe (sogenannte Masi) sind ziemlich selten. Groß=

---

*) Vergl. über Galizien Gutachten ꝛc. S. 541 u. ff. und 648, über die Bukowina Gutachten S. 565 u. ff. und über Dalmatien Gutachten S. 595 u. ff.
**) Gutachten S. 297.

grundbesitz mit Halbpacht und ausgedehnter Parzellenbesitz charakterisieren die Grundbesitzvertheilung. *)

Wir wollen hier nicht die Entstehung des Großgrundbesitzes verfolgen, die zum großen Theile Jahrhunderte hinter der Gegenwart zurückliegt und nicht in wirtschaftlichen Bedürfnissen, sondern in politischen Machtverhältnissen ihren Grund hatte. Weit interessanter ist uns der Umstand, daß die Besitzeinheiten des bäuerlichen Grundbesitzes in den verschiedenen Ländercomplexen von verschiedener Größe sind. Wir müssen deshalb bei demselben länger verweilen und einige Blicke auf die diesbezügliche geschichtliche Entwicklung werfen. Zunächst sei der Thatsache gedacht, daß der bäuerliche Besitz in Krain bedeutend kleiner ist als in dem angrenzenden Kärnten, obwohl doch die Bevölkerung beider Kronländer wenigstens theilweise demselben Volksstamme angehört. Selbst abgesehen von Wald und Weide entfällt in Krain nach den Ergebnissen der Grundsteuerregulierung im Durchschnitte auf einen Grundsteuerträger nicht viel mehr als die Hälfte der Grundfläche, welche der Grundsteuerträger Kärntens besitzt.**) Auch der

---

*) Vergl. Gutachten S. 314 u. ff. Es ist interessant und verdient bemerkt zu werden, daß in den deutschen Gemeinden jenseits der Sprachgrenze, so z. B. in Truden und Altrei im Avisiothale und in den deutschen Gemeinden des Bezirkes Cles, die Erinnerung an die deutsche Erbfolgeordnung nicht völlig erloschen ist. Vergl. bezüglich der Tiroler Verhältnisse nach Johann Jakob Staffler: Tirol und Vorarlberg statistisch mit geschichtlichen Bemerkungen. I. Bd. S. 182 u. ff.

**) Fontaine v. Felsenbrunn theilt für das Jahr 1865 die Grundsteuerträger Krains in nachfolgende Kategorien:

An ordentlicher Grundsteuer sammt Drittelzuschlag haben entrichtet	Grundsteuerträger
bis zu 1 fl.	26.541
von 1— 2 „	11.896
„ 2— 5 „	16.102
„ 5— 10 „	17.696
„ 10— 20 „	15.616
„ 20— 30 „	4.938
„ 30— 40 „	1.668
„ 40—50 „	635
„ 50— 60 „	277
„ 60— 70 „	149
„ 70— 80 „	73
„ 80— 90 „	62
„ 90—100 „	46
über 100 „	229
	95.928

Umstand, daß der Weinbau in Krain Verbreitung hat, kann den Unterschied zwischen den Grundbesitzverhältnissen Krains und Kärntens nicht zu Gunsten des ersteren ändern, da sein Boden ein ziemlich schlechter ist. Was nun das Recht des bäuerlichen Grundbesitzes betrifft, so besteht in Krain seit der napoleonischen Herrschaft die Freitheilbarkeit, von welcher auch in einzelnen Bezirken (z. B. dem Pöllander) ausgiebig Gebrauch gemacht wurde. Im großen Ganzen hat sich aber die sogenannte deutschrechtliche Erbfolge, die ihre Einbürgerung in Krain höchst wahrscheinlich dem Umstande verdankt, daß der krainische Adel seit jeher deutsch war, *) erhalten, und meistens erfolgt die Übergabe des Grundbesitzes an eines der Kinder bei Lebzeiten des Vaters. Wenn der Grund und Boden trotzdem stärker zerstückelt ist, als in den deutschen Alpenländern, so ist es wohl dem Umstande zuzuschreiben, daß durch Krain die Straße von dem adriatischen Meere zur Donau führte, und daß daher vor dem Bau der Südbahn ein lebhafter Verkehr zahlreichen Kleinbauern einträglichen Nebenerwerb brachte. In den vom Straßenzuge abseits liegenden Gegenden, wie im Wocheiner Thale, hat sich auch heute noch größerer bäuerlicher Besitz erhalten.

In den Sudetenländern ist die Theilung der größeren Bauerngüter vorzüglich ein Werk der josefinischen Gesetzgebung. Unter dem Einflusse von Sonnenfels, welcher ein Vertreter der Meinung ist, daß die kleine Cultur den Bodenertrag erhöhe, war Josef II. bemüht, eine Theilung der größeren Bauerngüter zu bewirken. **) In diesem Sinne bewilligte die Verordnung vom 20. Mai 1785 für jeden durch Zerstücklung entstehenden neuen Bauernhof nebst den allgemeinen Bauunterstützungen noch eine Immigrantenaushilfe von fünfzig Gulden für den Fall, als die Größe dieses neuen Bauernhofes nicht unter vierzig Metzen (3 Metzen = 1 Joch) herabsinke, wurde für Böhmen unter dem 14. September 1785 die Vorlage eines jährlichen Ausweises über die in demselben Jahre vorgenommenen Gütertheilungen angeordnet, und mit

---

*) Auch in Böhmen wurde das Feudalwesen von Deutschland aus eingeführt. Vergleiche F. Palacky: Geschichte von Böhmen. II. 2, S. 37.

**) Vergl. Sonnenfels: Grundsätze der Polizei, Handlung und Finanz. 8. Aufl. 1819. II. Bd. S. 77, 109 u. ff. und III. Bd. S. 208. Ferner J. Beidtel: Über österreichische Zustände in den Jahren 1740—1792. Sitzungsberichte der Akademie der Wissenschaften (philosophisch historische Classe VIII. Bd.) In Preußen ordnete u. a. die Circular Ordre vom 4. Jannar 1748 die Theilung zu großer Bauerngüter an. Vergl. Knapp: Die Bauernbefreiung und der Ursprung der Landarbeiter in den älteren Theilen Preußens. 1887. II. Bd. S. 37.

der Hofentschließung für Böhmen vom 18. Mai 1786 befohlen, jenen Dominien und Kreisämtern, unter deren Amtswirksamkeit die meisten Zertheilungen zustande gebracht worden waren, die „höchste Zufriedenheit und Belobung ihres Diensteifers" zu erkennen zu geben." *) Der Kaiser wandte jedoch seine Aufmerksamkeit nicht bloß den Bauerngütern zu, sondern verordnete auch, und zwar ebenfalls für Böhmen und auch für Mähren, daß eine Zerstückung von Dominical Meierschaftsgründen und Überlassung derselben in Form von Emphyteuse oder Erbpacht ohne Einwilligung oder Vernehmung des Fideicommissanwärters oder eines Posterioritätscurators zulässig sei, wenn nur bei der Stelle, unter welche das Fideicommiß gehöre, der Nachweis erbracht werde, daß durch die Zerstückung keine Deterioration eintritt. Spuren von diesen Ansiedlungen auf emphyteutischen Grundstücken sind noch heute vorhanden, so ist Sehndorf bei Pardubitz auf diese Verwaltungsthätigkeit des großen Kaisers zurückzuführen, der deutsche Colonisten auf dem Dominium ansiedelte, von welchen allerdings heute der größte Theil seine Nationalität eingebüßt hat.**) Inwieweit die Bemühungen, die größeren Bauerngüter zu zertheilen, von Erfolg gekrönt waren, darüber fehlen uns stati-

---

*) Bezüglich der Größe, unter welche bei solchen Zertheilungen nicht herabgegangen werden solle, traf das Hofdecret vom 18. Mai 1783 (kundgemacht in Böhmen am 6. Juni desselben Jahres) nachfolgende Detailbestimmungen.

1. Bei Zertheilungen von Bauerngründen ist im flachen Lande darauf zu sehen, daß wenigstens eine Besitzung von 40 Metzen Feld im Ganzen bleibe, wenngleich der Überrest in kleinere Theile zertheilt würde.

2. Einzelne entlegene Grundstücke dürfen von einem Hofe an den anderen verkauft werden.

3. Ist auf alle Fälle Bedacht zu nehmen, daß der Stand der Bespannung, die vor der Vertheilung vorhanden war, bei allen Theilen zusammengenommen nicht vermindert werde.

4. In gebirgigen Gegenden, wo nicht Ackerbau, sondern Industrie die Hauptnahrung der Bauernclasse ausmachen und Getreide importiert wird, haben sich die Obrigkeiten an diese Verhältnisse nicht so genau zu binden.

Die Gubernialverordnung in Böhmen vom 27. August 1787 brachte dieses Hofdecret neuerlich in Erinnerung. Im Geiste des aufgeklärten Absolutismus verpflichtet das Hofdecret für Böhmen vom 14. August 1789 die Kreisämter, den Grundbesitzern die Vortheile der Zerstückungen klar zu machen und dieses Geschäft sorgfältigst zu befördern.

**) „Das System der Maierhofzerstückung wurde vom Hofrathe Raab von Böhmen nach Mähren verpflanzt und trug die schönsten Früchte." d' Elvert: Geschichte der k. k. mährisch-schlesischen Gesellschaft zur Beförderung des Ackerbaus, der Natur- und Landeskunde. 1870. S. 47.

stische Nachweise. Daß aber von dieser Erlaubnis reichlich Gebrauch gemacht wurde, dafür spricht der Umstand, daß ein so genauer Kenner des tschechischen Landvolkes, wie Brauner,[*] die vorgenommenen Grund= zertheilungen als unzählige bezeichnet. Da, wie Brauner bemerkt, alle Parteien bei solchen Zertheilungen interessiert waren, indem der Bauer seine Söhne durch Ansässigmachung von dem gefürchteten Militärdienste zu befreien suchte und dem Wirtschaftsbeamten dadurch eine Einnahms= quelle wurde, so liegt kein Anlaß vor, die Richtigkeit dieser Angaben in Zweifel zu ziehen.

Auch in neuerer Zeit hat die Theilung der größeren Bauerngüter in Böhmen, sowie in den Sudetenländern überhaupt, weitere Fortschritte gemacht. So sind nach Peyrer, welchem die leider nicht veröffentlichten Ergebnisse der von dem Ackerbauministerium über die Wirkungen der Freitheilbarkeit veranstalteten Erhebungen vorlagen, in Böhmen in der Zeit von 1869—1880 durch Abtrennung von Bauerngütern 41.537 neue Ansässigkeiten mit einem Ausmaße von 86.537 Joch entstanden. Diese Bewegung hat sich seither wohl in gleichem Maße fortgesetzt, was daraus entnommen werden kann, daß, wie der Ackerbauminister in der Sitzung des Abgeordnetenhauses vom 9. November 1889 bemerkte, auch im Jahre 1887 in Böhmen 683 Bauerngüter in 7080 Parzellen zer= schlagen worden sind. Durch die fortgesetzten Theilungen kommt es denn auch, daß, wie Peyrer bemerkt, in vielen böhmischen Orten in der Gemeindeverwaltung, im Ortsschulrathe u. s. w. das Element der Häusler dominiert; „bei dem ersten Elementarunfalle gerathen diese Häuslerwirtschaften ins Schwanken oder in Execution; Diebstähle und Feldfrevel, Besitzstörungen, Bettel und Vagabundenwesen, allgemeine persönliche Unsicherheit, Vermehrung der Auswanderung und ähnliche Erscheinungen der Zwergwirtschaft treten hervor."[**]

Eine ähnliche Tendenz zur Bodenzerstücklung scheint auch in Mähren zu herrschen, denn, wie Freiherr von Chlumecky in der Sitzung des österreichischen Abgeordnetenhauses vom 16. November 1888 mittheilte, haben sich daselbst seit der Einführung der Freitheilbarkeit die Besitz= stände von über 50 Joch um 9·57%, die von 20—50 Joch um 10·4% vermindert. Hingegen ist die Zahl der Bauernhöfe mit einem Besitze

---

[*] F. A. Brauner: Böhmische Bauernzustände. 1847. S. 30.

[**] K. Peyrer: Denkschrift betreffend die Erfolge in landwirtschaftliche Güter und das Erbgüterrecht. 1884. S. 44.

von 5—10 Joch um 8·44⁰/₀ gestiegen und hat die Zahl der Kleinbauern mit einem Besitze von 2—5 Joch um 67%, die der Häusler mit weniger als 2 Joch um 74% zugenommen. Daß gleichzeitig die Zahl der un= besoldeten Häusler um 16% gefallen ist, mag man als eine social er= freuliche Erscheinung auffassen, an der Thatsache, daß der Grundbesitz Mährens fortschreitend zersplittert, ändert sie nichts.*)

Inwieweit diese Theilung der Bauerngüter durch die Einführung der gesetzlichen Freitheilbarkeit gefördert wurde, oder, was auf dasselbe hinausläuft, inwieweit die Einholung der obrigkeitlichen Bewilligung, die vor dem Jahre 1869 zur Theilung von Grund und Boden erfor= derlich war, dieselbe hinderte, läßt sich, da diesbezüglich keine Zahlen veröffentlicht wurden, nicht ermessen. Nach den Angaben Peyrers scheint die Nothwendigkeit die obrigkeitliche Bewilligung zu jeder Theilung ein= holen zu müssen, dieselben nicht beeinträchtigt zu haben, da diesen Gesuchen von den in liberalen Anschauungen erwachsenen Beamten in der weitaus überwiegenden Mehrzahl der Fälle ohneweiters statt= gegeben wurde.**) Daß aber die Tendenz zur Theilung des bäuer= lichen Besitzes in Böhmen, Mähren und Schlesien nicht erst in der aller= letzten Zeit hervortritt, mag man schließlich noch daraus ersehen, daß, wie Freiherr v. Chlumecky ebenfalls hervorhob, die Zahl der Erbfälle im sogenannten „sonstigen" Besitze, also jenem, welcher weder der Land= tafel, noch den Stadt= und Bergbüchern angehört, in den Sudetenländern stetig steigt, während alle übrigen Kronländer mit geordnetem Grund= buchswesen, (Krain, wo die Freitheilbarkeit schon seit Beginn des Jahr= hunderts besteht, ausgenommen) hierin sehr constante Zahlen aufwei= sen.***) Wesentlich gefördert wird diese Tendenz auch dadurch, daß die ebenen Gegenden der Sudetenländer infolge der Ansiedlungsform die Zertheilung der Grundstücke weit mehr begünstigen als die Gebirge der Alpenländer; denn einen geschlossenen Hof wird man jedenfalls viel schwerer

---

*) In Schlesien sind zwischen 1869 und 1880 ebenfalls 3633 neue Anfässig= keiten, theils als bloße Wohnstellen mit Gärtchen, theils als solche mit kleinen Feld= grundstücken entstanden.

**) In den Jahren 1862—1866 wurden in Steiermark 4409 Gesuche um Grund= abtrennung überreicht, von welchen nur 72 sofort und ganz abgewiesen wurden. In Salzburg wurden in der Zeit von 1861—1868 von 194 Gesuchen nur 17 abgewiesen.

***) Setzt man für den Durchschnitt der Jahre 1868—1872 die Zahl der Ver= änderungsfälle von todeswegen im sonstigen Besitze gleich 100, so ergeben sich für

zerschlagen, als einen Besitz, der sich aus einer Summe einzelner Parzellen zusammensetzt, die sich nicht infolge einer bestimmten Lage, sondern geschichtlicher oder zufälliger Momente wegen in der Hand eines Besitzers zusammenfinden.*) Der Zubau eines Hauses zu dem Dorfe bietet in der Regel keinerlei Schwierigkeit, und wenn keine gesetzlichen Hindernisse im Wege stehen, so ist mit dem Bau des Hauses auch schon die Theilung einer bestehenden Wirtschaft ermöglicht. Ganz anders dort, wo, wie im Gebirge, Einzelhöfe bestehen. Hier ist in der Regel schon durch die Lage des Ackerlandes inmitten von Abhängen, Steinbrüchen und absolutem Waldboden, sowie durch die Möglichkeit der Zufahrt und durch das Trinkwasser die Lage der Wohn- und Wirtschaftsgebäude bestimmt, und häufig wird durch alle diese Umstände ein zweiter Hof völlig ausgeschlossen. Wie verschieden aber die Besiedlungsart in den einzelnen national, geographisch und wirtschaftlich von einander geschiedenen Ländergruppen ist, mag man aus der folgenden Zusammenstellung ersehen, die auf den Mittheilungen Peyrers*) fußt.

bie einzelnen Kronländer und Gruppen von Kronländern mit geordnetem Grundbuch= (bezw. Versachbuch=) Wesen folgende Zahlen:

Durchschnitt der Jahre	Böhmen	Mähren	Schlesien	Krain	Nieder=Österreich, Ober= Österreich, Salzburg, Steiermark, Kärnten und Tirol
1868—1872	100·0	100·0	100·0	100·0	100·0
1873—1877	96·8	91·3	95·0	112·2	96·3
1878—1882	108·0	108·2	102·7	152·7	90·9
1883—1887	143·3	142·0	126·1	196·6	93·9

*) So hat man auch im Königreiche Sachsen die Erfahrung gemacht, daß die Parzellierung des bäuerlichen Grundbesitzes in den geschlossenen Dörfern weiter vorgeschritten ist, als in den Dörfern mit loser Bauart. K. v. Langsdorff: Die bäuerlichen Verhältnisse im Königreiche Sachsen. Bäuerliche Zustände in Deutschland. II. S. 206. (Schriften des Vereins für Socialpolitik. XXIII. Bd.) Vergl. auch Helferich: Studien über württembergische Agrarverhältnisse. Zeitschrift für die gesammte Staatswissenschaft. 1853. S. 202. In den Elbmarschen, wo die Theilung der Grundstücke durch die tiefen Gräben sehr erschwert wird, haben sich die Bauerngüter trotz gesetzlicher Freitheilbarkeit gut erhalten. Vergl. die Rede von Miquel in der Generalversammlung des Vereins für Socialpolitik am 6. October 1884. (Schriften d. V. f. S. XXXVIII. Bd. S. 70.) Bezüglich Österreichs vergl. Pospischil: A. a. O. S. 34.

**) Peyrer: Denkschrift :c.

Länder, bezw. Ländergruppen	Zahl der Gemeinden mit vorwiegend		
	Hofsystem	Dorfsystem	Übergangsdörfern
Sudetenländer	242	10.813	1.591
Inner-Österreich sammt Nieder-Österreich und Tirol	3.627	5.248	409
Krain	86	771	74
Küstenland	64	406	179
Dalmatien	—	745	—
Karpathenländer	326	5.951	973
	4.345	23.934	3.226

Mit geringen Ausnahmen liegen die Gemeinden mit Hofsystem fast sämmtlich in dem deutschen Alpengebiete, während der größte Theil der Gemeinden mit Dorfsystem in den slavischen oder doch stark slavischgemischten Ländergruppen zu finden ist. Inwieweit die Besiedlungsform mit nationalen Eigenthümlichkeiten zusammenhängt, mag hier ununtersucht bleiben. Daß aber die Bodenbeschaffenheit dieselbe bedeutend beeinflußt, kann man daraus ersehen, daß im niederösterreichischen Flachlande die geschlossenen Dörfer, in den niederösterreichischen Alpen und Voralpen aber die geschlossenen Höfe vorwiegen, obwohl doch fast die gesammte niederösterreichische Landbevölkerung eine reine deutsche ist.*)

Fassen wir nun das, was wir aus den uns vorliegenden statistischen Angaben und aus der Agrargesetzgebung des vorigen Jahrhunderts ableiten konnten, zusammen, so ergibt sich uns für die einzelnen Ländergruppen Österreichs folgendes Bild: In den Karpathenländern herrscht neben ausgedehntem Großgrundbesitze eine bedeutende Zerstückelung des in kleinen Händen befindlichen Grund und Bodens, die selbst weiter geht, als die Statistik verfolgen kann, da, wie genaue Kenner der dortigen Landwirtschaft behaupten, in diesen Ländern die Gepflogenheit besteht Bauerngrundstücke zu zertheilen, ohne daß die Behörden davon Kenntniß erhalten.**) Gleiche Parzellierung findet sich in Dalmatien, dem Küstenlande und Wälschtirol, nur fehlen in diesen Ländern die Latifundien, obwohl es auch hier großen Besitz gibt, der sich größtentheils in den

---

*) Dem entsprechend ist die Ehefrequenz in einigen Bezirken, die am linken Donauufer liegen, und in welchen geschlossene Dörfer vorherrschen, eine weit höhere als in dem übrigen Nieder-Österreich.

**) Pošpischil: A. a. O. S. 91.

Händen städtischer Capitalisten befindet. Große Differencierung zeigen die Agrarverhältnisse der Sudetenländer, indem neben Latifundien und Zwergbesitz auch Bauerngüter, wenn auch zum Theile von mäßigem Umfange vorhanden sind. Im Gegensatze hiezu herrschen im Alpenlande die Bauerngüter und zwar namentlich in der Form von geschlossenen Höfen so weit vor, daß die landtäflichen Güter und der Parzellenbesitz vollständig in den Hintergrund gedrängt sind und weite Strecken über=haupt nur den Charakter von rein bäuerlichen Gemeinden besitzen. Die Größe der Bauerngüter ist allerdings sehr verschieden. In der Nähe der größeren Städte, sowie in Vorarlberg und Krain haben theils der Verkehr oder reges industrielles Leben, theils die Einführung der fran=zösischen Freitheilbarkeit zu einer Verkleinerung und Zertheilung der Grundstücke geführt. Doch hat hier die Pulverisierung des Grund und Bodens lange nicht so bedenkliche Zustände geschaffen wie in Galizien und der Bukowina.*)

Noch weniger als über die Grundbesitzvertheilung sind wir über die Größe und Formen des landwirtschaftlichen Betriebes unterrichtet.**) Wir wissen allerdings aus den amtlichen Publicationen, soferne dieselben genau sind, wie groß die gesammte Anbaufläche ist, und wie viel im Durchschnitte von jedem Hectar an Feldfrüchten einer bestimmten Art gewonnen wird. Hingegen fehlen über die Häufigkeit gewisser Größen des landwirtschaftlichen Betriebes, über das Zahlenverhältnis von eige=ner Bewirtschaftung und Pacht, über die Verbreitung der landwirt=

---

*) Noch größerer Latifundienbesitz als in den Sudeten- und Karpathenländern findet sich in Ungarn, dessen Grundbesitzvertheilung nachstehende Tabelle ersichtlich macht:

Besitzungen mit Joch	Anzahl der Besitzer	Joch zusammen
5—30	1,815.231	11,607.960
30—200	91.070	5,201.000
200—1000	11.525	5,500 000
1000—10.000	4332	11,800.000
über 10.000	166	2,700.000

Vergl. Leuschner: Die landwirtschaftlichen und socialen Verhältnisse im westlichen Ungarn. 1888. S. 35.

**) Die Bedeutung der Statistik der landwirtschaftlichen Betriebe neben der Statistik der Grundbesitzvertheilung betont mit Recht Traugott Müller: Untersuchungen über den gegenwärtigen Stand der Agrarstatistik. 1887. S. 48 u. ff.

schaftlichen Maschinen und der landwirtschaftlichen Buchführung stati=
stische Aufzeichnungen. Im Allgemeinen wird man nicht fehlgreifen,
wenn man die Behauptung aufstellt, daß in den gesammten Alpen= und
Karstländern landwirtschaftlicher Großbetrieb sehr selten vorkommt.
Selbst dort, wo es größeren Grundbesitz gibt, fehlt landwirtschaftlicher
Großbetrieb in der Regel und zwar deshalb, weil es der Grundbesitzer
vorzieht, seinen Besitz zu verpachten.*) Die Verpachtung geschieht in
Dalmatien und Südtirol, sowie im Küstenlande in der Form des Co=
lonats, in den übrigen Ländern aber meist in der Form der Verpachtung
einzelner Parzellen an benachbarte Bauern und Taglöhner, denn ein
unternehmender und capitalbesitzender Pächterstand fehlt in Inner=
Österreich vollständig. Der Mangel eines rationellen Großbetriebes
trägt denn auch zur Erklärung bei, daß die Landwirtschaft Inner=
Österreichs wenig Fortschritte gemacht hat, die landwirtschaftliche Technik
manches zu wünschen übrig läßt und landwirtschaftliche Buchführung
so gut wie vollständig fehlt.

Anders verhält es sich in den nördlichen Theilen Österreichs. Hier
finden wir zunächst einen bedeutenden landwirtschaftlichen Großbetrieb
theils durch den Grundbesitzer selbst, theils durch capitalistische Pächter.**)
Damit hängt es zusammen, daß in den Sudetenländern nicht bloß die
landwirtschaftliche Technik weit vorgeschritten ist, sondern daß auch die
Landwirtschaft dieser Kronländer überhaupt viel mehr einen capitalistischen
Charakter angenommen hat als in den Alpenländern. Nicht den Gegen=
ständen des unmittelbar eigenen Bedarfes wendet sich die landwirt=
schaftliche Production zu, sondern jenen, welche auf dem Markte guten
Absatz finden. Hopfen, Zuckerrübe und Braugerste sind ganz vorwiegend
Producte der Sudetenländer, und nirgends ist die landwirtschaftliche
Industrie entwickelter als in denselben. An dieser landwirtschaftlichen
Industrie ist aber nicht bloß der Großgrundbesitz betheiligt, auch die

---

*) In Krain werden selbst größere Bauerngüter sehr häufig parzellenweise ver=
pachtet, so daß der Kleinbetrieb in diesem Kronlande vollständig die Oberherrschaft
besitzt. Vergl. die Bodencultur Österreichs S. 78. Bezüglich Ober-Österreichs vergl.
Lorenz: Statistik der Bodenproduction ꝛc. S. 109.

**) Die landwirtschaftlich benutzbare Fläche des Schwarzenberg'schen Besitzes
in Böhmen betrug im Jahre 1873: 104.362 Joch. Hievon standen in Selbstver=
waltung 44.917 Joch und waren im Großen verpachtet 11.616 Joch. Parzellenweise
waren (vorwiegend im Böhmerwalde) 47.828 Joch verpachtet. Vergl. G. Krafft: Ein
Großgrundbesitz der Gegenwart. 1873. S. 13.

Bauern haben sich an vielen Orten zusammengeschlossen, um die eigenen Zuckerrüben zu verarbeiten. Es ist also nicht bloß die Grundbesitzvertheilung, sondern auch der landwirtschaftliche Betrieb, wodurch sich die einzelnen Ländergruppen im Allgemeinen und speciell die Alpen- und Sudetenländer von einander unterscheiden. *)

Eine Vergleichung der Agrarverhältnisse mit dem Ergebnisse unserer Untersuchungen über die Ehefrequenz läßt deutlich erkennen, daß jeder Ländergruppe mit einer bestimmten Form der Agrarverhältnisse auch eine ganz bestimmte Ehefrequenz entspricht. Ja diese Übereinstimmung ist weit größer, als man erwarten könnte, wenn man in Erwägung zieht, daß in keinem Lande die gesammte Bevölkerung, sondern immer nur ein größerer, oder geringerer Theil derselben von dem Ertrage der Landwirtschaft lebt, und daß somit die Grundbesitzvertheilung stets nur innerhalb gewisser Grenzen die Ehefrequenz beeinflussen kann. Die Länder mit starker Parzellierung einerseits und Latifundien anderseits nehmen hinsichtlich der Ehefrequenz den obersten Rang ein. Hingegen finden sich relativ die wenigsten Ehen dort, wo eine möglichst gleichmäßige Vertheilung des Grundbesitzes in größere Bauerngüter vorherrscht. Es ist deßhalb kein bloßer Zufall, daß auch in den innerösterreichischen Ländern wieder Kärnten die geringste Ehefrequenz aufweist, da wir wissen, daß in Kärnten nicht bloß der Typus der großen, geschlossenen Bauernhöfe vorherrscht, sondern auch der Einfluß derselben auf die Ehefrequenz umso deutlicher zum Ausdrucke kommen muß, als dieses Kronland wenig gewerbliche Bevölkerung besitzt. Eine Ausnahme von der Regel, daß Ehefrequenz und Grundbesitzvertheilung im engsten Zusammenhange stehen, scheint Vorarlberg zu bilden, welches trotz weit größerer Parzellierung dieselbe Ehefrequenz besitzt, als Salzburg; doch soll die Erklärung weiter unten gegeben werden.

Daß auch in einzelnen Theilen desselben Kronlandes die Volksvermehrung in sehr verschiedenem Grade vor sich geht, wenn die landwirtschaftlichen Verhältnisse daselbst nicht überall die gleichen sind, läßt sich sowohl an Tirol als auch an Steiermark nachweisen. In Tirol ist

---

*) Die Entwicklung der landwirtschaftlichen Technik spiegelt sich im landwirtschaftlichen Vereinswesen. Im Jahre 1888 bestanden in ganz Österreich 1241 landwirtschaftliche Vereine. Von denselben entfielen auf Nieder Österreich 247, auf die Sudetenländer 747, auf die Karpathenländer 20, die Alpenländer 181 und die Maritländer 46 Vereine.

der Boden verhältnismäßig stark zerstückelt;*) trotzdem besteht ein wesentlicher Unterschied zwischen Deutsch- und Wälschtirol hinsichtlich der Grundbesitzvertheilung, indem es in einzelnen Theilen Deutschtirols, wie im Unterinnthale, im Pusterthale und im Eisackthale zahlreiche größere, geschlossene Höfe gibt, während in Wälschtirol solche, wie wir wissen, zu den Seltenheiten gehören. Der Begriff der unter einer Katasterzahl vorkommenden Hof- und Bannrechte war in Wälschtirol überhaupt von jeher unbekannt, und so wurde denn ohne jedes Bedenken an die Zerstücklung der größeren Grundcomplexe geschritten, wozu man sich in Deutschtirol nur in den äußersten Nothfällen entschloß. Schon vor einem Menschenalter war daher die Parzellierung des Bodens in Wälschtirol soweit vorgeschritten, daß Grundstücke mit 100 und 200 Quadratklaftern (3·6—7·2 Ar) sehr zahlreich vorkamen. In ähnlicher Weise, wie die Grundbesitzvertheilung, ist auch der landwirtschaftliche Betrieb in beiden Theilen des Landes ein wesentlich verschiedener. Denn während in Deutschtirol Getreidebau und Viehzucht, und zwar zunächst für den eigenen Bedarf des Grundbesitzers, vorherrschen, erzeugt die wälschtiroler Landwirtschaft vorwiegend Producte, welche, wie Wein, Mais und Seide, auf den Absatz in der Fremde berechnet sind. Der Verschiedenheit dieser landwirtschaftlichen Verhältnisse entsprechend ist sowohl die Ehefrequenz, als auch der Geburtsüberschuß in Wälschtirol viel größer als in Deutschtirol, obwohl in Deutschtirol auf eine Ehefrau im gebärfähigen Alter eine weit größere Kinderzahl entfällt als in Wälschtirol. Ein ähnlicher Gegensatz, wie zwischen Deutschtirol und Wälschtirol, besteht auch zwischen der deutschen Ober- und Mittelsteiermark einerseits und dem vorwiegend von Slovenen bewohnten steirischen Unterlande anderseits.**) Auch hier nimmt die Bodenzerstücklung gegen den Süden

---

*) Vergl. hierüber, sowie über das Folgende Stafsler: A. a. O. I. Bb. S. 182 u. ff.

**) Nach Hlubek: Ein treues Bild des Herzogthumes Steiermark (1860) S. 106 bestanden:

Im Kreise	Ganze	Halbe	Viertel	Keuschler	Zusammen
		H u b e n			
Bruck	3293	4598	4277	9738	21.906
Graz	3705	8025	11.814	34.220	57.764
Marburg	4304	8457	9634	47.315	69.710
Zusammen . . .	11.302	21.080	25.725	91.273	149.380

Im Kreise	Auf einen behausten Besitzer entfielen nach Hlubek an Aeckern, Eggärten und Wiesen Joch	Von 100 Frauen im Alter von 15—45 Jahren waren im Jahre 1880 verheiratet
Bruck	11¹¹/₁₆	31·79
Graz	9²/₁₆	35·94
Marburg	5⁵/₁₆	42·52

des Landes hin zu, und hat die Landwirtschaft Untersteiermarks infolge des Wein-, Obst- und Maisbaues einen mehr capitalistischen Charakter angenommen als im Oberlande. Deshalb wächst denn auch die slovenische Bevölkerung Steiermarks beinahe doppelt so rasch an als die deutsche, während in Kärnten die Differenz zwischen dem Zuwachse des deutschen und slovenischen Stammes, wegen der größeren Ähnlichkeit der Agrarverhältnisse, weit geringer ist. Hingegen übertrifft die Bevölkerung Krains infolge vorgeschrittener Parzellierung die stammverwandte Bevölkerung Untersteiermarks sowohl hinsichtlich der Ehefrequenz, als auch der Geburtsüberschüsse.

Der Einfluß der Agrarverfassung auf die Volksbewegung wurde denn auch stets erkannt, und schon der Vater der Bevölkerungsstatistik, Johann Peter Süßmilch, hat diese Beziehung auf das nachdrücklichste hervorgehoben.*) Ausgehend von der Meinung, daß die Menge eines Volkes dessen Ruhe und Sicherheit gewährleiste und die Glückseligkeit des Staates ausmache, eiferte er gegen die Majorate, welche der Volksvermehrung hinderlich seien. Wie Sonnenfels schwärmt er für die kleine Bodencultur, die schon im Alterthume der berühmte Columella empfohlen habe, und führt die politische Größe der römischen Republik auf die beständigen Ackervertheilungen zurück. Mit Süßmilch war die ganze Schule der Populationistiker einig, so daß, wie Wappäus **) berichtet, eine im Jahre 1784 erschienene Schrift von Waldeck die Geschlossenheit der Bauerngüter geradezu eine Pest der deutschen Staaten nennt. Auch in Frankreich, wo in neuester Zeit die Erkenntnis, daß der sinkende Einfluß der französischen Nation auf den Gang der Weltgeschichte in erster Reihe auf die geringe Volksvermehrung zurückzuführen sei, den Patrioten großen Kummer bereitet, hat man wiederholt untersucht, inwieweit die Agrarverhältnisse an der geringen Geburtenzahl Schuld tragen. Es war Bertillon, der den Nachweis lieferte, daß die Departements, in welchen auf je 1000 Einwohner die größte Zahl der Grundeigenthümer fällt, die geringste Geburtenfrequenz haben.***) Indes unterscheidet sich Frankreich darin von Inner-Österreich, daß in den französischen Landbezirken die geringe Geburtenzahl nicht eine Folge der geringen Ehe

---

*) Johann Peter Süßmilch: Die göttliche Ordnung in den Veränderungen des menschlichen Geschlechtes. 4. Aufl. 1775. I. Bd. S. 401 und 480. II. Bd. S. 14 u. ff.

**) Wappäus: A. a. O. I. S. 65.

***) Bertillon im Journal de la société statistique de Paris. 1877. S. 199 u. ff.

frequenz, sondern der geringen ehelichen Fruchtbarkeit ist.*) Diese Er=
scheinung läßt sich nun nicht darauf zurückführen, daß, wie Reich**)
meint, Reichthum die Glut der Liebe und die Intensität der Zeugung
dämpft, denn die unendlich große Mehrheit der französischen Grundbesitzer
ist gewiß nicht reich, sondern wir sehen in dieser Erscheinung nur eine
Folge der in das Blut des französischen Volkes und in die Gesetzgebung
übergegangenen demokratischen Ansichten der Gleichheit, deren Durch=
führung bei größerer Kinderzahl zur vollkommenen Zersplitterung oder
doch Verschuldung des Grundeigenthums führen müßte.***) Mag man
über die sittlichen Wirkungen des Zweikindersystems denken wie immer,
eines ist unzweifelhaft, daß der Grundeigenthümer, der sein Gut unge=
schmälert erhalten will, nur die Wahl hat entweder seine Kinderzahl zu
beschränken oder aber ein Kind zu bevorzugen, um alle übrigen zu de=
classieren. Dabei setzt das Zweikindersystem eine Selbstbeherrschung vor=
aus, welche nicht überall gefunden wird; dies ist auch der Grund, warum
in den Karpathenländern, sowie in den südlichsten Kronländern der Mon=
archie bei gleicher Erbtheilung die Zerstücklung des Bodens solchen
Umfang annehmen konnte. Bei einem ländlichen Proletariate, wie es
in den erwähnten Ländern vorhanden ist, übt auch der Grundbesitz
keinerlei Wirkung auf die Volksvermehrung aus. Dieselbe wird so groß,
als es die Sterblichkeit, die mit den ungesunden Agrarverhältnissen
wächst, zuläßt.

In den deutsch=slavischen Ländern Österreichs, also sowohl in den
Alpen=, als in den Sudetenländern, sind aber die Verhältnisse inso=
ferne andere, wie in Frankreich, als hier die gleiche Erbtheilung bei
Grundstücken die seltene Ausnahme bildet. In der weitaus überwiegenden

---

*) Auf 100 Einwohner kommen in Frankreich 12 verheiratete und 10·6 ledige
Frauen im gebärfähigen Alter. Es ist demnach die Ehefrequenz eine sehr große.
Vergl. Toussaint Loua im Journal de la société statistique de Paris. 1877. S. 213.

**) E. Reich: Die Fortpflanzung ꝛc. S. 207. Reich meint der präventive Ge=
schlechtsverkehr könne nicht die Ursache der geringen Geburtenfrequenz sein, weil sich
sonst der Gesundheitszustand des französischen Volkes verschlechtern müßte. Man kann
aber aus den günstigen sanitären Verhältnissen ebenso gut den umgekehrten Schluß
ziehen, daß der präventive Verkehr gesundheitsunschädlich sei. Auch aus der geringeren
Kinderzahl darf man nicht so ohne weiters auf eine höhere Culturstufe schließen, wie
Reich es thut (S. 21), denn in diesem Falle müßten z. B. die Engländer an Cultur
hinter den Italienern stehen.

***) A. v. Miaskowski: Das Erbrecht und die Grundeigenthumsvertheilung im
deutschen Reiche. S. 298.

Mehrzahl der Fälle wird, wie dies die Gutachten aus allen Bezirken der erwähnten Länder festgestellt haben, entweder das väterliche Gut schon bei Lebzeiten des Vaters einem der Kinder gegen einen sehr geringen Betrag übergeben, oder es geht nach seinem Tode auf einen bevorzugten Erben über, so daß die Angst vor der Zertheilung des Grundbesitzes eine Beschränkung der Kinderzeugung nicht zu verursachen braucht. In der That ist denn auch die geringe Volkszunahme in den deutschösterreichischen Alpenländern nicht eine Folge beschränkter Kinderzeugung, sondern beschränkter Eheschließung. Dies erklärt sich einfach aus dem größeren bäuerlichen Grundbesitze und dem überkommenen Wirtschaftsbetriebe in diesen Ländern.*) Es liegt im Wesen des größeren Grundeigenthums, daß der Besitzer nicht, wie der Kleinbauer, seine Wirtschaft ausschließlich selbst besorgen kann, sondern daß er auf fremde Arbeitskräfte angewiesen ist. Während der Großgrundbesitzer seine Felder größtentheils durch Taglöhner bestellen läßt, die entweder selbst kleinen Grundbesitz haben, oder der Classe der sogenannten Inwohner angehören und fast sämmtlich verheiratet sind, bestehen die Hilfskräfte auf dem großen geschlossenen Bauernhofe ausschließlich aus unverheirateten Knechten und Mägden, ja das familienhafte Verhältnis, welches mit der überkommenen Wirtschaftsweise in engstem Zusammenhange steht, schließt es von vorneherein aus, daß noch jemand anderer auf dem Hofe als der Bauer selbst verheiratet ist. Der große, geschlossene Bauernhof ist deshalb nach

---

*) Miaskowski: A. a. O. S. 83. In Württemberg beträgt der Geburtsüberschuß in der westlichen Landeshälfte, mit vorzugsweise parzelliertem Grundeigenthum und entwickelter Industrie, 9·29 per Mille, in der östlichen Landeshälfte, mit größerem geschlossenen Grundbesitze, 6·35 per Mille. Miaskowski: A. a. O. S. 55. Ein ähnlicher Unterschied in dem Volkszuwachse besteht in dem Schweizer Canton Unterwalden, wo der Theil des Cantons ob dem (Kern) Walde, der kleines Grundeigenthum besitzt, einen Geburtsüberschuß von 9·6 per Mille, der Theil des Cantons nid dem Walde mit größerem Grundbesitze, nur einen Geburtsüberschuß von 6·4 per Mille aufweist. Daß die Mobilisierung des Grundbesitzes die Ehefrequenz vermehrt, bemerkt auch Engel. Vergl. E. Engel: Die Bewegung der Bevölkerung im Königreiche Sachsen in den Jahren 1834—1850. Dresden, 1852. S. 88. Der geringe Zuwachs der Bevölkerung in Deutsch Tirol wird von Göhlert auf die großen Bauernhöfe zurückgeführt. Vergl. Göhlert: Die Entwicklung der Bevölkerung von Tirol und Vorarlberg. Statistische Monatsschrift. 1880. S. 55. In den fünf Dorfgemeinden des hohen Taunus, welche Schnapper-Arndt zum Gegenstande seiner Untersuchung machte, und in welchen der Parzellenbesitz sehr stark verbreitet ist, betrug in der Zeit von 1821—1880 der jährliche Geburtsüberschuß 17·2‰. Die Ehefrequenz war daselbst eine sehr bedeutende. Vergl. Bäuerliche Zustände in Deutschland. I. Bd. S. 162 (Schriften d. V. f. S. XXII. Bd.)

zwei Richtungen ehebeschränkend: er verzögert die Ehe des Anerben so lange, bis der Bauer in die Ausnahme geht oder stirbt, *) und er hindert die Ehe der gesammten, auf dem Hofe beständig beschäftigten männlichen und weiblichen Arbeitskräfte.**) Dieselben bleiben wohl, nachdem in einer Gegend mit geschlossenen Bauerngütern der Gesindedienst nicht, wie z. B. auf den großen Gütern Norddeutschlands, als eine Art Schule gilt, die junge Leute vor ihrer Verheiratung durchzumachen haben, in der Regel zeitlebens unverheiratet. Je zahlreicher daher in einem Kronlande die großen, geschlossenen Bauernhöfe vertreten sind, und je mehr auf denselben noch die patriarchalischen Verhältnisse herrschen, desto später und weniger wird geheiratet, und desto geringer ist damit der Volkszuwachs. Auch die unehelichen Geburten, deren Häufigkeit mit der Ehelosigkeit zahlreicher junger, kräftiger Personen im engsten Zusammenhange steht, können den Ausfall an ehelichen Kindern nicht decken, trotzdem sind sie in unseren Alpenländern ein wichtiger Factor der Volksvermehrung, denn ohne sie würde z. B. in Salzburg und der deutschen Steiermark die Bevölkerung vollständig stagnieren, in Kärnten und Deutsch-Tirol aber thatsächlich abnehmen.

Die Volkszunahme in den deutschösterreichischen Alpenländern erfährt eine weitere Hemmung dadurch, daß, was allerdings im engsten Zusammenhange mit den Agrarverhältnissen steht, die Eheschließung in Deutsch-Tirol und Vorarlberg rechtlich, in Salzburg wenigstens that-

---

*) Justus Möser führt dies als Grund an, daß die Fortpflanzung des menschlichen Geschlechtes bei den Heuersleuten um ein Drittel schneller vor sich geht, als bei den Landbesitzern. Die Heuersleute heiraten mit 20, die Landbesitzer mit 30 Jahren. J. Möser: Patriotische Phantasien. I. Bd. S. 96 u. ff.

**) Im Jahre 1844 gab es in der bayerischen Rheinpfalz (mit Parzellenbesitz) auf 100 Grundeigenthümer 27 Dienstboten, in Oberbayern (mit großem bäuerlichen Besitze) hingegen 171. Helferich in der Zeitschrift für die gesammten Staatswissenschaften 1853. S. 212. In Ober-Österreich, in welchem ähnliche Agrarzustände herrschen, wie in Oberbayern, entfielen im Jahre 1869 auf 100 Grundeigenthümer 190 Dienstboten. Folz: A. a. O. S. IX. Auf dem VIII. Blatte des im Auftrage des k. k. Ackerbauministeriums von Dr. J. R. v. Lorenz herausgegebenen „Atlas der Urproduction Österreichs," befinden sich zwei Karten, welche die Zahlenverhältnisse zwischen Grundeigenthümern und landwirtschaftlichen Hilfsarbeitern einerseits und zwischen den ständigen Dienstboten und landwirtschaftlichen Hilfsarbeitern andererseits zum Ausdrucke bringen. Der Herausgeber selbst bemerkt aber an anderer Stelle (Bodencultur Österreichs S. 74), daß die Zahlen über die landwirtschaftlichen Hilfsarbeiter kein geeignetes Material für Vergleichungen bilden, da die Kinder des Besitzers bald eingerechnet werden, bald nicht. Auch die Zahl jener Kleinbauern, welche nur zeitweilig Taglöhnerdienste leisten, wird sich der Feststellung leicht entziehen.

sächlich, an die Zustimmung der Gemeinde geknüpft ist.*) Da aber der bäuer=
lichen Gemeinde aus der Ehe eines ihrer Mitglieder keine Vortheile,
sondern nur Nachtheile erwachsen können, insoferne sie für die Armen=
last aufzukommen hat, so ist es klar, daß sie ein lebhaftes Interesse
besitzt, die Eheschließung möglichst zu erschweren. Ein Gegengewicht gegen
diese Haltung der Gemeinden findet sich allerdings darin, daß den Ehe=
werbern ein Recurs an die politischen Behörden (Bezirkshauptmann=
schaft, Statthalterei und Ministerium) zusteht, und daß diese in der
Regel weit weniger engherzig vorgehen, als die persönlich interessierten
Gemeindevorsteher. Wer aber die Unbeholfenheit kennt, welche den nie=
deren Classen in bäuerlichen Gemeinden eigen ist, sobald es sich darum
handelt, mit der Behörde in Berührung zu treten, und wer weiß, daß
jeder derartige Recurs zugleich einen heftigen Widerspruch seitens der
von den Grundeigenthümern vertretenen öffentlichen Meinung hervorrufen
muß, wird es begreiflich finden, daß nur sehr energische Naturen diesen
Schritt zu unternehmen wagen, und daß der politische Eheconsens so=
mit für die große Masse der unteren Classen ein schwer zu überwinden=
des Hindernis der Eheschließung bildet.**)

Man hat für und wider die Berechtigung des Eheconsenses eine
Reihe von Gründen angeführt, die im Berichte des Landesausschusses
von Salzburg, mit welchem die Regelung des Eheconsenses für dieses
Kronland beantragt wurde, und noch ausführlicher besprochen bei Wagner
zu finden sind. Liberalen Ökonomen, wie Karl Braun, erscheint er als
eine Verletzung der heiligsten Menschenrechte, als ein Rest des finsteren
Mittelalters, welcher so rasch als möglich beseitigt werden muß, während
conservative Politiker in demselben ein unentbehrliches Stück gesunder
Socialpolitik sehen und ihn um jeden Preis zu halten suchen.***) Prin=

---

*) Eine gründliche historische Darstellung der Entwicklung des Eheconsenses in
Österreich findet sich in dem von dem ehemaligen Landeshauptmanne Grafen Chorinsky
verfaßten Berichte des Landesausschusses von Salzburg, mit welchem die Regelung
des Eheconsenses für dieses Kronland beantragt wird. Dem Eheconsense ist es zuzu=
schreiben, daß der Geburtsüberschuß in Vorarlberg trotz der weitgehenden Parzellierung
des Bodens bloß 3·41%₀ beträgt. In Deutsch=Tirol ist infolge des größeren bäuer=
lichen Grundbesitzes der Geburtsüberschuß weit geringer (0·31%₀).

**) In den Jahren 1861—1882 wurden im Herzogthume Salzburg 557 Recurse
in Eheconsensangelegenheiten an die Landesregierung gerichtet. Vergl. Bericht ꝛc. S. 31.

***) A. Wagner: Grundlegung. 2. Aufl. S. 427 u. ff. L. v. Stein: Handbuch
der Verwaltungslehre. 3. Aufl. II. S. 20 u. ff. K. Braun: Das Zwangscölibat für
Mittellose in Deutschland. Vierteljahrschrift für Volkswirtschaft und Culturgeschichte.
1867. Wenn Braun meint, daß das Eheverbot nur die Zahl der unehelichen Kinder

cipiell läßt sich die Berechtigung, den Abschluß der Ehe einer Controle zu unterziehen, schwerlich abweisen, wenn auch Zweck und Ziel des Ehe- consenses ganz andere sein müßten, als heute den Freunden desselben vorschwebt. Zunächst schiene es mir im Interesse künftiger Generationen zu liegen, wenn man Leuten, die erblich belastet sind, die dem Trunke sich ergeben oder an Tuberculose leiden, die Ehe verbieten würde, und desgleichen ließe sich auch gegen ein Verbot der Ehe für Leute, die bereits Armenunterstützung benöthigen, nichts einwenden. Aber Leuten, welche gesund und erwerbsfähig sind, bloß deshalb die Ehe zu verbieten, weil sie möglicher Weise einmal in die Lage kommen könnten, Armenunter- stützung für sich oder ihre Nachkommen in Anspruch zu nehmen, das scheint mir das Maß des Berechtigten weit zu überschreiten. Wenn ich auch die Fiction, welche dem Berichte des salzburgischen Landesausschusses zu Grunde liegt, daß das öffentliche Interesse einfach mit dem der bäuer- lichen Grundbesitzer oder dem der Handwerksmeister zusammenfalle, als eine mehr oder weniger naive Äußerung des Classenegoismus auffassen muß, so will ich doch grundsätzlich zugeben, daß die Gesammtheit von der größeren oder geringeren Volkszunahme berührt wird, und daß diese letztere in ganz ähnlicher Weise Gegenstand der Socialpolitik sein muß, wie alle anderen Erscheinungen des socialen Lebens. Wenn man durch Festsetzung des Normalarbeitstages der Ausnützung der Arbeitskraft eine Schranke zieht, wenn man durch Kranken- und Unfallversicherung dahin wirken will, daß der kranke Arbeiter vor Noth geschützt wird, warum soll man nicht eingreifen dürfen, wenn der Volkszuwachs den Lebensfuß der gesammten Bevölkerung herabzudrücken droht? Wir sehen theoretisch läßt sich dies ganz gut rechtfertigen, wenn auch der praktischen Durch- führung, wenigstens innerhalb des Rahmens unserer heutigen Gesell- schaftsordnung, große Hindernisse im Wege stehen. Denn ganz abgesehen davon, daß eine Erschwerung der Ehe stets der niederen Volksclasse weit größere Opfer auferlegen würde, als den anderen Classen, wo findet sich heute das Organ, welches zu beurtheilen vermöchte, ob ein Zuwachs an

vermehre, so findet diese Behauptung durch die Tiroler Verhältnisse keine Unterstützung, indem Tirol im Vergleiche mit den übrigen österreichischen Alpenländern, in welchen der Eheconsens nicht besteht, wenig uneheliche Kinder hat. Hingegen bewirkte die Auf- hebung der Ehebeschränkung in Bayern eine Abnahme der unehelichen Geburten. Vergl. Mayr: Gesetzmäßigkeit ꝛc. S. 255. Im Gegensatze zu den bäuerlichen Mitgliedern der clericalen Partei sind die christlich socialen Mitglieder derselben gegen den Eheconsens. Vergl. die in der Monatsschrift für christliche Socialwissenschaft über diesen Gegenstand erschienenen Aufsätze.

Bevölkerung wünschenswert ist oder nicht? So lange die Production noch eine geringfügige war und sich örtlich im Rahmen der Gemeinde bewegte, so lange deshalb auch die Bevölkerung eine seßhafte war, vermochte der Gemeindevorstand zu beurtheilen, ob für einen Volkszuwachs Raum vorhanden sei oder nicht. Fiel die Entscheidung negativ aus, und sah er sich genöthigt der Ehe des Unbemittelten Hindernisse in den Weg zu legen, so mochte wohl in dem Herzen des Letzteren der Groll erweckt werden, daß ihm verwehrt werde, was einem vom Schicksal Begünstigten leicht zutheil wird, thatsächlich war aber die Ehebeschränkung ein Mittel, das Gleichgewicht zwischen Menschenmenge und Nahrungsmittelvorrath zu erhalten und dadurch die Wirtschaftsordnung vor dem Untergange zu bewahren. Heute hat die Gemeinde diese Bedeutung für die Production verloren. Durch die Erfindung des Dampfes wurde der Verkehr erleichtert und damit die Concentration der Production in einer vorher nicht geahnten Weise ermöglicht. Hand in Hand mit ihr geht die Concentration der Bevölkerung. Nicht die Einführung der Freizügigkeit, wie der wiederholt citierte Bericht des salzburgischen Landesausschusses meint, hat diese Bewegung geschaffen, sondern die Freizügigkeit mußte gewährt werden, weil die Grundlagen der Volkswirtschaft völlig andere geworden waren. Mit dieser Änderung in der Production und mit dieser Wanderbewegung *)

---

*) Von je 1000 Anwesenden waren zuständig in der Gemeinde des Zählortes:

Nach der Volkszählung von

	1857	1880
In Nieder-Österreich	870·3	420·8
„ Ober-Österreich	880·9	565·1
„ Salzburg	849·6	564·6
„ Steiermark	935·1	564·6
„ Kärnten	884·5	612·1
„ Krain	917·6	829·8
„ Triest		468·5
„ Görz	940·5	846·3
„ Istrien		856·7
„ Tirol		758·7
„ Vorarlberg	911·9	759·2
„ Böhmen	868·9	596·0
„ Mähren	905·9	690·2
„ Schlesien	828·6	638·6
„ Galizien	961·2	891·3
„ Bukowina	971·0	890·3
„ Dalmatien	960·7	941·8
Durchschnitt	922·3	697·1

(Österr. Statistik Bd. 5.)

hat sich aber auch die Aufgabe der Gemeinde gründlich verändert; sie, die früher ein Staat im Kleinen war, ist heute zu einem elementaren Verwaltungsorgane einer größeren Einheit geworden; der eigene Wirkungskreis tritt immer mehr hinter dem „übertragenen" zurück, je mehr sich für den Staat die Nothwendigkeit ergibt, die Angelegenheiten des öffentlichen Lebens überall in gleichförmiger Weise zu regeln. Wie soll nun heute ein Landbürgermeister, wie vor 200 Jahren ein Beamter des Grundherrn, darüber zu Gericht sitzen, ob eine Vermehrung der Bevölkerung ökonomisch zulässig sei oder nicht? Kann er den Weltmarkt überblicken, kann er ermessen, ob es unserer Industrie gelingt neue Absatzgebiete zu erringen, oder ob eine neue Erfindung die industrielle Reservearmee vergrößern wird? Läßt er sich aber nur von seinen Kirchthurminteressen leiten, so begeht er unter Umständen nicht nur ein individuelles Unrecht, sondern schädigt auch die Gesammtheit. Wenn man dem gegenüber auf die Armenlast hinweist, so ist es allerdings richtig, daß sie in einzelnen Gemeinden eine bedeutende Höhe erreicht hat. Aber das rechtfertigt nicht die Aufrechthaltung oder Wiedereinführung des Eheconsenses, sondern fordert eine Änderung unseres Armen= und Heimatsrechtes. Denn in demselben Maße, als die Wanderbewegung der Bevölkerung zunimmt, geht es nicht mehr an, die Gemeinde zur Armenunterstützung heranzuziehen, deren Gebiet der zu Unterstützende vielleicht deshalb gar nie betreten hat, weil schon sein Vater als Kind aus demselben ausgewandert ist. Aber auch hier macht sich bereits ein Umgestaltungsproceß geltend, denn wie einst die wirtschaftliche Gemeinde in die politische aufgieng, so gehen jetzt immer mehr wirtschaftliche Aufgaben von der Gemeinde auf andere Organisationen über. Mit der Kranken= und Unfallversicherung wurde eine Quelle der Armut beseitigt, und wenn, woran nicht zu zweifeln ist, auch die Altersversorgung in Österreich eine gesetzliche Regelung erfahren sollte, so würde damit den Gemeinden eine Erleichterung der Armenlast zutheil werden, selbst wenn bis dahin eine grundsätzliche Änderung des Armenwesens noch nicht eingetreten sein sollte.

Wie eng aber der Eheconsens mit der Agrarverfassung zusammenhängt, mag man schon daraus entnehmen, daß ein solcher sowohl in den Karpathenländern als auch im Küstenlande und in Dalmatien nie bestanden hat, und daß er in Wälschtirol wenigstens nicht geübt wird.*)

---

*) Bericht des salzburgischen Landesausschusses. S. 11.

In den übrigen Kronländern wurde derselbe zu Beginn der liberalen
Ära theils durch die Landesgesetzgebung, theils durch Verordnung auf-
gehoben, mit Ausnahme von Tirol, Vorarlberg und Salzburg, wo er,
wie bereits erwähnt, noch heute besteht. Daß aber die Übung des
Eheconsenses in den einzelnen Ländern eine sehr verschiedene war, darauf
kann man schon daraus schließen, daß der Wunsch nach Wiedereinführung
dieser Institution nicht aus allen Kronländern in gleicher Weise laut
wird. Es sind in erster Reihe die deutschen Alpenländer, wo man am
nachdrücklichsten Ehebeschränkungen begehrt, während sich in den Sudetenländern nur vereinzelte Stimmen für dieselben aussprechen.*) Was
speciell die tschechischen Landbezirke Böhmens betrifft, so berichtet schon
Brauner,**) daß zu Ende der Vierziger Jahre der Eheconsens zu einer
reinen Formalität herabgesunken sei. „Jeder der da kommt," klagt er,
„erhält die (zur Ehe nöthigen) Behelfe, und werden sie irgendwo aus
guten Gründen jemandem verweigert, so braucht das Paar nur in wilder
Ehe Kinder zu erzeugen, um dann noch aufgefordert zu werden, sich zu
ehelichen." Diese Praxis wird durch die Grundeigenthumsvertheilung und
die damit in Zusammenhang stehende gesammte Entwicklung der Sudetenländer erklärt. Dort, wo Großgrundbesitz und Industrie vertreten sind,
entsteht das Bedürfnis nach zahlreichen und billigen Arbeitskräften, die
nicht ausschließlich in Naturalien, sondern vorwiegend in Geld entlohnt
werden, weil der Geldlohn dem Unternehmer billiger zu stehen kommt
und sich leichter buchen und berechnen läßt als Deputate, während umgekehrt in der Naturalwirtschaft des Bauern Nahrungsmittel viel leichter
zu erschwingen sind, als entsprechende Geldsummen. Daher hat der Großgrundbesitzer, der schon geraume Zeit zur Geldwirtschaft übergegangen ist,
das Interesse an einer raschen Volksvermehrung, die ihm billige Arbeiter
schafft, selbst wenn die Armenlast steigen sollte, während der zäh an der
Naturalwirtschaft hängende Bauer den Eheconsens wünscht, und zwar
nicht bloß deshalb, weil er eine Belastung durch Gemeindearme fürchtet,
sondern auch, weil er nur ledige Arbeitskräfte brauchen kann und daher
verhindern will, daß ihm durch Verehelichung solche entzogen werden.

Fassen wir nun die Ergebnisse unserer Untersuchung zusammen,
so müssen wir uns erinnern, daß der Verlust an deutschem Sprach-

---

*) In jüngster Zeit hat der steirische Landtag die Wiedereinführung der Ehe-
meldescheine beschlossen. Dieser Beschluß wurde aber nicht sanctionirt.
**) Brauner: A. a. O. S. 20.

gebiete in Österreich dem wachsenden numerischen Übergewichte der nicht deutschen Volksstämme zuzuschreiben ist. Wenn einzelne dieser letzteren an Zahl doppelt so schnell zunehmen als die Deutschösterreicher, so muß die Zukunft des Deutschthums eine um so traurigere sein, je geringer die Aussicht ist, eine das deutsche Element begünstigende Regierung zu erlangen, und je größer der Widerstand wird, welchen das wachsende nationale Bewußtsein der Amalgamierung fremder Elemente entgegensetzt. Als Hauptursache der unbedeutenden Volksvermehrung haben wir die geringe Ehefrequenz erkannt, die ihren Grund in nichts anderem, als in den Agrarverhältnissen haben kann. Der große, geschlossene bäuerliche Grundbesitz der Alpenländer ist es, der durch die Verzögerung des Heiratsalters und insbesondere durch die theils rechtliche, theils thatsächliche Hinderung der Ehe für die ländlichen Arbeitermassen den Volkszuwachs der Deutschösterreicher hemmt und damit indirect den Verlust deutscher Erde hervorruft.*) So lange daher in den Alpenländern Grundeigenthumsvertheilung und landwirtschaftlicher Betrieb dieselben bleiben, wird auch jede nationale Politik, mag sie nun die Erlangung eines Einflusses auf die Regierung, oder die Erweckung deutschen Nationalgefühls auf

---

*) Wenn demnach Frh. v. Vogelsang sagt: „Jetzt drängt ein geistig und körperlich gesunder Nachwuchs unseres Bauernstandes zur Ausfüllung der Bevölkerungslücken der Großstädte in dieselben und bringt immer neues, gesundes Blut in den socialen Körper," so entspricht der Bauernstand unserer Alpenländer dieser Aufgabe, deren Erfüllung allein den Bezug der Grundrente rechtfertigen soll, nicht, obwohl doch der Bauernstand der Alpenländer mit seiner Naturalwirtschaft dem Ideale Vogelsangs weit näher steht, als jener der übrigen Kronländer. Vergl. Frh. v. Vogelsang: Die socialpolitische Bedeutung der hypothekarischen Grundbelastung. 1881. S. 15. In Bayern hat das ganze Gebiet zwischen Isar und Inn, in welchem ähnliche Agrarverhältnisse herrschen, wie in Inner-Österreich, sogar einen Überschuß der Sterbefälle über die Geburten. Die Bevölkerung würde daher ohne Einwanderung abnehmen. Vergl. Mayr: Die Gesetzmäßigkeit ꝛc. S. 199. Dies hätte Hansen nicht entgehen sollen, der zu gleicher Zeit für die geschlossenen Höfe schwärmt und darauf hinweist, daß Städte, wie München, immer einen starken Zuwachs durch die Landbevölkerung erhalten müssen, falls Sie sich entwickeln sollen. Vergl. Georg Hansen: Die drei Bevölkerungsstufen. 1889. Je näher die ländliche Bevölkerung dem Proletariate steht, desto mehr strömt sie den Städten zu. Natürlich kommt dieser Zuwachs nicht dem städtischen Mittelstand, sondern mit geringer Ausnahme dem städtischen Proletariate zu gute, welches durch ihn allerdings eine körperliche Auffrischung erfährt. Daß der Wegzug aus Gegenden, in welchen Großgrundbesitz vorherrscht, viel bedeutender ist, als aus Gegenden mit gefestetem Bauernthum, hat neuerdings für Deutschland auch Schumann nachgewiesen. Vergl. Schumann: Die inneren Wanderungen in Deutschland. Allg. statistisches Archiv II. S. 525 u. ff.

ihre Fahne schreiben, nichts anderes erreichen, als daß ein Proceß verzögert wird, der sich tagtäglich mit elementarer Macht unter unseren
Augen vollzieht.

Ein Einwand liegt ziemlich nahe. Man wird mir nämlich entgegenhalten, daß eine Umgestaltung der agrarischen Verhältnisse in den
Alpenländern keineswegs wünschenswert sei, da sie nur eine Umwandlung zum Schlechteren sein würde. Der geschlossene Bauernhof sei ein
Hort des Familienlebens, des religiösen Sinnes und der Unabhängig-
keit und damit social von der allerweitgehendsten Bedeutung. Ist es
nicht einseitiger Nationalismus eine Änderung dieser Verhältnisse herbei-
zuwünschen, bloß um das deutsche Sprachgebiet unversehrt zu erhalten?
Ist es nicht gleichgiltig, ob einige Bezirke von einer deutsch- oder einer
slavischsprechenden Bevölkerung bewohnt werden, wenn nur diese Bevölkerung physisch und moralisch gesund und zufrieden ist? Wird die Nationalität nicht zum Götzen, wenn ihr das Wohl der Menschen geopfert
werden soll? Das Gewicht des Einwandes ist nicht abzuleugnen, schon
deshalb nicht, weil das Nationalgefühl als eine Sache der Empfindung
sich jeder Beweisführung entzieht. So wenig als sich die Nothwendigkeit
der Eltern- oder Kindesliebe beweisen läßt, so wenig vermögen wir den
Nachweis zu liefern, daß die Liebe zu dem Volke, welches unserer
Mutter Sprache spricht und treu die Sitten unserer Väter überliefert,
der Leitstern unseres Handelns sein soll. Das läßt sich nur fühlen,
nicht aber wissenschaftlich rechtfertigen. Wir wollen uns deshalb mit
unseren Ausführungen auf jene Gebiete beschränken, auf denen wir statt
mit Gefühlen mit den Waffen des Verstandes den Kampf führen können.
Hier tritt uns zunächst die Thatsache entgegen, daß der geringe Volkszuwachs in den Alpenländern nicht bloß das deutsche Sprachgebiet gefährdet, sondern auch die wirtschaftliche Entwicklung der Alpenländer
hemmt, wie er dazu geführt hat, daß sich die Industrie vorzugsweise
in den Sudetenländern niederließ. Denn, indem sich die Industrie in
Österreich naturgemäß dort ansiedeln mußte, wo ein Überschuß an landwirtschaftlichen Arbeitern bestand, wo also die Mobilisierung des Grundeigenthums und die freie Eheschließung verfügbare Arbeitskräfte geschaffen
hatten, wurden die Alpenländer mit den geschlossenen Höfen und der
geringen Ehefrequenz dazu verurtheilt, an der industriellen Entwicklung
nur im geringen Maße theilzunehmen, obwohl sie in ihren Gebirgs-
bächen einen Schatz besitzen, der die ungünstigen Communicationsver-
hältnisse reichlich aufwiegt. Es ist deshalb kein Zufall, daß in dem

gesammten Alpenlande nur das kleine Vorarlberg mit dem zerstückelten Grundeigenthum ein Sitz der Textilindustrie wurde, indem die Bevölkerung dieses Landes, welche vorher zum Theile sich auf zeitlicher Wanderschaft befand, bereitwilligst die Gelegenheit ergriff, sich den Lebensunterhalt im Vaterlande zu erwerben.*) Der weitaus überwiegende Theil der Textilindustrie wanderte aber nach den Sudetenländern, wo schon vor der Periode der Großindustrie die Bodenzerstücklung zu einer ausgedehnten hausindustriellen Thätigkeit geführt hatte. Nachdem nun aber auch von der Industrie der Satz gilt, daß, wo Tauben sind, auch Tauben zufliegen, indem zahlreiche Industrien sich wechselseitig ergänzen, so wird der Unterschied zwischen den Alpen= und Sudetenländern ein immer größerer.**) Leider steht uns bezüglich der industriellen Thätigkeit in Österreich nur ein geringes statistisches Material zur Verfügung, soweit aber ein solches vorhanden ist, rechtfertigt es unsere Behauptung auf das Vollständigste. Noch im Jahre 1828, als die Entwicklung der Großindustrie begann, war von einem Übergewichte der Sudetenländer nichts zu bemerken. Ein großer Theil der Industrie concentrierte sich in Wien und dessen nächster Umgebung, aber auch die Alpenländer wiesen einzelne Werke auf, und namentlich die Eisenindustrie stand in Ober=Österreich, Steiermark, Kärnten und Krain in voller Blüte. Heute hat fast die gesammte Seidenindustrie ihren Sitz von Wien nach den Sudetenländern verlegt, die Zuckerindustrie ist daselbst fast ganz ausschließlich vertreten und auch die Baumwollindustrie beginnt immer mehr dem Norden der Monarchie anzugehören.***) Diese Bewegung greift aber bereits auch auf

---

*) In der ersten Hälfte unseres Jahrhunderts wurde die Zahl der zeitlichen Auswanderer aus Vorarlberg auf 5800 geschätzt. Staffler: A. a. O. I. Bd. S. 370. Von Bludenz nach Landeck betrug die Entfernung 18 Poststunden. Wenn die Industrie Vorarlbergs trotzdem bestehen konnte, so beweist dies, wie günstig die sonstigen Verhältnisse sein mußten.

**) Wie die englische Baumwollindustrie sich immer mehr in Lancashire concentriert, schildert sehr anziehend Schulze-Gaevernitz. Vergl. Schulze-Gaevernitz: Der wirtschaftliche Fortschritt, die Voraussetzung der socialen Reform. Archiv für sociale Gesetzgebung und Verwaltung. V. Bd. 1. Heft, S. 8 u. ff.

***) Die Feinspindelzahl der Baumwollspinnereien betrug:

	1876	1890
In Inner-Österreich	654.048	779.672
In den Sudetenländern	742.263	1,416.520

Die Zunahme der Spindelzahl in Inner-Österreich fällt hauptsächlich auf das Küstenland. Vergl. G. v. Pacher im Handels-Museum. 1891. Nr. 2 und 3.

das Eisen über, so dass, wenn sie weitere Fortschritte macht, die Zeit nicht mehr ferne ist, wo von der steirischen Eisenproduction nur mehr in zweiter Linie gesprochen werden wird. Allerdings wirken dabei zahlreiche Factoren mit, und was speciell die Eiseninbustrie betrifft, so war der weiteren Entwicklung derselben in den Alpenländern der Umstand hinderlich, dass bis vor kurzem 75% der Hochöfen in denselben mit Holzkohle betrieben wurden, und dass die Zufuhr von Steinkohle zu theuer zu stehen kommt.*) Soweit indes der theure Kohlentransport auf mangelhafte Bahnverbindung geschoben werden muss, hängt dieser Umstand mit den allgemein schwierigen Verhältnissen zusammen, in welche die Alpenländer durch das Emporblühen der Industrie im Norden der Monarchie gerathen sind. Denn selbst der Staat baut am liebsten die Bahnen dort, wo ein reger Geschäftsverkehr und eine dichte Bevölkerung einen Ertrag der neuen Linie erwarten lassen, so dass er sein Budget nicht durch Betriebsdeficite zu belasten fürchten muss.

*) Es betrug die Erzeugung von Roheisen in Tonnen à 1000 Kilogramm:

In den Jahren	In der	
	südlichen	nördlichen
	Ländergruppe	
1821—1830	393.457	156.888
1831—1840	634.225	290.115
1841—1850	892.079	488.872
1851—1860	1,339.377	755.777
1861—1870	1,373.764	966.200
1871—1880	1,968.786	1,074.854
1831—1885	960.345	916.794

An Flusseisen und Stahl wurde erzeugt in Tonnen:

Im Jahre	In der	
	südlichen	nördlichen
	Ländergruppe	
1865	3.879	—
1870	22.184	3178
1875	60.985	23 517
1880	62.944	50.399
1885	94.071	112.079

Vergl. F. Kupelwieser: Die Entwicklung der Eisenproduction in den letzten Decennien. Zeitschrift des österr. Ingenieur- und Architektenvereins. 1886. 1. Heft

Infolge des geringen Geburtsüberschusses, sowie der geringen Anziehungskraft, welche die industriearmen Alpenländer auf die Volks= überschüsse der anderen Kronländer ausüben, sind denn auch dieselben an Volkszuwachs weit hinter den Sudetenländern zurückgeblieben. Wenn wir die Zählung des Jahres 1831, welche durch die im Jahre 1829 erlassenen verschärften Controlvorschriften größeren Anspruch auf Ge= nauigkeit macht, als die der früheren Jahre, mit der Zählung des Jahres 1890 vergleichen, so erhalten wir für die einzelnen uns interessierenden Kronländer folgendes Ergebnis:

Kronland	Bevölkerung im Jahre	
	1831 *)	1890
Nieder=Österreich	1,297.947	2,651.530
Ober=Österreich und Salzburg .	839.792	957.448
Steiermark	897.813	1,281.023
Kärnten	304.374	360.443
Krain	425.959	498.390
Tirol und Vorarlberg . . .	803.037	928.920
Böhmen	3,875.657	5,837.603
Mähren und Schlesien . . .	2,066.762	2,874.973

Sieht man von Nieder=Österreich ab, dessen Zuwachs zum großen Theil durch die großstädtische Entwicklung Wiens verursacht wurde,**) so ist die Volkszahl in den Sudetenländern doppelt so stark gewachsen, als in Inner=Österreich. Kein Wunder, daß sich damit auch der Schwer= punkt der politischen Macht sehr beträchtlich nach dem Norden der Mon= archie verschoben hat, und daß den Bewohnern der Sudetenländer ein stets wachsender Einfluß auf die Geschicke Österreichs zufällt, der zum klarsten Ausdrucke erst dann gelangen müßte, wenn Österreich das all= gemeine Stimmrecht einführen würde.

In gleicher Weise wie die Bevölkerung ist aber auch die Steuerkraft der Sudetenländer ganz unverhältnismäßig gewachsen. Im Verwaltungs= jahre 1828 belief sich der Ertrag der Grund=, Häuser=, Erb=, Classen=, Per= sonal=, Erwerb=, Juden= und sonstigen directen Steuern auf 25,136.564 fl., hingegen brachten im Jahre 1880 die sämmtlichen directen Steuern der

*) Vergl. Statistische Monatsschrift 1888. S. 609.
**) Nach Czoernig (Ethnographie ꝛc. I. Bd. S. 668) betrug im Jahre 1830 die Bevölkerung Wiens 317.768 Köpfe. Die Volkszählung von 1890 ergab für Wien, allerdings mit Einrechnung der Vororte, 1,355.255 Einwohner.

ehemaligen deutschen Bundesländer dem Staatsschatze 81,242.667 fl.
ein. Diese beiden Erträge vertheilen sich auf die einzelnen Kronländer
in folgender Weise:

	1828	%	1880	%
Nieder-Österreich . . .	5,666.607 fl.	22·5	27,284.756	33·6
Ober-Österreich u. Salzburg	2,273.351 „		5,010.125	
Steiermark	1,980.962 „		4,982.501	
Kärnten und Krain . .	1,593.069 „	26·5	2,876.920	18·2
Tirol und Vorarlberg .	814.432 „		1,922.673	
Küstenland	641.612 „	2·5	2,788.966	3·4
Böhmen	7,544.304 „	30·0	24,499.869	30·2
Mähren und Schlesien .	4,622.327 „	18·5	11,876.857	14·6
Zusammen	25,136.564 fl.	100·0	81,242.667	100·0

Diese Zahlen sind ungemein charakteristisch, da sie ein Licht auf
die industrielle Entwicklung der einzelnen Ländergruppen werfen. Zunächst bringt die colossale Vermehrung der directen Steuern in Nieder-
Österreich die Tendenz zur Centralisation zum Ausdrucke, von welcher
der Capitalismus beherrscht wird. Denn der große Zuwachs an Steuern
in Nieder-Österreich rührt zum Theile von dem wirtschaftlichen Übergewichte her, welches die Hauptstadt durch die Entwicklung des Handels
und der Industrie erhält. Steht aber das Wachsthum Wiens mit der
Ausbildung der Industrie im engsten Zusammenhange, und befindet sich
der Hauptsitz derselben in Nieder-Österreich und den Sudetenländern,
so werden wir uns der Einsicht nicht verschließen können, daß die
Steuerkraft der deutschen und slovenischen Alpenländer relativ in Abnahme begriffen ist. Ein immer kleinerer Theil der gesammten directen
Steuern wird von den Alpenländern aufgebracht, immer kleiner wird
die Quote, die sie zu den Gesammtausgaben beisteuern, immer mehr
werden sie zu sogenannten passiven Kronländern.*) Wenn nun aber
die Alpenländer sowohl an Volkszahl als an Steuerleistung zurückbleiben,
so folgt, daß Österreich seine Stellung als Großmacht nur den übrigen
Kronländern zu danken hat. Mit anderen Worten Österreich müßte
zu einem Staate zweiten Ranges werden, wenn die socialen Verhältnisse
überall die gleichen wären, wie in Inner-Österreich, und damit wäre
infolge seiner geographischen Lage inmitten des europäischen Continents

*) Auch pro Kopf der Bevölkerung zahlen die Alpenländer weniger directe
Steuern als die Sudetenländer.

seine Existenz auf das Höchste bedroht.*) Wenn wir also auch ganz
von den nationalen Verhältnissen in Österreich absehen wollen, so gibt
es andere Momente, welche die Güte des Agrarsystems, wie es zur
Zeit in Inner-Österreich herrscht, in Frage stellen.

Ein System, welches einen großen Theil der Bevölkerung zum
Cölibat verurtheilt, muß zu einer ganzen Reihe von Unzukömmlichkeiten
führen, die theils den Individuen, theils der Gesammtheit fühlbar
werden. Für die Letztere fällt die Hinderung einer normalen Volksvermehrung ganz besonders ins Gewicht. Denn mag man auch eine
proletarische Volksvermehrung für ein Unheil halten, so viel ist unzweifelhaft, daß der Volkszuwachs ein Antrieb zu vermehrter Regsamkeit
auf allen Gebieten ist und damit zu einem für die gesellschaftliche Entwicklung höchst wertvollen Factor werden muß. Wie groß nun die
Volksvermehrung sein kann, ohne den Charakter einer proletarischen anzunehmen, das läßt sich für alle Orte und alle Zeiten von vornherein
nicht festsetzen. Für das Mittel-Europa des gegenwärtigen Jahrhunderts
hält selbst ein der Malthus'schen Lehre so zugethaner Gelehrter, wie Rümelin,**) eine jährliche Zuwachsrate von 5 per Mille für ein Minimum.
In der That haben aber alle mitteleuropäischen Staaten, mit Ausnahme
Frankreichs, größere Geburtsüberschüsse, ja selbst von den unwirtlichsten
Schweizer Cantonen weicht nur Graubünden unbedeutend von diesem
Satze nach unten ab. Ein jährlicher Zuwachs von 5—6 per Mille für
die deutschen Alpenländer würde aber nicht bloß der industriellen Entwicklung derselben förderlich sein, sondern auch das deutsche Sprachgebiet
auf der ganzen Linie unversehrt erhalten. Ob nun die Agrarverhältnisse Inner-Österreichs, welche die geringen Geburtsüberschüsse der
deutschösterreichischen Bevölkerung verursachen, unwandelbare sind, oder
nicht, ob insbesondere der Gegensatz, welcher zwischen denselben und
jenen der übrigen österreichischen Länder besteht, bleiben oder schwinden
wird, das soll im Folgenden eingehend besprochen werden.

---

*) Mit Nachdruck weist Czoernig darauf hin, daß das österreichische Deficit
vor Beginn der Verfassungsära seine Größe dem Umstande verdankt, daß Österreich
infolge der zurückgebliebenen Wirtschaftszustände die Kosten des Großstaates, der
es durch Umfang und Volkszahl war, nicht tragen konnte. Vergl. Czoernig: Das österreichische Budget für 1862. II. Bd. S. 567 u. ff.

**) Rümelin in Schönberg's Handbuch. 1. Aufl. I. Bd. S. 1242.

Vierter Abschnitt.

--

Die Nothlage des Bauernstandes. — Die hypothekarische Belastung des „sonstigen" Besitzes. — Die Ursache des bäuerlichen Nothstandes. — Das „römisch-rechtliche" Eigenthum und Erbrecht. -- Der Besitzcredit. — Die Lebensmittelconcurrenz — Die steigenden Bedürfnisse des Bauernstandes und das stationäre Einkommen desselben. — Der Übergang zur Geldwirtschaft und seine Folgen. — Die fortschreitende Entwicklung der Geldwirtschaft in Böhmen. — England.

Die Nothlage, in der sich die mitteleuropäische Landwirtschaft befindet, ist nachgerade allgemein bekannt. In Thronreden und Parlamentsdebatten, in der Presse und in Wählerversammlungen ist dieses Thema in der verschiedensten Weise variiert worden, und umfangreiche Folianten, sowie dünnleibige Flugschriften haben dasselbe von allen möglichen Seiten beleuchtet. Ein durchgehender Unterschied zeigt sich aber in der Behandlung dieser Frage in Deutschland und Österreich. Während nämlich in dem ersteren Lande die ganze Landwirtschaft nothleidend sein soll, ohne Unterschied der Kategorien des Besitzes, sind bisher in unserem Vaterlande nur vereinzelte Stimmen laut geworden, die für den Großgrundbesitz irgend welche Staatshilfe in Anspruch genommen haben. Ob dies dem Umstande zuzuschreiben ist, daß der österreichische Großgrundbesitz sich bisher nicht bedroht sieht, oder ob er noch nicht über die Art der zu begehrenden Hilfe im Klaren ist, bleibe dahingestellt. Jedenfalls ist das Ziel der agrarischen Bestrebungen in Deutschland, die Erreichung hoher Lebensmittelzölle, für Österreich ohne Belang, so lange das mit ihm zu einem Zollgebiete vereinigte Ungarn ein Lebensmittel ausführendes Land bleibt, und somit die Einfuhr von Vieh und Getreide verhältnismäßig unbedeutend ist.*) Hingegen hat es in Österreich ebenso wenig an Vorschlägen gefehlt, der Noth des Bauernstandes ab

*) Sehr hübsch schildert Jäger wie die deutschen Landwirte in dem Augenblicke Schutzzöllner wurden, in welchem Deutschland aufhörte ein landwirtschaftliche Producte ausführendes Land zu sein. E. Jäger: Die Agrarfrage der Gegenwart. 1882. I. Bd. S. 105 u. ff.

zuhelfen, als in Deutschland, die Regierungen haben sich mit dieser
Frage eingehend beschäftigt, und die Erhaltung des Bauernstandes spielt
in den Parteiprogrammen eine große Rolle. Wenn man sich die Frage
vorlegt, warum alle einflußreichen Factoren des modernen Staates sich
mit solcher Wärme des Bauernstandes annehmen, obwohl es doch auch
noch andere Noth in Hülle und Fülle gibt, für deren Beseitigung man
sich noch nicht sehr erhitzt hat, so liegt die Antwort ziemlich nahe. Die
bäuerliche Bevölkerung ist in beiden Reichen eine ziemlich zahlreiche, und
speciell in Österreich bildet sie bei dem beschränkten Wahlrechte die Mehr=
zahl der Wähler in den Landbezirken. Der Bauernfang ist deshalb in
diesem Lande ein unerläßliches Mittel, um einer Partei eine entsprechende
Vertreterzahl im Parlamente zu sichern, doppelt unerläßlich, nachdem
hier neben politischen Gegensätzen noch nationale bestehen, und somit die
Kräftezersplitterung groß ist. Weit mehr indes als die Bedürfnisse der
Gegenwart hat der Ausblick in die Zukunft den herrschenden Classen die
Sorge um die Existenz und das Wohlergehen des Bauernstandes an
das Herz gelegt. Denn sie fühlen mit Lorenz v. Stein,*) „daß das
Geldcapital keine dauernde Widerstandskraft gegen die sociale Umwälzung
besitzt," und daß sie „noch die einzig erhaltende sociale Kraft, den Grund=
besitz, durch dasselbe Geldcapital unter ihren Füßen sich zerbröckeln
sehen." Daher erscheint ihnen allen „die Erhaltung des bäuerlichen
Besitzes, als eine Sache, die hoch über bloß nationalökonomischen For=
derungen steht", und die in ihrem innersten Kern mit der Erhaltung
unserer Cultur und Gesittung identisch ist. Der von Schäffle in das
Inventar der Socialpolitik aufgenommene „Bauernsohn im Soldatenrock"
ist salonfähig geworden, ihm drückt der Hochtory ebenso gerne die Hand,
wie der Manchestermann, er erhält dem Finanzmanne die Freude am
Besitze und verscheucht böse Träume. Kein Wunder, daß alle ein so
nützliches Werkzeug ins Herz geschlossen haben.

Niemand kann es Wunder nehmen, daß der Kreis jener Personen,
welche ihre Stellung rechtlichen Privilegien, wie den Fideicommissen, ver=
danken, die Erhaltung einer conservativ angehauchten Volksmasse wünscht.
Es entspricht dies ganz der Anschauung antiker Gewaltherrscher, deren
Haupt=Augenmerk stets darauf gerichtet war, sich eine große Leibwache
zu bilden, auf deren Zuverlässigkeit sie unter allen Umständen rechnen
konnten. Daß aber auch die große Masse der liberalen Politiker sich

---

*) L. v. Stein: Die drei Fragen des Grundbesitzes und seiner Zukunft. S. 305.

hinter den Bauern verschanzt, das ist doch eine ungemein charakteristische
Erscheinung. Sie beweist, was allerdings auch sonst ersichtlich ist, daß
der Liberalismus jene Epoche der Entwicklung überschritten hat, in der
neue Ideen sich im Sturme der Gemüther bemächtigen, alles vor sich
niederwerfend, was sich ihrem Siegeszuge in den Weg stellt. Möglich,
daß Stahlbronzekanone und Repetiergewehr der heutigen Gesellschafts=
ordnung einen größeren Halt gewähren, als der Versuch die Ansprüche
des vierten Standes theoretisch zu widerlegen, der tagtäglich vom Ka=
theder und durch die Presse angestellt wird, thatsächlich läge aber in
dieser Einsicht nicht mehr und nicht weniger, als ein politischer Bankerott.

Ist aber wirklich unsere heutige Cultur von der Erhaltung des
Bauernstandes abhängig, würde der Zusammenbruch dieses letzteren zu=
gleich einen Zusammenbruch alles dessen bedeuten, was uns das Leben
wert und theuer macht? Gewiß nicht. Weder Mecklenburg, noch Ita=
lien befinden sich im Zustande einer latenten Revolution, und auch von
dem heutigen England, welches jährlich ungeheure Summen für die
Verbreitung des Christenthums ausgibt, kann niemand behaupten, daß
es außerhalb der christlichen Cultur stehe, und doch ist in allen diesen
Ländern der Bauernstand seit geraumer Zeit bis auf wenige Reste ver=
schwunden. Was speciell England betrifft, in welchem der Gegensatz von
Reichthum und Armut so groß ist, wie in keinem andern Lande, so hat die
internationale Socialdemokratie die Erfahrung gemacht, wie schwer es
fällt in einem Lande revolutionäre Propaganda zu machen, in welchem die
aufrichtige Durchführung der rechtlichen Gleichheit aller Bürger vor dem
Gesetze bereits ein Erbgut der Väter ist. Wo die Autorität des Gesetzes
so groß ist, daß selbst der Thronfolger vor dem Richter als Zeuge
erscheint, dort bedarf sie auch keiner außerordentlichen Machtmittel, um
sich nach unten Geltung zu verschaffen. Und wie die Herrschaft
jenes Eberhard von Württemberg, von dem es im Gedichte heißt, daß
er sein Haupt ruhig in den Schoß jedes Unterthanen legen konnte, weit
gesicherter war, als die anderer Fürsten von weit größerer Machtfülle,
so würde auch die ruhige Entwicklung unserer socialen Verhältnisse weit
größere Garantien in einem im Lichte der Freiheit erwachsenden Sinne
für Gesetzmäßigkeit finden, als in äußeren Machtmitteln, deren beständ=
dige Wirksamkeit niemand verbürgen kann.*)

---

*) Es verdient diesbezüglich bemerkt zu werden, daß der Concurrenzkampf zwischen
den europäischen Militärmächten zu einer beständigen Abkürzung der Dienstzeit führen
muß. Denn, wie einst Preußen durch seine allgemeine Wehrpflicht Österreich über=

Es ist überhaupt ganz verfehlt, die Lösung der Agrarfragen vor=
wiegend als Mittel zu einem Zwecke, und wäre es selbst der höchste und
edelste, zu betrachten. Die Lösung von Fragen, welche die Existenz von
Millionen Menschen berühren, soll immer Selbstzweck sein, und wenn
auch dieselbe nie einseitig erfolgen kann, weil es eben nicht eine, sondern
eine ganze Reihe von Fragen gibt, so darf man an sie doch auch nicht
von dem Standpunkte herantreten, dass durch sie dieses oder jenes Partei=
interesse nicht verletzt werde. Daher wird denn auch hier nicht die
größere oder geringere Geneigtheit der ländlichen Bevölkerung zum
Conservativismus, die in gleicher Weise ein Ausdruck der Zufriedenheit,
wie auch größerer geistiger Trägheit sein kann, den Maßstab für die
Güte der agrarischen Verhältnisse abgeben, sondern jenes Wohlbefinden,
welches sich mit den unwandelbaren Entwicklungsgesetzen der Gesellschaft
in Einklang bringen lässt.

Was nun zunächst den Umfang und die Intensität der Nothlage
betrifft, in der sich der kleine Grundbesitz in Österreich befindet, so pflegt
man diesbezüglich auf die Grundsteuerrückstände, sowie auf die Ergeb=
nisse der Verschuldungs= und Executionsstatistik hinzuweisen. Die Höhe
der Grundsteuerrückstände ist in der That ein ziemlich verlässlicher Maß=
stab für die höchste Noth des kleinen Grundbesitzes. Denn, nachdem die
Grundsteuer verhältnismäßig niedrig ist und ihre zwangsweise Eintrei=
bung dem Steuerschuldner bedeutende Kosten verursacht, so wird sich,
wer nur immer kann, hüten, mit der Grundsteuer im Rückstande zu
bleiben. Der Großgrundbesitzer, sowie der größere Bauer gehören daher
in der Regel nicht zu den Steuerexecuten, vielmehr muss zu dem Mittel
der Execution ganz vorwiegend bei dem ländlichen Proletariat geschritten
werden, dem im Falle einer Missernte, oder sonstiger ungünstiger Verhält=
nisse keinerlei Hilfsmittel zur Verfügung stehen. Es ist somit kein bloßer
Zufall, dass Galizien einen so hohen Percentsatz der rückständigen Grund=
steuer aufweist, ist doch Galizien, wie wir gesehen haben, eines jener
österreichischen Kronländer, in welchem die Zerstücklung des Bodens ein
sehr zahlreiches ländliches Proletariat geschaffen hat.*) Aus einer gewissen

---

legen war, so wird derjenige Staat, welcher die kürzeste Dienstzeit einführen kann,
ohne die Güte des Heeres wesentlich zu beeinträchtigen, allen anderen Staaten den
Vorrang ablaufen. Jede Abkürzung der Dienstzeit bedeutet aber einen Schritt weiter
vom Berufsheere zum Volksheere.

*) Wenn man die Grundsteuerrückstände zum Maßstabe der bäuerlichen Noth
macht, so müsste dieselbe in der Zeit von 1868—1881 gesunken sein. Vergl. die im

Höhe der Grundsteuerrückstände wird man immer auf die Noth des ge-
jammten kleinen Grundbesitzes schließen können, hingegen wird man aus
derjelben nur unvollkommen über die Zwangslage unterrichtet jein, in
welche der größere und mittlere Grundbesitz aus irgend welchen Urjachen
verjetzt ist. Es haben daher diejenigen, welche die Noth unjerer bäuerlichen Bevölkerung mit bejonderem Nachdrucke hervorheben wollten, in
ihrer Beweisführung immer die Zunahme der Belastung und der Execution in den Vordergrund gestellt.

Was nun zunächst die Neubelastung von Grund und Boden überhaupt betrifft, jo kann jie aus unjeren Landtafeln und Grundbüchern ganz genau berechnet werden, wir können demnach jeststellen,
daß z. B. im Jahre 1890 Hypotheken im Betrage von jo und jo viel
Millionen Gulden neu eingetragen wurden. Auch den Betrag der gelöjchten Hypotheken können wir aus den Grundbüchern erjehen, wenngleich wir damit den Betrag der thatjächlichen Entlastung des Grund-
bejitzes nicht erhalten, da manche Forderung in unjeren Grundbüchern
aushaftet, die thatjächlich längst getilgt ist, und deren Löjchung aus
Nachläjjigkeit, um die mit der Löjchung verbundenen bedeutenden Kosten
zu erjparen oder aus jonst welchen Urjachen unterblieben ist.*) Es wird
daher, wenn man den Wert der Neubelastungen mit dem der Entla-
jtungen vergleicht und damit den Stand der Verjchuldung erheben will,
ein gewijjer Betrag auf die zwar beglichenen, aber im Grundbuche nicht
gelöjchten Forderungen entfallen, der umjo größer jein muß, je weiter
die Neuanlage des Grundbuches zeitlich zurückliegt. Aber auch, wo die
Anlage des Grundbuches in die neueste Zeit fällt, deckt jich die Höhe
der in demjelben jichergestellten Hypotheken mit jener der thatjächlichen
Belastung des Grundbesitzes nicht vollständig, denn je mehr jich die
Gewohnheit ausbildet die Schuldforderungen in Annuitäten zurückzu-

---

Motivenberichte zu dem Gejetzentwurfe über das Anerbenrecht diesbezüglich mitgetheilten Zahlen.

*) Der Generaljecretär der Ersten österr. Sparcajja, Dr. Nava, stellte bei der
jüngsten Währungsenquête die Behauptung auf, daß mindestens ein Drittel aller
Hypothekarforderungen zwar getilgt, aber nicht gelöjcht jei. Vergl. Stenogr. Protokolle
S. 234. Schwierig bleibt es ebenfalls stets alle Simultanhypotheken auszujcheiden.
So gibt die statistische Centralcommijjion jelbst zu, daß bei den Erhebungen über
die Verjchuldung des österr. Grundbesitzes, deren Ergebnisse auch in dieser Arbeit be-
nutzt werden jollen, nicht alle Simultanhypotheken eliminiert werden konnten. Vergl.
das jtatistische Material zu 70 der Beilagen der stenogr. Protokolle des Abgeordneten
haujes (X. Seffion) S. 369.

zahlen, desto häufiger muß es vorkommen, daß Forderungen in den
Grundbüchern verzeichnet sind, deren größter Theil durch Theilzahlungen
abgestattet ist.*) Dies gilt selbstverständlich für alle Kategorien des Grundbesitzes. Was aber speciell den bäuerlichen Grundbesitz betrifft, so vermögen
wir die Veränderungen in dem Besitz und Lastenstande desselben nur sehr
unvollkommen aus unseren Grundbüchern zu entnehmen. Denn, selbst wenn
man die Landtafeln, Bergbücher und Stadtbücher von unserer Untersuchung ausschließt und nur die Grundbücher derselben zu Grunde legt, so
wird man aus den Neueintragungen, Löschungen, Executionen u. s. w. noch
nicht mit annähernder Genauigkeit auf die wirtschaftliche Lage unseres
Bauernstandes schließen können. Denn der Lastenstand des sogenannten
„sonstigen" Besitzes, der in den Grundbüchern zum Ausdrucke gelangt,
ist keineswegs bloß der Lastenstand des mittleren und kleineren Grundbesitzes, also des bäuerlichen und Parzellenbesitzes, sondern auch des
gesammten Hausbesitzes in zahlreichen Landstädten, Märkten und Dörfern
und eines großen Theiles der österreichischen Industrie.**) Wenn daher
Freiherr von Vogelsang und Jäger die Zinsen, welche von den in diesen
Grundbüchern eingetragenen Hypotheken zu bezahlen sind, mit dem Catastralreinertrag vergleichen und zu dem Ergebnisse gelangen, daß die
Landwirtschaft passiv sei, daß das Einkommen der Bauern kaum mehr
aus dem reinen Taglohne bestehe, und daß sie in eine Art Schuldknecht-
schaft verfallen seien,***) so beruht diese Berechnung auf dem Irrthume,
daß die genannten Schriftsteller nicht bloß jede im Grundbuche einge-
tragene Schuld als noch bestehend betrachten, sondern auch, daß sie den
ländlichen Grundbesitz schlechtweg mit dem landwirtschaftlich verwerteten

---

*) In den Jahren 1884—1889 ist der Antheil der Creditinstitute an der Geld-
summe der Hypothekarforderungen um 5½% gestiegen. Dementsprechend hat die Form
der Annuitätenzahlung Verbreitung gefunden. Vergl. W. Schiff: A. a. O. S. 164.

**) Da von den Vororten der Städte Wien und Prag abgesehen, als Stadt-
bücher bloß jene Grundbücher gelten, die von einem Gerichtshofe I. Instanz für die
Gemeinde seines Sitzes geführt werden, so fällt z. B. der Hausbesitz von nachstehenden
Städten und Industrialorten Nieder-Österreichs in den Bereich des Grundbuches:
Waidhofen, Baden, Mödling, Bruck, Hainburg, Donaufeld, Liesing, Floridsdorf, Gr.-
Jedlersdorf, Stockerau, Klosterneuburg, Neunkirchen, Ebenfurt, Pottendorf, Tulln und
Zwettl. Diese Orte, denen noch andere angereiht werden könnten, hatten im Jahre
1880 zusammen 85.000 Einwohner.

***) Frh. v. Vogelsang: Die Nothwendigkeit einer neuen Grundentlastung. 1880.
S. 21 und 29. Jäger: A. a. O. 1. Bd. S. 174. Das Versehen Vogelsangs ist umso
unbegreiflicher, da Winckler, dessen Aufsatz Vogelsang citiert, in der statistischen Monatsschrift die Einrichtung und Bedeutung der öffentlichen Bücher genau auseinandersetzt.

identificieren, ein Vorgang der vollständig unzulässig ist. Denn nicht bloß den Catastralreinertrag,*) sondern auch einen großen Theil des Ertrages vom Hausbesitze, von dem Fremdenverkehr in den Gasthöfen und von zahllosen industriellen Unternehmungen muß man mit den Schuldzinsen vergleichen, wenn man ein Urtheil darüber abgeben will, ob die „producierenden Stände" in die Knechtschaft des „mobilen Capitals" gerathen sind.**) Aber selbst, wenn es uns gelänge den Ertrag aus allen diesen Einkommensquellen mit einer für unseren Vergleich dienlichen Genauigkeit zu erheben, so dürften wir ihn noch immer nicht vereint mit dem Catastralreinertrage den Schuldzinsen gegenüberstellen, denn ein Theil dieser Schuldzinsen ist wucherischen Ursprungs und enthält unbedingt eine Risicoprämie, die wir von den reinen Schuldzinsen zu trennen hätten. Wie groß diese Risicoprämie ist, entzieht sich selbstverständlich unserer Berechnung, wenn wir aber annehmen wollen, daß die Geldgeber die Größe der Gefahr genau berechnen, so müßte die Risicoprämie genau dem Betrage der Forderungen gleich sein, der bei Executionen wegen Unzulänglichkeit des Erlöses gelöscht werden muß. Nachdem im Durchschnitte der Jahre 1868—1884 dieses Schicksal Forderungen im Betrage von 11¼ Millionen zutheil wurde, so müßten wir, immer die genaue Berechnung der Gefahr seitens des Gläubigers vorausgesetzt, auch diesen Betrag von den Schuldzinsen abziehen, denn es geht nicht an mit Freiherrn von Vogelsang einerseits die Höhe des Zinsfußes zu beklagen, den die „productiven Stände" dem „mobilen Capital" zu zahlen haben, und es anderseits als einen volkswirtschaftlichen Verlust zu bedauern, wenn dieses mobile Capital bei der Execution seiner Opfer mit einem Theile seiner Forderungen durchfällt. Denn Höhe des Zinsfußes und Größe der Gefahr stehen auch hier im engsten Zusammenhange.***)

*) In der Sitzung des österreichischen Abgeordnetenhauses vom 11. Nov. 1888 stellte der Abg. Reußer aus Mähren die Behauptung auf, daß der Katastralreinertrag etwa die Hälfte oder ein Drittel des wirklichen Ertrages ausmache. Vergl. hierüber auch Inama-Sternegg in der statistischen Monatsschrift XIV. S. 285.

**) Es ist übrigens zu beachten, daß der Gläubiger des mittleren Grundbesitzes in Österreich häufig ebenfalls Grundbesitzer ist, insoferne als unsere Bauern ihre Ersparnisse fast nur durch Darlehen oder Sparcasseneinlagen zu verwerten suchen. Der Gegensatz zwischen Grundbesitz und mobilem Capital hat deshalb nicht überall die Bedeutung, welche er z. B. in Galizien oder in den Karstländern besitzt, wo Gläubiger und Schuldner social geschiedenen Volksclassen angehören.

***) Frh. v. Vogelsang: Die Nothwendigkeit ꝛc. S. 20 und 46. Derselbe: Zur Frage der neuen Grundentlastung. Österr. Monatsschrift für christliche Socialreform.

Aus den Bewegungen im Lastenstande des „sonstigen" Besitzes, wenn wir diese Bezeichnung für jenen annehmen wollen, der weder in Landtafel und Bergbuch, noch in den städtischen Grundbüchern einge= tragen ist, werden wir daher in dem Maße nur mit Vorsicht auf die Noth des mittleren und kleineren Grundbesitzes schließen können, als in einzelnen Kronländern eine ausgedehnte Industrie auf dem Lande einen Grundbesitz geschaffen hat, der anderen Zwecken, als denen der Land= wirtschaft dient. Daher wird namentlich in Nieder=Österreich und in den Sudetenländern eine starke Verschuldung des ländlichen Grundbesitzes in keiner Weise eine ungünstige Lage der Landwirtschaft bedeuten, da der große Wert der auf dem Lande errichteten industriellen Baulich= keiten ebenfalls eine hohe Belastung erklären kann. Aber selbst wenn dem nicht so wäre, wenn wir also auch die Höhe der Belastung für den mittleren und kleinen Grundbesitz feststellen könnten, so müßten wir uns hier, ebenso wie in ähnlichen Fällen davor hüten, aus Durchschnitts= zahlen, welche für geographisch, wirtschaftlich und national so verschiedene Gruppen, wie es die österreichischen Kronländer sind, gegeben werden, Schlüsse für einzelne derselben zu ziehen.*) Denn es wird die Sta= tistik der Verschuldung des sonstigen Besitzes in Österreich, sowie der Feilbietungen desselben in dem Maße wesentlich ungünstigere Er= gebnisse liefern müssen, als die Anlegung der Grundbücher in den Karpathen= und Karstländern fortschreitet, je mehr also die ungünstigen Agrarverhältnisse dieser Ländergruppen auf die Gesammtergebnisse ein= wirken.**)

1882. S. 584. Mit Recht bemerkt hingegen Marchet, daß ein Verlust an Capitalien bei Feilbietungen durchaus nicht immer als ein Unheil zu bezeichnen ist. Vergl. G. Marchet in Schmollers Jahrbuch 1889. S. 1308.

*) Auch für ein und dasselbe Land haben Durchschnittszahlen geringen Wert. So könnte man aus der Thatsache, daß im Jahre 1882 im Großherzogthume Baden 1153 Gebäude mit zugehörigem landwirtschaftlichen Gelände zwangsweise verkauft wurden, auf einen außergewöhnlichen Nothstand der bäuerlichen Bevölkerung Badens schließen, wenn nicht die genauen Erhebungen ergeben hätten, daß sich unter diesen versteigerten Besitzungen nur 201 bäuerliche (mit einer durchschnittlichen Fläche von 8·22 *ha*) befanden, eine Zahl welche gegenüber den 60—70.000 bäuerlichen Besitzern Badens nicht bedeutend genannt werden kann. Vergl. Ergebnisse der Erhebungen über die Lage der Landwirtschaft im Großherzogthume Baden. S. 182.

**) Selbstverständlich muß man, wenn man die Zunahme der Schuldenlast berechnet, auch die Wertsteigerung des Grundeigenthums in Rechnung stellen. Dies= bezüglich meint selbst Stein, der doch sonst die Lage des Grundbesitzes so düster malt,

Was nun die Lage der bäuerlichen Bevölkerung in den Alpenländern betrifft, die uns besonders interessiert, so ist sie zwar lange nicht so ungünstig, wie die der galizischen Zwergeigenthümer, auch nicht so ungünstig, wie einseitige Vertreter bäuerlicher Interessen gerne darstellen, immerhin ist sie aber ernst genug. Denn wenn auch aus der Statistik der Hypothekendarlehen für unseren Fall nur dann Schlüsse zu ziehen sind, wenn der Gerichtssprengel eine zum größten Theile von dem Ertrage der Landwirtschaft lebende Bevölkerung besitzt, so ist doch die Zahl der Nothverkäufe eine beträchtliche. Denn es wäre falsch, bloß die executiven Feilbietungen zum Maßstabe der Noth machen zu wollen, da Zwangsverkäufe gewiß weit öfter vorkommen, wenn wir unter Zwangsverkäufen auch alle jene Fälle verstehen wollen, in welchen der Eigenthümer seinen Besitz verkauft, weil er zur Überzeugung gelangt, daß er ihn nicht halten kann und lieber noch etwas retten will, anstatt vollständig zugrunde zu gehen. Gewiß fällt ein wesentlicher Theil der in den letzten Decennien so erheblich vermehrten Verkäufe von Grund und Boden in diese Kategorie der zwar formell freiwilligen, thatsächlich aber unfreiwilligen Eigenthumsentäußerungen, wenn auch selbstverständlich die Statistik über den Umfang dieser Erscheinung keinen Aufschluß gibt. Daß die Lage der bäuerlichen Besitzer Inner-Österreichs ungünstig ist, wird auch in den verschiedensten Gutachten hervorgehoben, und namentlich in denjenigen aus Steiermark von einem rapiden Niedergang des Bauernstandes gesprochen. So sollen im Jahre 1881 in einem einzigen Bezirke der Steiermark 700 Bauernrealitäten in Execution gestanden sein, in einer Gemeinde des Oberlandes innerhalb weniger Jahre die Zahl der Bauernfamilien um 33 abgenommen haben. Was speciell die von Gewerkschaften und Großgrundbesitzern in der Zeit von 1869—1880 aufgekauften Bauerngüter betrifft, so wird ihre Zahl mit 849 angegeben. Diese Zahl muß aber entweder weit unter der Wirklichkeit sich bewegen oder aber das Auskaufen der Bauern muß seit 1880 einen großen Umfang angenommen haben, denn wer heute diesbezüglich Untersuchungen anstellen wollte, würde zu dem Ergebnisse gelangen, daß z. B. im Mürzthale die Zahl der Bauern bedeutend abgenommen hat, und daß daselbst die Reste des Bauernstandes binnen kurzer Zeit zusammenzustürzen

daß der Grundwert seit der Grundentlastung um wenigstens ein Drittel, in vielen Fällen um die Hälfte, ja sogar um das Doppelte gestiegen ist. Vergl. Stein: Die drei Fragen. S. 92.

drohen. In einigen wenigen Händen ballt sich der Grundbesitz zusammen,
der freie Bauer räumt die Stätte seiner Väter, und ein abhängiger Meier
bezieht dieselbe, falls der neue Besitzer es nicht vorzieht, sie dem Verfalle
preiszugeben und die Felder zu Wald zu machen. *) Weit bezeichnender
als dieses Auskaufen des Bauern durch den Großgrundbesitz scheint mir
überdies für die Noth desselben der Umstand zu sein, daß man fast
überall nur von schwerwirtschaftenden, aber sehr selten von wohlhabenden
Bauern hört, obwohl bekanntlich im Rahmen einer Bauerngemeinde
Überschätzungen des Nachbarvermögens sehr leicht vorzukommen pflegen.
Man braucht aber überhaupt nur in den Gebirgsgegenden eine Fußreise
zu machen, um sich zu überzeugen, daß es mit einer bestimmten Art
des Reichthums, nämlich mit dem Reichthume an schlagbarem Walde
recht traurig bestellt ist. Wo sich ein solcher vorfindet, ist er fast ausschließlich Eigenthum größerer Besitzer oder Corporationen, während der
Bauernwald zum guten Theile aus Erlengebüsch besteht, in welchem
das weidende Vieh nur spärlich Nutzholz aufkommen läßt. Der Ge-
birgsbauer ohne Wald ist aber in der Regel auch ohne Reservecapital,
das er im Nothfalle angreifen kann; tritt ein solcher Nothfall ein, dann
muß er entweder seinen Hof verschulden oder aber verkaufen und
sich mit dem Erlöse desselben ein anderes minderwärtiges Gut anschaffen,
auf welchem er mit härterer Arbeit ein geringeres Auskommen findet.

Ist nun der Nothstand der bäuerlichen Grundeigenthümer zuzugeben,
so entsteht für den Socialpolitiker die Frage nach der Ursache desselben.
Auch uns muß in dem vorliegenden Falle diese Frage auf das höchste
interessieren, denn je nachdem die Besitzverhältnisse und der landwirtschaftliche Betrieb in den Alpen dieselben bleiben oder sich ändern, wird
die Verschiebung der nationalen Verhältnisse in Österreich zu Ungunsten
des deutschen Elementes fortschreiten oder einen Stillstand erfahren.

Die conservativen Socialpolitiker machen nun die Einführung der
heidnischen, römischen Eigenthums- und Erbfolgeordnung an Stelle der

---

*) In den Jahren 1854—1882 kaufte das Secundogenitur-Fideicommiß des
Hauses Liechtenstein im Gebiete der Koralpe (in Steiermark) 26 Bauernhöfe mit
3094 Joch (1741 *ha*). Fast ausnahmslos erfolgte der Ankauf über Drängen der
Bauern. Vergl. Monatsschrift für christliche Socialwissenschaft. 1884. S. 594 u. ff.
Auf die Latifundienbildung hat namentlich der Reichsrathsabgeordnete Steinwender
unter Beibringung von Material hingewiesen, so auch in der Debatte über das
Anerbenrecht (Nov. 1888). Bei dieser Gelegenheit stellte der genannte Abgeordnete den
Antrag, es sei dem Unfuge, zu Jagdzwecken Äcker und Wiesen in Wald zu verwandeln,
durch ein Gesetz zu steuern.

entsprechenden christlich=germanischen Rechtsinstitute für den Niedergang des Bauernstandes verantwortlich und wollen diesen letzteren durch Rück= kehr unserer Gesetzgebung zu den Rechtsgrundsätzen unserer Väter, also durch Bindung des Grundbesitzes erhalten. Wenn man bei dieser Ge= legenheit die herrschenden Rechtsgrundsätze als heidnische und römische den christlichen und germanischen der Vergangenheit gegenüberstellt, so führt man gegen das moderne Recht des Grundbesitzes religiöse und nationale Empfindungen ins Feld, ohne jedoch vollständig auf dem Boden der Thatsachen zu bleiben. Denn wenn auch nicht geleugnet werden kann, daß das römische Recht mit seiner Betonung des individualistischen Princips mit den Lehren Christis nicht im Einklange steht, so fällt doch seine letzte Entwicklung, und zwar vor allem seine Codification durchaus unter christliche, und zwar zum Theile streng gläubige Kaiser. Wenn trotzdem die Verkehrsfreiheit in der justinianischen Gesetzgebung ihre vollste Entwicklung erfahren konnte, so mußte das seinen Grund ent= weder darin haben, daß den berufenen Vertretern des Christenthums der Widerspruch zwischen ihrer Lehre und den Rechtsinstituten nicht zum Bewußtsein gelangte, oder aber daß man der Meinung war, daß die Verkehrsfreiheit den Bedürfnissen der damaligen Volkswirthschaft ent= spreche, und daß man daher an derselben festhalten mußte, selbst wenn man von ihrer moralischen Verwerflichkeit überzeugt war.*) Anderseits ist es höchst zweifelhaft, ob jene Erbfolgeordnung, welche in dem Lehen= rechte den Höhepunkt ihrer Entwicklung fand und mit diesem über Deutschland und die angrenzenden Länder verbreitet wurde, wirklich seit der Entwicklung des Individualgrundeigenthums eine Eigenthümlichkeit der germanischen Volksstämme bildete.**) Jedenfalls haben einzelne Volksstämme, wie der der Westgothen, in sehr früher Zeit gleiches Erb= recht für Söhne und Töchter besessen. Auch in England hat sich das

---

*) So bemerkt Peez, daß das römische Recht der späteren Zeit der vollkommene Ausdruck der Ansichten und Bedürfnisse eines mit Städten dicht besetzten Landes war. Peez: Über die Frage des singulären Erbrechtes für den Stand der kleinen Grundbesitzer. 1883. S. 4.

**) Ob jedoch bei allen Stämmen von jeher gleichmäßige Zurücksetzung der Weiber von der Folge in Liegenschaften und unitarische Erbfolge bestand, ist sehr zweifelhaft. J. Dahn: Deutsches Privatrecht. 1. Abth. 1878. S. 274. Dahn ist auch der Meinung, daß die sehr frühe Gleichstellung aller Söhne und der Weiber in den Volksrechten nicht ausschließlich aus römischen Einflüssen zu erklären ist. Vergl. auch Bluntschli: Deutsches Privatrecht. 3. Aufl. Jäger meint die alten Deutschen hatten mit Ausnahme der Sachsen gleiche Erbtheilung. E. Jäger: A. a. O. II. Bd. S. 113

Erstgeburtrecht erst ganz allmählich entwickelt, und noch heute hat sich der Gebrauch des Gavelkind, welcher in der gleichmäßigen Vertheilung der Grundstücke, wenigstens unter die Söhne, besteht, in der Grafschaft Kent erhalten, eine Erscheinung, welche umso auffälliger ist, als gerade in diesem Theile von England noch Spuren des freien Bauernstandes zu finden sind.*) Wie aber auch die geschichtliche Entwicklung der sogenannten deutschrechtlichen Erbfolgeordnung sein mag, daß diese den Niedergang des Bauernstandes nicht verhindert, dafür liefert gerade England ein classisches Beispiel.**) Denn wenn in irgend einem Lande Europas die deutschrechtlichen Institute sich bis auf den heutigen Tag erhalten haben, so ist dies in England der Fall. In keinem Lande Europas ist das Erstgeburtrecht so allgemein durchgeführt und der Grund und Boden so gebunden, wie dort, und wenn noch heute die Stadt London der Krone jährlich eine bestimmte Zahl Hufeisen und Nägel als Zins für ein Grundstück im Kirchspiele St. Clement Danes entrichtet, weil es der König einst einem Hufschmiede überließ, so mag man daraus ersehen, wie sehr die Erinnerung an das lehensrechtliche Verhältnis noch wach ist, wenn auch selbstverständlich die aus dem Lehensrechte fließenden persönlichen Verpflichtungen beseitigt sind. Principiell erscheint noch heute der König von England als der Obereigenthümer des Landes, so daß Pollock das englische Immobilarrecht seiner Form nach als einen abgeänderten Feudalismus bezeichnen kann.***) Und trotz alledem ist nur in wenigen Ländern der Bauernstand vollständiger beseitigt worden, als in England, und zwar beseitigt worden nicht durch Gewalt und Rechtsbruch, sondern einfach durch die Gesetze ökonomischer Entwicklung. †)

---

*) F. Pollock: Das Recht des Grundbesitzes in England. Deutsch von Schuster 1889. S. 27. Bernhardi: Versuch der Kritik der Gründe, die für großes und kleines Grundeigenthum angeführt werden. 1848. S. 642.

**) Vergl. Inama-Sternegg in Grünhuts „Zeitschrift für das Privat- und öffentliche Recht der Gegenwart." 10. Bd. (1883) S. 409.

***) Pollock: A. a. O. S. 70. Daneben noch Spuren der alten Dorfgemeinde. Eine eigenthümliche Form des Grundeigenthums bildet das sog. Lamas-Land. Es ist dies jenes Land, welches während eines Theils des Jahres eingehegt und von einem Privaten bebaut, vom Lamas-Tag (12. August) an aber der gemeinschaftlichen Nutzung zugeführt wird.

†) So sagt z. B. Bernhardi ein enthusiastischer Freund des Bauernstandes: „bei dem Untergange des englischen Bauernstandes ist wenigstens kein Recht geradezu verletzt worden." Bernhardi: A. a. O. S. 651.

Was Österreich betrifft, so ist zuzugeben, daß die ungemessene
Theilung der Grundstücke in den Karpathenländern, in Dalmatien und
dem Küstenlande zur Verarmung des Landvolkes geführt hat. Indes
wäre es ungerecht hiefür den Liberalismus verantwortlich zu machen,
denn in diesen Ländern hat ein Bestiftungszwang entweder niemals bestanden, oder er wurde so wenig streng geübt, daß bereits lange vor
der liberalen Ära die Bodenzerstückung weit vorgeschritten war.*) In
allen übrigen österreichischen Kronländern hat der Liberalismus allerdings
die Freitheilbarkeit und gleiche Erbfolge eingeführt, aber thatsächlich wird
von dem Rechte der Theilbarkeit in Erbfällen nur selten Gebrauch gemacht. Wenn z. B. in Steiermark in der Zeit von 1869—1880 infolge Erbtheilung nur 546 neue Grundbuchseinlagen entstanden, so
kann die gleiche Erbtheilung nicht für die Noth der bäuerlichen Grundbesitzer Steiermarks, welche oben geschildert wurde, verantwortlich gemacht
werden. Indes braucht eine gleiche Erbtheilung nicht zu einer realen
Theilung des Grundes selbst zu führen, es kann auch eine Theilung in
der Weise stattfinden, daß zwar der Grund selbst ungetheilt auf einen
Erben übergeht, daß aber dieser Erbe gehalten ist, einen Theil des
Wertes seinen Miterben herauszuzahlen oder wenigstens auf dem
Grunde sicherzustellen. Diese Theilung des Wertes läßt die Sache
selbst, also das Bauerngut und damit auch den landwirtschaftlichen Betrieb, zunächst unverändert, indem sie aber die wirtschaftliche Lage des
Gutsübernehmers in dem Maße schwächt, als er für die Zinsen der auf
seinem Gute haftenden Erbportionen aufzukommen hat, ist sie eine Ursache der Noth und kann in der Folge dazu führen, daß der Erbe das
väterliche Gut vernachlässigen oder verkaufen muß. Tritt nun ein
solcher Fall ein, so ist die Katastrophe nicht dem Credite an sich, sondern
der ganz speciellen Art desselben zuzuschreiben. Der Meliorationscredit
wird richtig angewandt die Zahlungsfähigkeit des Schuldners vermehren
und ihn in den Stand setzen, für die Verzinsung der Schulden aufzukommen, während der Abfindungscredit dem Gute keinerlei Capital zuführt, sondern vielmehr eine Schwächung der wirtschaftlichen Existenz-
bedingungen im Gefolge hat. Wenn daher auch die gleiche Erbtheilung
nicht zur Realtheilung führt, so kann sie doch von den verderblichsten

---

*) So ist in Galizien zwischen 1819 und 1859 die Zahl der Besitzer mit
einem Besitze von weniger als zwei Joch von 100.890 auf 215.997 und jener mit
einem Besitze zwischen 2 und 5 Joch von 82.278 auf 133.035 gewachsen. Vergl.
Miaskowski: A. a. O. S. 294, ferner Peyrer: Denkschrift S. 24.

Wirkungen für den Grundbesitzer sein, indem sie ihm im Laufe jeder Generation einen neuen Tribut an die Nacherben auferlegt.

Es war der große deutsche Denker Rodbertus, der in seiner bekannten Schrift über die Creditnoth des heutigen Grundbesitzes die Verschuldung desselben auf diese Abfindungscredite, sowie auf die Kaufschillingsreste zurückführte. Indes weicht Rodbertus in einigen sehr wesentlichen Punkten von den conservativen Socialpolitikern, welche sich so gerne auf seine Autorität stützen, ab, denn einerseits hat Rodbertus nur den Großgrundbesitz im Auge und anderseits geht er von der Voraussetzung aus, daß der Zinsfuß steigen werde.*) Ein steigender Zinsfuß bedeutet nämlich für den Grundbesitzer nicht bloß eine Erhöhung seiner Zinsenlast, sondern auch eine Verminderung seines Capitals, indem die Grundrente bei höherem Zinsfuße capitalisiert, eine geringere Summe gibt, als bei niederem. Bei sinkendem Zinsfuße gestalten sich die Verhältnisse umgekehrt, die Zinsenlast nimmt ab, und der Geldwert des Gutes wächst, solange die Verschuldungsform des Grund und Bodens die herkömmliche, capitalistische ist. Nun ist aber thatsächlich seit dem Erscheinen des Rodbertus'schen Buches der Zinsfuß in Österreich beiläufig von 6% auf 4% gefallen, und damit hat also nicht bloß die Zinsenlast des Grundbesitzes in sehr bedeutendem Maße abgenommen, es hat sich auch, die Grundrente als unverändert angenommen, der Wert des Bodens um einen ansehnlichen Percentsatz erhöht. Wer also Rodbertus als Zeugen der wirtschaftlichen Noth des Grundbesitzes citiert, der sollte nicht vergessen, daß gerade aus dessen Ausführungen im gegenwärtigen Momente auf das Vorhandensein einer solchen Noth nicht geschlossen werden kann. Wenn man freilich nicht bloß die capitalistische Form der Verschuldung bekämpft, sondern die Abfindungscredite überhaupt zu beseitigen wünscht, dann wird man in dem Sinken des Zinsfußes nur ein Moment erblicken können, welches die Noth des Grundbesitzes mildert, keineswegs aber, wie Rodbertus, die günstige Conjunctur, der mit dem Steigen des Zinsfußes die ungünstige folgen kann. Mit der Beseitigung des Abfindungscredites verließe man zugleich das Princip des gleichen Erbrechts, an welchem Rodbertus grundsätzlich festzuhalten scheint, indem er bloß die Rentenschuld als die dem Grundbesitze entsprechende Form der Verschuldung bezeichnet.

---

*) Rodbertus: Zur Erklärung und Abhilfe der heutigen Creditnoth des Grundbesitzes. 1868. I. Bd. Vorrede, S. 25 u. ff. S. 48 und II. Bd. S. 5.

Für und gegen das gleiche Erbrecht lassen sich verschiedene Momente anführen, auf die hier näher einzugehen zu weit führen würde. Nur darauf möchte ich hinweisen, daß die nachtheiligen Folgen des gleichen Erbrechtes keineswegs auf den Grundbesitz beschränkt sind. Sie treffen nicht bloß den Industriellen, der große Werthsummen an Immobilien besitzt, sondern auch den größten Theil der Kaufmannschaft. Derjenige Erbe, der ein Geschäft übernimmt und den Miterben gleiche Erbportionen hinauszuzahlen hat, wird ganz in derselben Weise zu kämpfen haben, wie der mit Abfindungscrediten belastete Grundbesitzer.*) Eine Einschränkung des Geschäftes wird sehr häufig ebenso unmöglich sein, als eine Einschränkung des landwirtschaftlichen Betriebes, und in dem einen wie in dem andern Falle wird der Übernehmer vor die Wahl gestellt werden, entweder unter schwierigen Verhältnissen fortzuwirtschaften oder das ererbte Geschäft, beziehungsweise Gut, rechtzeitig an den Mann zu bringen. Wenn man also die nachtheiligen Folgen des gleichen Erbrechtes beseitigen will, dann darf man sich nicht auf den Grundbesitz beschränken, sondern muß viel weiter gehen und jene Consequenzen ziehen, die man in England thatsächlich gezogen hat, indem man auch das Kaufmannscapital nach dem Erstgeburtrechte vererbt.

Was nun speciell die Belastung des „sonstigen" Besitzes in Österreich durch Abfindungscredite betrifft, so gibt der Motivenbericht**) zu dem Gesetzentwurfe über das Anerbenrecht für den Durchschnitt der Jahre 1868—1884 folgende Relativzahlen:

Der durchschnittliche Geldwert eines Falles		Der jährliche Geldwert			Von allen Fällen des Erbganges sind mit Neubelastung im Verlassenschaftswege verbunden	Hiebei ergeben sich im Einzelfalle als durchschnittliche Wertbelastung des Erbgutes
der Besitzveränderung von todeswegen	von Neubelastung im Verlassenschaftswege	der Besitzveränderungen von todeswegen	der Neubelastung im Verlassenschaftswege			
		beträgt vom Geldwerte				
		aller Besitzveränderungen überhaupt	der Besitzveränderungen von todeswegen	aller Arten der Neubelastung		
beträgt Gulden in ö. W.		Procente				
1583	838	22·19	30·24	11·21	57·30	52·96

*) Dies hat auch der Verfasser des Motivenberichtes zu dem Entwurfe eines Anerbenrechtes gefühlt. Wenn er sich aber den Consequenzen, die sich daraus ergeben, dadurch zu entziehen sucht, daß er sagt: bei der Industrie sei eine Erbverschuldung nicht nöthig, da ja der Industrielle in der Regel noch sonstiges Vermögen besitzt, so erinnert dies lebhaft an die Vorstellung des kleinen Mannes in jedem Börsianer einen Millionär zu sehen.

**) Motivenbericht 2c. S. 14.

Aus diesen Zahlen folgt, daß in mehr als der Hälfte aller Erbfälle eine Verschuldung des Erbgutes zur Hälfte des Wertes eintritt. Dies müßten wir allerdings für eine ziemlich hohe Verschuldung des Grund= besitzes mit Abfindungscrediten halten, wenn wir nicht wüßten, daß die Schätzungen des Realbesitzes bei Verlassenschaftsabhandlungen, sei es im Interesse des Gutsübernehmers oder einer geringeren Belastung der Erben mit Vermögensübertragungs=Gebüren, ausnehmend niedrige Summen ergeben. Wir werden also, ohne fehlzugreifen, sofort den Procentsatz der Wertbelastung im Verlassenschaftswege erheblich herabsetzen können. Was aber speciell den mittleren Grundbesitz betrifft, so stehen bei dem= selben die Verhältnisse jedenfalls noch viel günstiger, da, wie den aus den verschiedensten Kronländern eingelangten Gutachten zu entnehmen ist, eine Intestaterbfolge in Grund und Boden sowohl in den Alpen, wie in den Sudetenländern selten vorkommt. In der Regel wird nämlich der Hof schon bei Lebzeiten der Eltern einem der Kinder zu einem äußerst geringen Preise übergeben, oder er geht infolge eines Ehevertrages an den überlebenden Gatten über. Aber selbst, wenn thatsächlich Intestat= erbfolge eintritt, wird sehr häufig einem der Geschwister der Hof unter günstigen Bedingungen überlassen, so daß eine ansehnliche Belastung des Bauernhofes mit Abfindungscrediten die seltene Ausnahme bildet. Für die Annahme, daß ein unverhältnismäßig großer Theil des Abfindungs= credites den größeren Grundbesitz und den Hausbesitz, soweit dieselben unter die Kategorie des „sonstigen" Besitzes fallen, belastet, sprechen außer den erwähnten Gutachten noch andere Momente. Denn wenn man für die einzelnen Kronländer, beziehungsweise Gruppen von Kron= ländern mit geordnetem Grundbuchswesen in derselben Weise die Relativ= zahlen sucht, wie dies der Motivenbericht für sämmtliche österreichische Kronländer gethan hat, so kommt man zu dem überraschenden Ergebnisse, daß in den beiden Kronländern, in welchen die Neubelastung im Ver= lassenschaftswege relativ selten vorkommt, in Nieder=Österreich und Tirol, die durchschnittliche Belastung des Erbgutes am höchsten ist. Die Be= lastung ist aber in Nieder=Österreich und Tirol nicht nur relativ am höchsten, sondern auch absolut so hoch, daß sie regelmäßig den Untergang des Gutsübernehmers zur Folge haben müßte. Ist nun diese Thatsache an und für sich auffällig, so wird sie dadurch noch auffälliger, daß in Deutsch=Tirol, wo bekanntlich im Gegensatze zu Wälsch=Tirol der bäuer= liche Grundbesitz vorherrscht, noch heute das Patent vom 9. October 1795 in Kraft ist, und daß nach diesem Patente im Falle der gesetzlichen

Erbfolge der Wert eines Bauerngutes „mit Rücksicht auf alle Umstände
dermaßen zu bestimmen ist, daß der eintretende Besitzer auf dem Gute
wohl bestehen könne."*) Wenn trotzdem die durchschnittliche Belastung
des sonstigen Besitzes durch Abfindungscredite in Tirol eine so hohe ist,
so läßt sich dies nur daraus erklären, daß bei dem wertvollen Haus=
und Industriebesitze, der ebenfalls in den Grundbüchern innenliegt, gleiche
Erbtheilung weit häufiger einzutreten pflegt, als bei dem bäuerlichen Be=
sitze, und daß die großen Erbportionen in dieser Kategorie des „sonstigen"
Besitzes die durchschnittliche Belastung bedeutend erhöhen. Was von
Tirol gilt, gilt sicher auch von Nieder=Österreich, wo die große Zahl
wertvoller Fabriksgebäude, Villen und dergl. die durchschnittliche Be=
lastung noch weit höher erscheinen läßt, als in Tirol, in geringerem
Umfange aber auch von allen übrigen Kronländern, so daß wir zu dem
Schlusse genöthigt sind, daß der wertvollere, nichtbäuerliche Besitz weit
mehr mit Abfindungscrediten belastet ist, als in den Relativzahlen des
Motivenberichtes zum Ausdrucke gelangt. Da aber der Abfindungscredit
bei der Belastung des sonstigen Besitzes überhaupt eine verhältnismäßig
unbedeutende Rolle spielt, so werden wir schließen müssen, daß die Be=

---

*) Besitzveränderungen von todeswegen und dadurch veranlaßte Verschuldung
des sonstigen Besitzes während der Jahre 1868—1882 (Tirol 1871—1882) in rela=
tiven Zahlen:

Kronland, bezw. Gruppen von Kron ländern	Der durchschnittliche Geldwert eines Falles		Der jährliche Geldwert			Von allen Fällen des Erbganges sind mit Neubela= stung im Verlassen= schaftswege verbunden	Hierbei erga= ben sich im Einzelfalle als durch= schnittliche Wertbela= stung des Erbgutes
	der Besitz= veränderun= gen von todeswegen	von Neube= lastung im Verlassen= schaftswege	der Besitz= änderungen von todes= wegen	der Neubelastung im Verlassenschaftswege			
			beträgt vom Geldwerte				
	beträgt Gulden n. ö. W.		aller Besitz= veränderun= gen über= haupt	der Besitz= verände= rungen von todeswegen	aller Arten der Neube= lastung		
			P r o c e n t e				
Nieder= Österreich	1.316	1.095	18·75	18·84	6·79	22·64	83·20
Alpenlän= der, (Ober= Österreich, Salzburg, Steiermark und Kärn= ten	1.892	726	22·81	22·39	9·28	58·42	38·37
Krain . . .	1.185	483	26·00	36·39	14·79	88·10	40·75
Tirol . . .	2.545	1.756	33·89	24·69	15·08	36·22	68·21
Sudeten= länder	1.491	823	21·71	38·67	12·60	70·02	55·13

lastung des reinbäuerlichen Besitzes durch Abfindungscredite in den alten
deutschen Bundesländern im allgemeinen und den Alpenländern im
besonderen so gering ist, daß ein Anerbenrecht, welches über die
Erbansprüche der jüngeren Kinder nicht vollständig zur Tagesordnung
übergehen will, für den Gutsübernehmer auch keine günstigeren Ver=
hältnisse schaffen könnte.

Wenn Regierung und Volksvertretung es trotzdem für nöthig er=
achtet haben, ein Gesetz über das Anerbenrecht zu schaffen, so ist dies
keineswegs bloß dem Dilletantismus in wirtschaftlichen Fragen zuzu=
schreiben, sondern zum guten Theile dem Umstande, daß man rathlos
vor der Noth des mittleren Grundbesitzes stand und nach einem Mittel
suchte, welches an sich unschädlich, doch den Bauernstand beruhigen sollte.
Ein Anerbenrecht mit der Absicht, der gegenwärtigen Noth des Grund=
besitzers abzuhelfen, gleicht dem mit Himbeersaft gefärbten Wasser,
welches der Dorfarzt verschreibt, weil der Kranke die Meinung hat, daß
die „rothe" Medicin eine wesentliche Besserung seines Zustandes bewirken
werde. Ungemein bezeichnend für die Überzeugung von der Dringlich=
keit dieser Maßregel ist es aber, daß seit der Sanctionierung des
Reichsgesetzes über das Anerbenrecht mehrere Jahre verfließen konnten,
ehe die Regierung sich entschloß, den Landtagen Vorlagen über jene
Bestimmungen zu machen, deren Festsetzung nach dem Reichsgesetze durch
die Landesgesetzgebung zu erfolgen hat, und damit einen Schritt weiter
zur praktischen Durchführung des Anerbenrechtes zu unternehmen. Die
Regierungsvorlagen ließen drei Jahre auf sich warten, und zwar nicht
bloß für die Landtage, in welchen der Nationalitätenstreit viel Zeit in
Anspruch nimmt oder eine liberale Majorität besteht, sondern auch für
jene, wo den conservativ=bäuerlichen Vertretern der ausschlaggebende
Einfluß zusteht. *)

Eine vollständige Beseitigung des Abfindungscredites, wie dies z. B.
Schäffle, Freiherr von Vogelsang und andere befürworten, würde aller=
dings eine Entlastung des Grundbesitzes bedeuten, nach den österreichischen
Verhältnissen aber keine sehr beträchtliche, denn von dem Werte sämmt=
licher Neubelastungen des „sonstigen" Besitzes beträgt der Wert der
Neubelastung durch Abfindungscredit für Österreich im Durchschnitte

---

*) Interessant ist es, wie selbst Peyrer, der Verfasser des Entwurfes für das
Reichsgesetz, sich nicht vollständig von allem Skepticismus frei machen kann. Vergl.
Peyrer: Denkschrift. S. 121.

9*

nur 11·21%, in Nieder=Österreich und den Alpenländern, mit Aus=
nahme von Krain und Tirol, noch weit weniger. Also selbst ein grund=
sätzlicher Gegner des römischrechtlichen Erbrechtes wird, ohne den Zahlen
Zwang anzuthun, sich der Einsicht nicht verschließen können, daß dieses
Erbrecht an der gegenwärtigen Noth des Grundbesitzes ziemlich unschul=
dig ist.

Weit ungünstiger wie der Abfindungscredit scheinen allerdings die
Kaufschillingsreste auf die Stellung des „sonstigen" Besitzes einzuwirken.
Denn, wenn auch im Durchschnitte der Jahre 1878—1884 in ganz
Österreich nur bei 21·53% aller Verkäufe eine Neubelastung durch in=
tabulierte Kaufschillingsreste stattfand, so betrug doch der Wert der in=
tabulierten Kaufschillingsreste durchschnittlich 90·78% des Kaufschillings.
Aber auch aus dieser hohen durchschnittlichen Neubelastung des sonstigen
Besitzes mit Kaufschillingsresten darf man nicht auf eine Überlastung
des bäuerlichen Besitzes schließen. Denn wenn man sich die Mühe
nimmt, für die einzelnen Kronländer und Gruppen von Kronländern die
Relativzahlen zu suchen,*) so kommt man gerade wegen der hohen durch=

*) Besitzveränderungen durch Verkäufe und dabei eintretende Verschuldung des
sonstigen Besitzes während der Jahre 1878—1882 in relativen Zahlen:

Kronland, bezw. Gruppe von Kronländern	Der durchschnittliche Geldwert eines Falles		Der jährliche Geldwert			Von allen Verkäufen sind mit Neubelastung (intabulierte Kaufschillingsreste) verbunden	Hierbei beträgt im Einzelfalle der intabulierte Kaufschillingsrest vom Kaufschillinge
	der Besitzveränderungen durch Verkäufe	von Neubelastung bei Verkäufen (intabulierte Kaufschillingsreste)	der Besitzveränderung durch Verkäufe	der Neubelastung bei Verkäufen (intabulierte Kaufschillingsreste)			
				beträgt vom Geldwerte			
			aller Besitzveränderungen überhaupt	der Besitzveränderung durch Verkäufe	aller Arten der Neubelastung		
	beträgt Gulden ö. W.			P r o c e n t e			
Nieder=Österreich	1.396	1 650	53·96	11·89	12·98	10·09	118·19
Alpenlän=ter (Ober=Österreich, Salzburg, Steiermark und Kärn=ten	1.766	1.388	54·94	15·17	15·52	19·30	78·59
Krain . . .	482	433	30·60	11·41	5·91	12 69	89·83
Tirol . . .	1.300	893	51·19	32·71	27 77	36·28	68·69
Zulelen=länder	1 159	1.027	57·84	22·58	20·84	25·47	88·61

Während der Jahre 1878—1884 nach dem Motivenberichte für ganz Österreich.

| | 1.184 | 1.075 | 56 35 | 19·61 | 19·08 | 21·53 | 90·78 |

schnittlichen Belastung zu dem Ergebnisse, daß der größere und wert=
vollere Besitz auch hier weit mehr als der bäuerliche mit Kaufschillings=
resten belastet sein muß.*) So beträgt z. B. in Nieder=Österreich die
durchschnittliche Belastung des sonstigen Besitzes mit Kaufschillingsresten
118·19% der Kaufsumme, was sich, da doch niemand bei einem Kaufe mehr
als die Kaufsumme beträgt, schuldig bleiben kann, nicht anders erklären läßt,
als daß die Belastung mit Kaufschillingsresten bei dem Ankaufe von
Häusern, Fabriken, größeren rusticalen Grundbesitzungen u. s. w. weil häu=
figer vorkommt, als bei dem mittleren Besitz, und daß die hohen Kaufschil=
lingsreste des wertvollen Besitzes die Durchschnittssumme außerordentlich
hoch erscheinen lassen.**) Nachdem aber nicht anzunehmen ist, daß die
Gepflogenheit bei dem Kaufe wertvolleren Besitzes bloß einen Theil der
Kaufsumme sofort zu bezahlen, auf Nieder=Österreich beschränkt sein sollte,
so müssen wir behaupten, daß in allen österreichischen Kronländern mit
geordnetem Grundbuchswesen ein großer Theil der rückständigen Kauf=
schillingsreste jener Kategorie innerhalb des „sonstigen" Besitzes zur
Last fällt, welche wegen der Höhe des Grund= und Gebäudewertes über
dem bäuerlichen Grundbesitze steht, wenn auch die scheinbare Überlastung
des „sonstigen" Besitzes mit Kaufschillingsresten wegen der geringeren

---

*) Daß in Gegenden, wo sich der Hof in der Regel vom Vater auf den Sohn
vererbt, die Kaufschillingsreste keine große Belastung des Bauernstandes bewirken
können, ist selbstverständlich.

**) Es werden z. B. an einem Orte eine Fabrik um 100.000 fl. und ein Gast=
haus um 50.000 fl. verkauft, und es wird in beiden Fällen bloß die Hälfte der Kauf=
summe erlegt. Außerdem gelangen an dem Orte drei Bauerngüter im Werte von
10.000, 6000 und 4000 fl. zum Verkaufe, wobei in jedem der drei Fälle die Kauf=
summe sofort bar erlegt wird. Dies ergibt dann folgende Zusammenstellung:

	Kaufsumme	Kaufschillings= rest
Fabrik	100.000 fl.	50.000 fl.
Gasthof	50.000 „	25.000 „
Bauerngut	10.000 „	—
„	6.000 „	—
„	4.000 „	—
Summe	170.000 fl.	75.000 fl.

Der Kaufschillingsrest beträgt somit 44·12% der Kaufsumme. Die durchschnittliche
Kaufsumme ist $\frac{170.000 \text{ fl.}}{5} = 34.000$ fl., der durchschnittliche Kaufschillingsrest
$\frac{75.000 \text{ fl.}}{2} = 37.500$ fl.

Vertretung der Industrie nicht in allen Kronländern zu einem so auffäl=
ligen Ergebnisse führt, wie in Nieder=Österreich.*) Von dem Werte aller
Neubelastung des „sonstigen" Besitzes beträgt der Wert der Neubelastung
durch intabulierte Kaufschillingsreste in ganz Österreich nicht mehr als
19·08%. Diesem Durchschnitte entspricht beiläufig auch der Durchschnitt
der Sudetenländer, während die Alpenländer, die uns im vorliegenden
Falle besonders interessieren, mit Ausnahme von Tirol, eine weit gerin=
gere Belastung aufweisen.**)

Man kann diesen Zahlen entgegenhalten, daß sie nicht vollständig
genau sind, daß es Fälle gibt, in welchen der Grund, warum ein Dar=
lehen aufgenommen wurde, nicht ersichtlich ist, und daß infolge dessen
in den statistischen Tabellen manche Neubelastung als eine solche durch
Verträge schlechthin bezeichnet wird, welche sich thatsächlich nur als die
Conversion eines früheren, von einem Erbfalle oder einem Kaufe her=
rührenden Darlehens darstellt. Wenn wir trotzdem daran festhalten,
daß die Belastung durch Abfindungscredite und intabulierte Kaufschillings=
reste nur einen kleinen Theil der Gesammtbelastung des „sonstigen"
Besitzes ausmache, so geschieht es deshalb, weil wir wissen, daß einer=
seits gerade dort, wo der Geldverkehr weniger eingedrungen und die
Creditorganisation wenig entwickelt ist, wie in unseren Alpenländern,
eine Conversion von Forderungen selten vorkommt, und daß anderseits
ein großer Theil der intabulierten Kaufschillingsreste nichts anderes ist,
als ein versteckter Meliorationscredit. Denn, wenn es in den öster=

---

*) In Preußen sind Großgrundbesitz und Parzellenbesitz weit mehr verschuldet,
als der bäuerliche Besitz. Miaskowski: Agrarpolitische Zeit und Streitfragen. S. 110.
Vergl. auch G. Ruhland: Die Lösung der landwirtschaftlichen Creditfrage im System
der agrarischen Reform. S. 25. Auch im Großherzogthume Baden ist der Parzellen=
besitz und der Besitz der Industriellen und Gewerbetreibenden mehr belastet als der
bäuerliche. Vergl. Die Ergebnisse der Erhebungen über die Lage der Landwirtschaft
im Großherzogthum Baden. S. 89 u. ff. In Ungarn ist der mittlere Besitz etwas
weniger als der große und weit geringer als der kleine belastet. Vergl. Meleti: Zur
Statistik der Hypothekarschulden in Ungarn. 1885. S. 43.

**) In Tirol beträgt der Wert der Neubelastung durch intabulierte Kaufschil=
lingsreste 27·77% des Wertes aller Neubelastungen, somit weit mehr als im Durch=
schnitte, während er im Einzelfalle mit 68·69% beträchtlich unter dem Durchschnitte
bleibt. Es scheint somit in Tirol weit mehr, als sonstwo, der kleine Besitz mit Kauf=
schillingsresten belastet zu sein. Dafür, daß der Besitzwechsel durch Verkauf in Tirol
bei dem kleinen Besitze häufiger ist, als bei dem mittleren, mag der Umstand sprechen,
daß der durchschnittliche Wert eines Falles einer Besitzveränderung durch Erbschaft
2545 fl., einer solchen durch Verkauf aber bloß 1300 fl. beträgt.

reichischen Alpenländern auch nicht vorkommen mag, was Conrad *) von einzelnen polnischen Landestheilen Preußens erzählt, daß der bäuerliche Grundbesitzer ruhig sein Haus verfallen läßt, so daß der Käufer der Wirtschaft stets das Hofgebäude von Grund aus neu bauen muß, so geht es doch auch bei uns ohne größere Reparaturen und Anschaffungen nicht ab, die als Meliorationen gedacht sind, wenn sich auch der Käufer über ihre Zweckmäßigkeit irren kann. Zieht man dies in Erwägung, so wird man die Behauptung aufstellen können, daß Abfindungscredite und intabulierte Kaufschillingsreste gewiß keine höhere Belastung des Grund=besitzes verursachen, als in den Ergebnissen der statistischen Erhebungen über die Verschuldung des Grundbesitzes zum Ausdrucke gelangt, daß wir viel=mehr annehmen müssen, die thatsächliche Belastung durch beide Formen der Verschuldung bewege sich unter der erhobenen. Erscheint aber der „sonstige" Besitz nicht einmal in Tirol bis zur Hälfte der gesammten Verschuldung durch „Besitzcredit" belastet, und sprechen viele Gründe dafür, daß ein großer Theil dieses Besitzcredites den nichtbäuerlichen Besitz trifft, so ergibt sich eine zweifache Möglichkeit: entweder ist die Behauptung des Freiherrn von Vogelsang hinfällig, **) daß die Verschul=dung des bäuerlichen Grundbesitzes meist auf Erbabfindungen und Kauf=schillingsreste zurückzuführen sei, oder aber die Verschuldung des bäuerlichen Besitzes stellt sich zwar als eine Folge von Erbabfindung und Kauf=schillingsresten dar, ist aber eine verhältnismäßig so unbedeutende, daß sie nicht die Ursache der Noth der bäuerlichen Bevölkerung sein kann. In dem einen, wie dem anderen Falle wäre dem Bauernstande mit der Abschaffung des Besitzcredites nicht viel geholfen.

Schließung der Hypothekenbücher für allen Credit oder doch wenigstens für jeden andern als den Meliorationscredit, darin sehen sowohl Freiherr von Vogelsang als Schäffle das Heil des bäuerlichen Grundbesitzes. Während aber der Erstere diesen Besitz möglichst in der Familie des Bauern erhalten wissen will und die Vortheile der alten Naturalwirt=schaft preist, sucht Schäffle im Gegentheile die Bewegung des Grund=besitzes zu dem besten Landwirte zu befördern, da er der Ansicht ist, daß die Volkswirtschaft weniger Interesse an einer erbgesessenen Classe von

---

*) Conrad in der Generalversammlung des Vereines für Socialpolitik am 6. October 1884. Schriften d. V. f. S. XXVIII. Bd. S. 21 u. ff.

**) Frh. v. Vogelsang: Grundbelastung und Entlastung. 1879. S. 12. Nach Peyrer sind die meisten Schulden der Grundbesitzer in den Karpathenländern aus Consumtions=Darlehen hervorgegangen. Denkschrift: S. 12.

Bauern, als an intelligenten und rührigen Landwirten habe, welche die moderne Geldwirtschaft wohl auszunützen verstehen. Wie nun dieser Übergang des Bodens zum besten Wirt, der durch Beseitigung der Kauf=schillingsreste entschieden erschwert wird, durch eine corporative Gestaltung des Grundbesitzes bewerkstelligt werden soll, das hat Schäffle in geist=reicher Weise in seinem Buche über die Incorporation des Hypothekar=credites auseinandergesetzt,*) auf welches näher einzugehn hier nicht der Raum ist. Thatsächlich würde aber auch die volle Beseitigung jedes an=deren Credites als des Meliorationscredites in der einen oder der anderen Weise die Noth des Grundbesitzes nicht beheben, denn seine Verschuldung, selbst durch „Besitzcredit", ist weit mehr das Symptom, als die Ursache dieser Noth.**) Wäre der mittlere Grundbesitz in der Lage seinem Besitzer über die Bedürfnisse des Haushaltes hinaus Überschüsse abzuwerfen, so wäre die heutige Form der Verschuldung gänzlich unbedenklich. Auch unter der Herrschaft des römischrechtlichen Erbrechtes wäre eine Ver=sorgung der jüngeren Kinder, sei es durch Ersparnisse des Vaters, sei es durch Versicherung derselben, wie dies von Freiherrn von Vogelsang und Schäffle, mit Rücksicht auf die in Aussicht genommene rechtliche Be=seitigung des Abfindungscredites, befürwortet wird, ohne Belastung des bäuerlichen Erbgutes möglich, und was die Kaufschillingsreste betrifft, so wären sie ungefährlich, wenn der Käufer durch günstige Erträge der Wirtschaft in der Lage wäre, sie nach und nach zurückzuzahlen. Sind aber umgekehrt die Erträgnisse des mittleren Grundbesitzes so geringe, daß der Besitzer nur mit Noth leben kann, so ist ihm mit der Schließung der Hypothekenbücher nicht viel geholfen. Er kann die Prämien für die Versicherung der jüngeren Kinder nicht aufbringen und ist daher genöthigt, sie vollständig zu enterben; kommt aber irgend ein Unglücksfall, dann muß er seinen Wald zur Unzeit abholzen, sein Inventar so vermindern, daß an eine geregelte Wirtschaft nicht gedacht werden kann, oder sein Gut um jeden Preis losschlagen.

Was ist aber die Ursache, daß der mittlere Grundbesitz so geringen Ertrag abwirft? Man wäre veranlaßt zunächst an die Entwicklung der Verkehrsmittel zu denken, welche die bisher schwer zugänglichen Alpen=länder der Einfuhr von Lebensmitteln aus Ungarn erschloß. Und in der That sind denn auch nach der Zusammenstellung, welche die stati

---

*) Schäffle: Incorporation des Hypothekarcredites. 1883.
**) Dies betont auch Flürscheim: Auf friedlichem Wege. 2. Aufl. S. 282.

stische Centralcommission anlässlich des letzten statistischen Congresses in
Wien veröffentlichte, die Preise der Brotfrüchte auf den Märkten von
Wien, Linz, Salzburg, Graz, Klagenfurt und Innsbruck im Allgemeinen
gefallen, nachdem sie in dem Quinquennium von 1871—1875 den Höhe=
punkt erreicht hatten. Wenn dies also auch zuzugeben ist, so ist es doch
nicht richtig daraus ohneweiters auf den Niedergang unserer Landwirt=
schaft schließen zu wollen; denn einerseits sind die Preise der Brotfrüchte
nicht überall gleich stark gefallen, ja an einzelnen Orten sind Roggen,
Gerste, Hafer und Mais überhaupt nicht im Preise gesunken, sondern
sogar gestiegen, und anderseits ist der Preisrückgang bei fast sämmtlichen
Industrieartikeln ein weit bedeutenderer, ohne daß deshalb die Industrie
zugrunde gegangen wäre. Es könnte demnach nicht schon der Preis=
rückgang allein der Landwirtschaft in den Alpenländern gefährlich ge=
worden sein, sondern erst in Verbindung mit dem Umstande, daß sie es nicht
verstanden hat, die Fortschritte der Technik sich auch nur in annähernd
derselben Weise dienstbar zu machen, als dies ohne Zweifel der Industrie
gelungen ist.*) Gegen die Behauptung, die Noth des bäuerlichen Grund=
besitzes in den Alpenländern rühre von der Lebensmittelconcurrenz her,
spricht aber außerdem nicht bloß, daß die jährliche Neubelastung des
sonstigen Besitzes sich trotz der schwankenden Conjunctur als eine ziemlich
constante Größe erweist,**) sondern auch, daß die Preise einiger wichtiger
Gebrauchsgegenstände, vor allem von Fleisch, aber auch von Holz, Heu
und dergl. beträchtlich gestiegen sind, was für unsere Alpenländer von
umso größerer Bedeutung ist, als weite Strecken derselben fast nichts
anderes als Vieh und Holz zu Markte bringen.***)

Der geringe Überschuss der bäuerlichen Wirtschaft rührt überhaupt
nicht von einer Abnahme des Ertrages her, sondern vielmehr davon,

---

*) Wenn die Pachtbeträge der preußischen Staatsdomänen im Durchschnitte be=
ständig gestiegen sind, so spricht dies dafür, daß die Pächter trotz der gesunkenen Preise
imstande sind daraus zu kommen. Vergl. Conrad in Schönbergs Handbuch. 3. Aufl.
II. Bd. S. 212.

**) Nur in den Jahren 1871—1876 zeigt sich eine stärkere Belastung. Es sind
dies aber gerade jene Jahre, in welchen die Preise der Cerealien am höchsten standen.

***) Viele Gebirgsbauern kaufen Weizen, so daß sie durch eine Verbilligung
desselben gewinnen. Für das Großherzogthum Baden, in welchem der Boden aller=
dings stark zerstückelt ist, hat man berechnet, daß eine Verdopplung der deutschen
Getreidezölle nur 2% der Grundbesitzer (mit 22% der Grundfläche) zum Vortheile
gereichen würde. Erhebungen über die Lage der Landwirtschaft im Großherzogthume
Baden. S. 75 u. ff.

daß die Bedürfnisse des Bauers im hohen Maße gestiegen sind,
während der Ertrag der Wirtschaft nur eine geringe Steigerung erfahren
hat. Zahlreiche Gutachten aus den Alpenländern klagen über die Zunahme des Luxus bei der bäuerlichen Bevölkerung und sehen darin einen
Hauptgrund des wirtschaftlichen Niederganges.*) Als ob die Zunahme
des Luxus bloß auf die Bauernschaft beschränkt wäre und nicht jeder
von uns, selbst der Bescheidenste, weit zahlreichere Bedürfnisse hätte, als
seine Voreltern. Man vergleiche nur, um von der Zeit früherer Jahrhunderte abzusehen, etwa den Lebensfuß, auf welchem Goethe lebte, mit
der Lebensweise social gleichgestellter Männer unserer Tage und man
wird den ganzen Unterschied zu erfassen vermögen. Nicht bloß Wohnung,
Kleidung, Nahrung sind reichlicher und mannigfaltiger geworden, auch
geistige Bedürfnisse hat unser, als materialistisch verschrieenes Jahrhundert in einem unseren Vätern ganz unbekannten Maße geschaffen. Durch
die Erfolge der Technik sind weiten Kreisen die Schätze der Wissenschaft
und Kunst zugänglich geworden, die Eisenbahn führt uns in wenig
Stunden eine weitere Strecke, als man ehedem mit der Post in einer
Woche zurücklegen konnte, und ermöglicht es uns, Verhältnisse kennen zu
lernen, von welchen unsere Väter nur unbestimmte Vorstellungen hatten.
Durch die Presse erlangen wir die Kenntnis von den Vorgängen auf
der ganzen Erde und von dem politischen Leben der Heimat, welches
sich in einer unseren Voreltern vollständig unbekannten Weise entwickelt
hat und einen breiten Raum in unserem Thun und Denken einnimmt.
Es wäre ebenso wunderbar als traurig, wenn diese Bewegung an unserem
Bauernstande spurlos vorübergienge, denn es wäre der unwiderleglichste
Beweis, daß die Kluft, welche Bildung und Besitz zwischen dem Leben
und den Anschauungen der verschiedenen Classen ein und derselben Nation
geschaffen haben, sich immer mehr erweitert, bis eine Überbrückung derselben vollständig unmöglich geworden wäre.**) Glücklicherweise sind die

---

*) Die Steigerung der Bedürfnisse unseres Bauernstandes ist auch Schäffle
nicht entgangen. Vergl. Schäffle: A. a. O. S. 139. Wie in einem Tiroler Dorfe mit
stagnierender Volksmenge seit Beginn des Jahrhunderts der Geldumsatz an Krämer-
waren stetig und rasch gestiegen ist, weist Wolfegger nach. Vergl. Monatschrift für
christliche Socialreform 1883. S. 308 u. ff. Vergl. ferner Miaskowski: Agrarpolitische
Zeit- und Streitfragen. S. 55, 103. Über die starke Zunahme der Bedürfnisse insbesondere bei den bäuerlichen Dienstboten klagt auch die bayerische Denkschrift. Vergl.
Die Landwirtschaft in Bayern. 1890. S. 57.

**) Gobineau weist auf die tiefe Kluft hin, welche in Frankreich zwischen der
Bevölkerung der Städte und der nördlichen Departements einerseits und der bäuer-

verschiedensten Factoren thätig, diesen Spalt, wenigstens soweit er die bäuerliche Bevölkerung betrifft, zu schließen. Wenn auch die Volksschule vermöge ihrer bureankratischen Organisation nicht das leistet, was sie leisten könnte, so gibt sie dem Schüler doch die primitivsten Werkzeuge mit, den Schatz der Bildung zu heben, und neben den Schulunterricht tritt immer mehr der Anschauungsunterricht des Lebens. Je größer die Wanderung der Bevölkerung ist, desto mehr schwindet der Unterschied in den Sitten und Anschauungen der Bevölkerung verschiedener Gegenden. Jeder Tourist, der das Land durchwandert, jeder Bursche, der vom Militär oder von auswärtiger Arbeit zurückkommt, trägt neue Anschauungen in das Landvolk, die zwar langsam, aber sicher Wurzel fassen. Gewiß wird auf diese Weise auch manche Unart der Großstadt weiterverpflanzt, gewiß hält sich das Landvolk bei der Nachahmung städtischen Lebens oft mehr an die nebensächliche äußere Form, als an den wertvollen Inhalt, im Großen und Ganzen wird man aber nicht verkennen dürfen, daß der Einfluß der fremden Elemente auf die intellectuelle und sittliche Hebung des Landvolkes ein durchaus günstiger ist. Wenn trotzdem dieser geistige und sonstige Fortschritt unserer ländlichen Bevölkerung zum Untergange des bäuerlichen Grundbesitzes führt, so ist daran nur der Umstand schuld, daß den steigenden Bedürfnissen nicht auch ein steigendes Einkommen entspricht.*) Kaffee ist eine anregendere Nahrung als Einbrenn- oder Milchsuppe, mit denen sich der Bauer durch Jahrhunderte begnügte, Petroleum spendet ein weit besseres und gleichmäßigeres

lichen Bevölkerung des übrigen Frankreichs andererseits besteht. „Les paysans nous regardent presque comme des ennemis. Ils n'entendent rien à notre civilisation, ils ne contribuent pas de leur gré, et, en tant qu'ils le peuvent, ils se croient autorisés à profiter de ses desastres." Gobineau: A. a. O. I. Bd. S. 165 u. ff. Vielleicht trägt dies zur Erklärung bei, warum die politische Entwicklung Frankreichs sprunghafter war, als die der übrigen Nationen.

*) Wie sehr der Wunsch nach besseren Lebensverhältnissen Schuld am Niedergange des Bauernstandes ist, hat niemand glänzender geschildert als Roßegger in seinem ergreifenden Roman Jakob der Letzte. Indem der Dichter die Stellung des Bauernstandes in der Gesellschaft und seine Schicksale schildert, ist er der Aufgabe voll und ganz nachgekommen, die A. Grün dem Dichter stellt:

„Doch wenn der Erntewagen trägt
Als Leichen einst das Volk der Garben,
Sind obenauf als Kranz gelegt
Die Blumen, die mit ihnen starben.
So soll das Dichterlied sich weben
Treu in des Volkes Sterben und Leben."

Licht als der Kienspahn und wird, indem es die Möglichkeit schafft, die
langen Winterabende durch Lesen zu verkürzen, zu einem wichtigen Cultur=
mittel. Wer für Verkühlungen empfänglich ist, wird vor dem Witterungs=
wechsel besser durch Jägerwäsche, als durch solche aus Hausleinwand ge=
schützt, aber alle diese Verbesserungen in der Lebensführung des Bauers,
so wünschenswert sie an sich sind, bedingen eine wesentliche Erhöhung
des Ausgabebudgets. Das gleiche gilt von allen geistigen Bedürfnissen.
Es ist gewiß erfreulich, wenn dem geistigen Bedürfnisse die Lecture des
Kalenders nicht mehr genügt, und wenn auch der Bauer durch die Zeitung
erfahren will, was in der Welt vorgeht, desgleichen verräth es einen
geistigen Fortschritt, wenn auch das Landvolk den Wunsch hegt, etwas
aus dem täglichen Einerlei herauszukommen und ein= oder das anderemal
die nächste Kreisstadt oder gar die Hauptstadt zu besuchen. Aber all
dies erfordert Mittel, und wenn diese fehlen, so mag Morre vollkommen
Recht haben, daß, wenn der Bauer einmal im großen Umfange zu reisen
beginnt, um die Welt zu sehen, die Welt bald keinen Bauer mehr sehen
wird.

Noch heute steht der größte Theil des eigentlichen Bauernstandes,
zumal in den Alpenländern, auf dem Boden der Naturalwirtschaft,*)

---

*) Nach Miaskowski ist selbst in Deutschland bei dem Bauernstande noch die
Naturalwirtschaft vorherrschend. Miaskowski: Das Erbrecht und die Grundeigenthumsvertheilung. S. 93. Derselbe: Agrarpolitische Zeit= und Streitfragen. S. 112. Vergl.
ferner Jäger: A. a. O. I. Bd. S. 162. A. Buchenberger: Die Lage der bäuerlichen
Bevölkerung im Großherzogthume Baden. (Schriften d. V. f. S. XXIV. Bd.) S. 292.
Die enge Verbindung von Bauernstand und Naturalwirtschaft hebt auch Bernhardi
hervor. Bernhardi: A. a. O. S. 435. In den Ergebnissen der Erhebungen über die
Lage der Landwirtschaft im Großherzogthume Baden wird (S. 72) darüber geklagt,
daß mit Ausnahme der Rheinebene ein kaufmännischer Betrieb der Landwirtschaft
vielfach zu vermissen sei. Daher rühre der Mangel an Geld bei den Kleinbauern,
„weil eben in diesen Betrieben zur Zeit verhältnißmäßig nur wenig gegen bar zum
Verkaufe gelangt, während doch das Geldbedürfnis durch die vielen Anforderungen
des privaten und öffentlichen Lebens gegen früher ganz wesentlich gestiegen ist, ein
Umstand, aus dem sich die Unbehaglichkeit der Situation so vieler Kleinwirte recht
gut erklärt." Daß auch heute noch in Deutschland der Bauer vielfach seine Leinwand
und Wollstoffe anfertigt, wird aus den verschiedensten Landestheilen bestätigt. Vergl.
Bäuerliche Zustände in Deutschland I. S. 222, II. S. 307, III. S. 110 u. ff. und
Landwirtschaftliche Jahrbücher herausgegeben von Dr. H. Thiel XVIII. Bd. Ergän-
zungsband III. S. 330. Über das Sarnthal, sowie über das Eisackthal sammt Neben-
thälern berichtet ein so genauer Kenner Südtiroler Verhältnisse, wie Angerer es ist,
daß sich daselbst im socialen Leben kaum etwas finde, was nicht schon vor hundert

d. h. sein Wirtschaftszweck besteht darin, alles das unmittelbar zu er=
zeugen, was im Hause verzehrt wird. Bloß die Überschüsse werden zu
Geld gemacht, um mit denselben die Steuern zu bezahlen und alles das=
jenige zu schaffen, was sich, wie z. B. Eisengegenstände, der häuslichen
Erzeugung entzieht. Diese Naturalwirtschaft erklärt ebenso die guten,
wie die schlechten Eigenschaften des bäuerlichen Charakters; mit ihr hängt
die naivere Lebensauffassung und das Gefühl der Unabhängkeit, die uns
an dem Bauer so sympathisch berühren, ebenso zusammen, wie sein Miß=
trauen gegen Neuerungen und sein geringes Interesse für wirtschaftliche
Verbesserungen. Denn, solange der Bauernhof sich wirtschaftlich selbst
genügt, ist er völlig unabhängig von der Mitwelt. Die Conjuncturen
des Marktes berühren ihn wenig, und was den Wirtschaftsplan und die
wirtschaftliche Technik betrifft, so sind beide durch jahrhundertelange
Erfahrungen so vollständig gegeben, daß dem bäuerlichen Grundbesitzer
nichts übrig bleibt, als an der Tradition festzuhalten.*) Damit ist aber
auch die Wirtschaft eine nahezu stationäre. Denn, indem die gleiche Tech=
nik auch gleiche Erträge an Naturalien bedingt, ist eine Erhöhung des
Geldertrages nur insofern möglich, als die auf den Markt gebrachten
Überschüsse an Producten höhere Preise erzielen wie bisher. Da aber
ein Steigen der Preise nicht stetig und nur sehr allmählich vor sich geht,
und diese Überschüsse der Wirtschaft nur einen kleinen Theil der Ge=
sammterzeugnisse des Gutes betragen, so ist das Einkommen des Bauers
auch jahraus, jahrein nahezu das gleiche. Die naturalwirtschaftliche Or=
ganisation der kleinen und mittleren Landwirtschaft war daher nur so
lange zu halten, als das Gleichgewicht zwischen den Einnahmen und
Ausgaben nicht gestört wurde. Dies wurde nun ebenso mittelst des Ehe=
consenses, der innig mit der bäuerlichen Naturalwirtschaft zusammen=
hängt, als durch die Abgeschlossenheit des bäuerlichen Lebens erreicht,
die sich als eine Folge des Kastengeistes, wie der räumlichen Ent=
fernung von den Culturcentren ergab. Die theils rechtlichen, theils that=
sächlichen Eheerschwerungen bestehen zwar noch fort, aber von anderer
Seite wird der Bestand der bäuerlichen Naturalwirtschaft durch die stei=

---

oder zweihundert Jahren dagewesen wäre. Angerer: A. a. O. S. 14. Im Gegensatze
hiezu erzeugen viele amerikanische Landwirte nicht einmal Butter oder Gemüse zum
Hausgebrauche. Vergl. H. George: Sociale Probleme. Deutsch v. Stöpel. S. 4.

*) Die Ersetzung der dem Boden entzogenen Pflanzennährstoffe, geht bei der
Naturalwirtschaft ganz leicht vor sich, da ja fast sämmtliche Producte auf dem Hofe
verzehrt werden.

genden Lebensbedürfnisse untergraben. Und zwar sind es nicht bloß die vermehrten Bedürfnisse des Hofbesitzers selbst, denen die Wirtschaft ge= nügen soll, sondern auch die anderer, theils juristischer, theils physischer Personen. Obenan stehen der Staat, das Land und die Gemeinde,*) die wegen der erweiterten Ziele, welche die Gegenwart ihnen steckt, auch erhöhter Mittel bedürfen und auch von dem Bauer erhöhte Abgaben verlangen. Aber auch der Bauernknecht und die Dirne sind mit ihrem kärglichen Lohne unzufrieden, sie weisen auf die Löhne hin, die in der Fabrik oder der Stadt gezahlt werden, und wenn der Bauer ihnen nicht ähnliche bewilligen will, so schnüren sie, falls sie brauchbar sind, ihr Bündel.**) Der Hinweis darauf, daß weder Staat, Land und Gemeinde, noch auch der Dienstbote dem Bauer in seiner Naturalwirtschaft das leisten, was er für ihre Leistungen zahlen soll, genügt nicht ihn von der Zahlungspflicht zu befreien. Die steigende Leistungsfähigkeit von Staat, Land und Gemeinde, sowie der menschlichen Arbeit lassen eine steigende Bezahlung ebenso billig erscheinen, wie eine Zunahme des eigenen Lebensgenusses wünschenswert ist, hiezu reichen aber die Mittel der bäuerlichen Naturalwirtschaft nicht aus. Zum mindesten findet eine Reservebildung für Nothfälle nur in ungenügender Weise statt, so daß jedes Ereignis, welches größere Ansprüche an die Mittel des Bauers stellt, zu vermehrter Verschuldung führen muß.

Alle Reformversuche, welche auf die Erhaltung der bäuerlichen Wirtschaftsform, wie sie uns überkommen ist, abzielen, sind von zweifel= haftem Werte, denn einerseits dringt der Geist der capitalistischen Epoche, wenn auch langsam, so doch unaufhaltsam in alle Poren der Gesell= schaft ein, und sodann wäre es, um mich der goldenen Worte Inamas zu bedienen, „eine traurige Staatsraison den Bauer auf dem niedrigen

---

*) Daß die steigenden öffentlichen Lasten zur Zertrümmerung der Natural= wirtschaft beitragen, bemerkt auch Jäger: A. a. O. II. Bd. S. 137.

**) Morre will für einen Zuschuß von 80 fl., den Arbeitgeber und Gemeinde bei 40=jähriger Dienstzeit zu einem Altersunterstützungsfond der Dienstboten leisten, eine völlige glebae adscriptio dieser Letzteren vornehmen. Vergl. Morre: Die Arbeiter= partei und der Bauernstand, 1890. Daß übrigens die Löhne des bäuerlichen Ge= sindes, wenn sie auch dem Bauer unerschwinglich scheinen, keine hohen sind, dürfte kaum bestritten werden. So berechnet Schlinkert, daß dem Bauernknecht im südlichen Nieder=Österreich jährlich 5 fl., der Dirne 8 fl. übrig bleiben, vorausgesetzt daß sie sehr sparen und keine unehelichen Kinder haben. F. Schlinkert in den Deutschen Worten. 1885. S. 79.

Niveau der allgemeinen Bildung und Lebenshaltung zurückzuhalten, um
die traditionelle Abgeschlossenheit der bäuerlichen Wirtschaft in ihrem
schon mehr als problematischen Werte für den allgemeinen Wohlstand
zu erhalten."*) Auch der Bauer in Inner-Österreich wird, geradeso
wie vor ihm der Bauer Mittel-Deutschlands oder der Sudetenländer, immer
mehr zur Geldwirtschaft gedrängt werden. Er wird, statt sich strenge an
die Tradition zu halten, sich zu Buchführung und Productionskosten-
berechnung entschließen müssen, er wird manchen Betrieb als nicht ren-
tierend einzustellen und dafür andere Betriebe zu eröffnen haben, vor
allem wird er aber genöthigt sein, ebenso den Bewegungen der Conjunctur zu folgen, als sich mit den neuesten Fortschritten der landwirtschaftlichen Technik vertraut zu machen.**) Die Bildung, welche man sich
heute in der Dorfschule aneignet, wird dann nicht mehr als unnützer
Ballast, sondern als unumgängliches Mittel zur Erreichung weiterer
Kenntnisse gelten, und das Viehhüten damit seinen Platz in dem Er-
ziehungssystem der bäuerlichen Bevölkerung für ewige Zeiten einbüßen.***)

So leicht wie sich dies manche, in liberaler Schule herangewachsene
Ökonomen vorstellen, die alle socialen Erscheinungen immer nur unter dem
Gesichtswinkel des Unternehmers sehen, ist nun dieser Übergang von
der Natural- zur Geldwirtschaft keineswegs. Denn, zunächst stellt die Geld-
wirtschaft ganz andere Ansprüche an die Intelligenz, an das Wissen und
an die Rücksichtslosigkeit des Landwirtes — die Worte Catos: daß die
Landwirtschaft minime invidiosa sei, gilt eben nur von ihr, so lange
sie Naturalwirtschaft ist — und sodann bedeutet der Übergang von
Natural- zur Geldwirtschaft eine folgenschwere sociale Revolution für
ganze Kronländer. Die Naturalwirtschaft des Bauernstandes ist eben die
Basis, auf welcher ein großer Theil des socialen Lebens der ländlichen
Bevölkerung Inner-Österreichs ruht. Das Landhandwerk und die Armen-

---

*) Inama-Sternegg in Grünhuts Zeitschrift. 1883. S. 394.

**) Auch von Norddeutschland behauptet Conrad, daß der bäuerliche Betrieb
technisch zurückgeblieben sei, und daß somit hier noch ein weitgehender Spiel-
raum zeitgemäßer Vervollkommnung bestehe. (Schriften d. V. f. S. XXVIII. Bd.
S. 9.) Im Gegensatze hiezu wünscht Morre die gegenwärtige landwirtschaftliche Technik verewigt, indem er verlangt, daß keine Getreideart „unter dem mittleren Geste-
hungswerte rechtsgiltig verhandelt werden" dürfe. Morre: A. a. O. S. 61.

***) Daß die bäuerliche Bevölkerung in Böhmen weit weniger Abneigung gegen
die Neuschule besitzt, als in Inner Österreich, erklärt sich daraus, daß Böhmen sich bereits weit mehr von der Naturalwirtschaft emancipiert hat, als die Alpenländer.

pflege*) find mit ihr ebenso innig verknüpft, wie die Sorge für die Erziehung der unehelichen Kinder zu nützlichen Gliedern der menschlichen Gesellschaft; die Naturalwirtschaft plötzlich beseitigen bedeutete daher nicht weniger, als ein halbes Dutzend brennender socialer Fragen zu schaffen, zu deren Lösung kaum der Ansatz vorhanden ist. Der Übergang zur Geldwirtschaft wäre aber auch, und das berührt unsere Frage, von einschneidendsten Wirkungen auf die Vertheilung des Grundeigenthums, auf die Zahl und Art der ländlichen Hilfsarbeiter und auf die Volksmenge überhaupt. Dieser Übergang und die damit in Verbindung stehende genaue Berechnung der Productionskosten hätte nämlich zur Folge, daß der Bau von Körnerfrüchten, und zwar insbesondere von Weizen, in den Gebirgsgegenden wesentlich eingeschränkt würde. Es ist dies auch ein Rath, den liberale Nationalökonomen dem Bauer bereits seit langer Zeit gegeben haben, indem sie gleichzeitig die Viehzucht als einen den Alpenländern entsprechenden Productionszweig empfehlen.**) Nun ist aber die Aufzucht von Vieh eine Form des landwirtschaftlichen Betriebes, welche wenig Arbeit erfordert, sie ist weit extensiver, als der Getreidebau und wurde deshalb von Thünen in einen der äußersten Ringe des „isolirten Staates" verlegt. Da Viehzucht wenig Arbeit und viel Bodenfläche und stehendes Capital braucht, so ist sie ein Gebiet, auf welchem sich die Überlegenheit des Großbetriebes in besonders hohem Maße zeigt. Damit ist sie aber für den Kleinbauer von vorneherein wenigstens relativ unvortheilhaft.***) Der Großbauer kann, wenn er capital=

---

*) Vergl. Morre: A. a. O. S. 33. In ganz Steiermark, mit Ausnahme der Städte Graz, Marburg und Cilli, ist mehr als ein Drittel der Armen Einleger von Haus zu Haus. Wenn man berücksichtigt, daß in den kleinen Städten, den Märkten und Industrialorten die Geldunterstützung vorherrscht und vorübergehende Unterstützungen in Geld gegeben werden, so kann man sich eine Vorstellung von dem Umfange der Naturalversorgung auf dem Lande machen, wenn man erfährt, daß 60°₀ der Gesammtkosten der Armenpflege in Naturalien aufgebracht werden. Vergl. E. Mischler in der statistischen Monatsschrift XIV. Bd. S. 289 u. ff.

**) Schon in den Fünfziger Jahren unseres Jahrhunderts hat der Getreidebau in Obwalden fast ganz aufgehört, so daß alles in diesem Canton consumirte Getreide von außen herbeigeschafft werden muß. Vergl. Miaskowski: Agrarpolitische Zeit- und Streitfragen. S. 21.

***) Den engen Zusammenhang, welcher zwischen Weidewirtschaft und Latifundienbildung besteht, hebt Jäger hervor. Jäger: A. a. O. I. Bd. S. 73. Über den extensiven Charakter der Weidewirtschaft vergl. v. d. Golz in Schönbergs Handbuch. I. Aufl. I. Bd. S. 546 u. ff. Umgekehrt räth Peyrer dem Bauernstande intensiver zu wirtschaften. (Denkschrift. S. 140.) Es wurde aber selbst in England der Acker-

kräftig genug ist, seinen Viehstand beträchtlich zu vermehren, durch Verminderung der Arbeitskräfte die Productionskosten des Viehes so herabdrücken, daß trotz des geringeren Rohertrages, den die Viehwirtschaft
gegenüber der alten Naturalwirtschaft abwirft, doch ein größerer Rein-
ertrag bleibt; der Kleinbauer, der selbst mit seinen Familienmitglie
dern und einigen wenigen Dienstboten die Wirtschaft betreibt, vermag
dies nicht zu thun. Er kann allerdings seine Dienstboten abdanken,
nicht aber die Zahl seiner Familienmitglieder verringern, die mit ihm
essen wollen, und deren Arbeitskräfte er nun nicht mehr verwenden kann.*)
Der Übergang von der Naturalwirtschaft zur capitalistischen Viehzucht
bedeutet somit für die Alpenländer eine absolute Verminderung der landwirtschaftlich thätigen Bevölkerung und eine Aufsaugung des kleinen Grundbesitzes durch den Großbesitz. Man braucht deshalb keineswegs schon
an die italienischen Latifundien zu denken, welchen Plinius den Untergang Roms zuschreibt. Zunächst wird die Entwicklung jedenfalls die sein,
daß sich aus mehreren wirtschaftlich nicht mehr lebensfähigen Bauerngütern ein größeres Gut bildet, dessen Größe ausreichend ist, eine exten-
sive, aber einträgliche Viehwirtschaft zu gestatten. Wie dies vor sich gehen
wird, das kann man schon heute vielfach beobachten. Die alte Eintheilung von ganzen, halben und viertel Höfen wird immer unhaltbarer;
einzelne energische Bauern wachsen über den überkommenen historischen
Rahmen hinaus, viele Höfe verschwinden oder werden wenigstens stark
verkleinert, so daß der Besitzer sich um einen Nebenerwerb umsehen
muß. Besonders aus Salzburg wird gemeldet, daß die Zahl der Zu-
lehen, d. h. der ehemals selbständigen Bauernhöfe, die nur als Annex
eines anderen Hofes, u. zw. vorzugsweise zur Grasbenützung dienen, in
beständiger Zunahme begriffen ist. Hand in Hand damit geht die Entwicklung eines Parzellenbesitzes für den ländlichen Taglöhnerstand, wo-
rüber ebenfalls aus Salzburg berichtet wird. Denn der Proceß der Differencierung, der die Bauerngüter ähnlicher Größe in Groß- und Kleinbesitz auflöst, beeinflußt auch das Verhältnis zwischen Eigenthümer und
Arbeiter. Das patriarchalische Zusammenleben hört auf, an seine Stelle
tritt ein Verhältnis, dessen Nützlichkeit und Wert mit dem Bleistifte be-

---

bau vielfach extensiver, um die Productionskosten herabzudrücken. Vergl. Paasche: Die
Entwicklung der britischen Landwirtschaft unter dem Drucke der ausländischen Concurrenz. Conrads Jahrbuch. 1892. S. 46.

*) So wird auch im Großherzogthum Baden geklagt, daß bei den Kleinbauern
ein Überschuß an Arbeitskräften besteht.

rechnet wird und nur das Ergebnis nüchternster Erwägung ist.*) Der Grundbesitzer, der höhere Ansprüche an das Leben stellt, als der Bauer, und der ihm an Wissen und Bildung überlegen ist, scheidet sich immer mehr von dem Knecht, der am liebsten seinen Herd auswärts aufbaut. So wird aus dem unverheirateten Bauernknechte ein verheirateter Tag=löhner.**)

Mit der Naturalwirtschaft fällt das stärkste Bollwerk des Bauern=standes gegen die Aufsaugung durch den Großbesitz hinweg.***) Denn so lange der Bauernhof alles das hervorzubringen hat, was der Bauer sammt seiner Familie braucht, gibt es nur individuelle, nicht aber ge=sellschaftlich nothwendige Productionskosten. Eine ungünstigere Lage des Bodens, sowie der Mangel an größerer Arbeitstheilung und Maschinen=verwendung hat nur die Wirkung, daß der Bauer härter arbeiten muß und weniger bequem leben kann, als sein durch bessere Bodenlage oder sonstige Umstände begünstigter Nachbar. So wie aber mit der Geld=wirtschaft die gesellschaftlich nothwendigen Productionskosten zum Angel=punkt der Wertberechnung werden, ändert sich die Sachlage sofort. Der minder begünstigte Concurrent wird im Concurrenzkampfe unterboten, und wenn er auch die vollständige Niederlage durch kümmerliches Leben verzögern kann, zum Schlusse ereilt sie ihn dennoch, da er an Steuern und Schuldzinsen gar nicht, an Löhnen nur in beschränkter Weise sparen und unglückliche Zufälle, die ihn besonders hart treffen, nicht ausschließen

---

*) In Böhmen, wo die Entwicklung zur Geldwirtschaft weiter vorgeschritten ist, ist das patriarchalische Verhältnis zwischen Bauer und Gesinde ziemlich verschwunden. Der wohlhabende Bauer ißt nicht mit dem Gesinde an einem Tische. Vergl. Die Bodencultur Österreichs. S. 181.

**) Nach Morre ist die Zahl der bäuerlichen Dienstboten in vielen Gegenden Steiermarks seit 1880 um 10—20% gesunken, hingegen die Zahl der verheirateten Taglöhner gestiegen. Morre: A. a. O. S. 35 und 49. Dieselbe Erscheinung in Ober=österreich constatiert Folz: A. a. O. S. X. Über ähnliche Verhältnisse in Bayern vergl. Handelsmuseum 1891. S. 511. Auch der von v. d. Goltz an den Congreß deutscher Landwirte erstattete Bericht über die Lage der ländlichen Arbeiter im deutschen Reiche (Berlin, 1875) bemerkt S. 451 u. ff., daß sich die ländliche Arbeiterclasse in Nord=deutschland nur ungerne dem Gesindedienste widmet, und daß ähnliche Anschauungen auch in Süddeutschland platzgreifen. In Böhmen hält nicht bloß der Großgrundbesitzer, sondern auch ein großer Theil der Bauern nicht mehr Dienstboten, als er zu den Gespannen und zur Viehhaltung braucht. Vergl. Die Bodencultur Österreichs S. 182.

***) Vergl. Miaskowski: Das Erbrecht und die Grundeigenthumsvertheilung. S. 93 und 111. W. H. Riehl: Die bürgerliche Gesellschaft. 1851. S. 65.

kann.*) Anderseits wird mit der Naturalwirtschaft auch ein Hindernis der Bodenzerstücklung beseitigt. Denn, zunächst gibt es in der capitalistischen Landwirtschaft keine Minimalgrenze für den Betrieb, und dann bringt die starke Zunahme des verheirateten Taglöhnerstandes eine große Nachfrage nach Parzellenbesitz mit sich. Ein Hektar, mit Handelsgewächsen bepflanzt, kann unter Umständen einer fleißigen Familie ein anständiges Auskommen ebenso sichern, wie ein Besitz von vielen Hektaren, der in herkömmlicher Weise bewirtschaftet wird. Wie soll Gesetzgebung oder Volkssitte der Theilung von Grund und Boden eine Schranke ziehen? Ebenso wenig wie bei Freizügigkeit der Bevölkerung irgend eine obrigkeitliche Person, heiße sie nun Bürgermeister oder Bezirkshauptmann, ermessen kann, ob die Eheschließung zwischen zwei Personen eine Vergrößerung der Armenlast verursachen werde oder nicht, ebenso wenig wird unter der Herrschaft des capitalistischen Betriebes der Landwirtschaft irgend jemand zu beurtheilen vermögen, ob eine Theilung von Grund und Boden zu unwirtschaftlichem Zwergbesitze führen muß, oder ob eine solche im wirtschaftlichen Interesse gelegen sei.

So steht denn unser inneösterreichischer Bauernstand zwischen Scylla und Charybdis. An der Naturalwirtschaft, wie ihm die Conservativen rathen, kann er nicht festhalten, weil seine steigenden materiellen und geistigen Bedürfnisse mit dem stationären Ertrage der Wirtschaft nicht befriedigt werden können, zur Geldwirtschaft, die ihm die Liberalen empfehlen, fühlt er sich nicht hingezogen, weil jeder Übergang an und für sich schwer ist, und weil er instinctiv fühlt, daß er, bloß der Zahl nach stark vermindert in einer capitalistischen Landwirtschaft platzfinden kann.**) Bloß dort, wo, wie in der Nähe von Städten, eine arbeitsintensiv betriebene Landwirtschaft reichen Ertrag bringt, oder wo, wie im Hochgebirge, die Bauernhöfe so groß sind, um vortheilhaften Betrieb der Viehzucht zu ermöglichen, wird sich der Bauernstand in Inner-Österreich zu halten

---

*) Daß die Geldwirtschaft die Verschuldung des Bauernstandes und die Zahl der Executionen vermehrt, kann man sowohl in Deutschland, als auch in Österreich beobachten. So entfiel im Jahre 1884 mehr als die Hälfte aller executiven Feilbietungen von Grundstücken in Nieder Österreich auf die Weinbaudistricte. In Südwestdeutschland, wo der Handelsgewächs= und Weinbau vorherrscht, ist der Grundbesitz weit mehr verschuldet, als sonst wo in Deutschland.

**) Daß die Zahl der Bauern in Deutschland abnehmen werde, erwartet auch Conrad. (Schriften d. V. f. S. XXVIII. Bd. S. 11.

vermögen.*) In allen übrigen Gegenden wird der Bauernhof zwar nicht völlig verschwinden, aber jedenfalls stark vom Großgrundbesitze aufgesogen oder zu Parzellenbesitz herabgedrückt werden.

Die Concurrenzunfähigkeit des landwirtschaftlichen Kleinbetriebes wird nun allerdings von der officiellen Nationalökonomie stark bestritten. Denn, wenn man auch nachgerade einsieht, daß der Bau von Handelsgewächsen, worin nach Bernhardi**) der Kleinbetrieb dem Großbetriebe wesentlich überlegen sein soll, den Bauernstand nicht retten kann, da dem Handelsgewächsbau enge Grenzen gezogen sind,***) so behauptet man doch, daß Sorgfalt und Fleiß dem Eigenthümer, der seine Grundstücke selbst bebaut, ein gewisses Übergewicht verleihen. Und diese Behauptung scheint durch die Erfahrung insoweit bestätigt zu werden, als selbst in Ländern, in welchen die industrielle Entwicklung eine sehr vorgeschrittene ist, die Vereinigung von Grund und Boden in wenigen Händen durchaus nicht immer eintritt, sondern daß in denselben gerade häufig umgekehrt die Tendenz zur Bodenzersplitterung vorherrscht.†)

Trotzdem müssen wir die Schlußfolgerung für eine irrige halten. Sie beruht, wie dies öfters der Fall zu sein pflegt, auf einer Verwechslung des privatwirtschaftlichen mit dem volkswirtschaftlichen Standpunkte. Denn aus der Thatsache, daß in Ländern wie Frankreich der Kleinbetrieb vorherrscht und die Bodenzerstückung stetig zunimmt, darf man ebensowenig auf besondere Vorzüge des landwirtschaftlichen Kleinbetriebes

---

*) Auch Morre ist es aufgefallen, daß in Steiermark der Bauernstand in den Mittellagen am meisten gefährdet ist, ohne daß er jedoch eine Erklärung dieser Thatsache versucht hätte. Morre: A. a. O. S. 33.

**) Bernhardi: A. a. O. S. 432 u. 447.

***) Miaskowski beweist, daß auch heute noch ein großer Theil der landwirtschaftlichen Fläche dem Bau von Brotfrüchten gewidmet werden muß. Die Frage sei nur, wie man die Productionskosten verringern könne. Miaskowski: Agrarpol. Zeit- und Streitfragen. S. 77. Auch in England ist der Körnerbau, trotz aller Einschränkung in den letzten Jahren, noch immer ein sehr bedeutender. Vergl. Nasse: Agrarische und landwirtschaftliche Zustände in England. (Schriften d. V. f. S. XXVII. Bd. S. 176.) In Deutschland nehmen die Handelsgewächse soweit sie feldmäßig gebaut werden, 1·6°/₀ der Gesammtfläche des Acker- und Gartenlandes ein. Vergl. v. d. Goltz in Schönbergs Handbuch I. Bd. S. 550.

†) So insbesondere in Frankreich, wo im Jahre 1879 bereits 8½ Millionen Grundeigenthümer gezählt wurden. Vergl. Freiherr v. Reitzenstein: Die Landwirtschaft und ihre Lage in Frankreich. (Schriften d. V. f. S. XXVII. Bd. S. 10 u. ff.) Der Kleinbetrieb hat auch in der französischen Wissenschaft Anwälte gefunden, so z. B. Mirabeau: L'ami des hommes ou traité de la population. 1759. I. Bd. S. 100 u. ff.

schließen, wie man nicht auf die technischen Vorzüge der Handweberei aus dem Umstande schließen wird, weil im Riesen= oder Eulengebirge noch immer Handwebestühle im Betriebe sind. Die Concurrenzfähigkeit des Kleinbetriebes beruht eben, wie die der Hausindustrie, sehr oft bloß darauf, daß der Besitzer bei der dürftigsten Lebenshaltung sich einer Arbeit aus= setzt, welche der Großgrundbesitzer von einem Taglöhner nicht erzwingen kann.*) Daher wird der Kleinbetrieb der Landwirtschaft nur dort die Concurrenz des Großbetriebes bestehen, wo die Lebenshaltung eine nie= dere, wo es an anderer Arbeit fehlt, oder wo die Intelligenz der Grund= besitzer so gering ist, daß sie sich über ihren wahren Vortheil nicht klar werden. Mit vollem Rechte bemerkt Freiherr von Vogelsang gegen Schmoller, daß eine buchhalterische Bildung des Bauernstandes, welche denselben befähigte, seinen baren Vortheil auszurechnen, die Wirkung haben könnte, daß die Bauern einfach davonlaufen, denn in der Welt gäbe es keinen schlechteren Nahrungszweig, als den bäuerlichen.**) Worin er irrt, ist, daß er meint ein Volk werde sich ewig in der Selbsttäuschung weiterbewegen. Zum mindesten die regeren Elemente werden früher oder später ihren Vortheil erkennen, und dies wird der Grund sein, daß die Zahl unseres Bauernstandes abnehmen wird, wie in England. Dort ist nämlich, wie von verschiedenen Forschern ausdrücklich her= vorgehoben wird, der Proceß der Latifundienbildung, der auch gegen= wärtig noch nicht abgeschlossen ist, nicht auf gewaltthätiges Handeln des Grundadels, sondern darauf zurückzuführen, daß die kaufmännische Bil= dung den kleineren Grundbesitzer schon gegen Ende des vorigen Jahr= hunderts erkennen ließ, daß die Anlage seines Capitals in Handel und Industrie oder in Pachtung von Land größeren Vortheil bringe, als der Besitz von Grund und Boden.***) Der geringe Ertrag des Grundbesitzes war ebenso auf den landwirtschaftlichen Kleinbetrieb, als auf den hohen Wert zurückzuführen, den Grund und Boden allmählich erreicht hatte.

---

*) Wenn der Großgrundbesitzer von seinem Verwalter bestohlen wird, so ist vom privatwirtschaftlichen Standpunkte der Großbetrieb unrentabel; volkswirtschaftlich braucht es durchaus nicht zu sein.

**) Frh. v. Vogelsang in der österr. Monatsschrift für christliche Socialreform. 1882. S. 586.

***) S. Sugenheim: Geschichte der Aufhebung der Leibeigenschaft und Hörigkeit in Europa bis um die Mitte des 19. Jahrhunderts. 1861. S. 302. S. Nasse: A. a. O. S. 134. Paasche: Die Entwicklung der britischen Landwirtschaft unter dem Drucke der ausländischen Concurrenz. Conrads Jahrbücher. 1892. S. 5.

Nach der Lehre der classischen National-Ökonomie hat allerdings der Gewinnsatz die Tendenz überall gleich hoch zu stehen. Wenn im Gegensatze zu dieser Lehre Grund und Boden in der Regel geringere Rente abwirft, als der Capitalbesitz, so ist dies nicht bloß auf die Erwartung zurückzuführen, daß die Grundrente innerhalb eines längeren Zeitraumes steigen werde, sondern auch darauf, daß der Grundbesitz regelmäßig der sicherste und im gewissen Sinne unentbehrlichste Besitz ist. Je schwankender die Conjunctur wird, je mehr die industrielle Reservearmee anwächst, desto dringender wird das Streben nach einer Parzelle Land, welche im äußersten Falle ein kümmerliches Vegetieren des Besitzers gestattet. Die Nothpreise, welche der Proletarier für eine Grundparzelle bezahlt, sind aber nicht bloß für ihn, sondern auch für die Erhaltung des mittleren Grundbesitzes verhängnisvoll. Denn je höher der Preis des Bodens hinaufgetrieben wird, desto unrentabler wird der Betrieb der Landwirtschaft mittlerer Größe. Der Bauernhof kommt zur Zerstückelung oder wird zu einem Latifundium geschlagen, und zwar das letztere nicht bloß deshalb, weil in der Regel der Großbetrieb technisch überlegen ist,[*] sondern auch weil, was gewöhnlich übersehen wird, der Großgrundbesitzer von vorneherein mit einer weit geringeren Verzinsung vorlieb nimmt, als dies der kleine Besitzer vernünftiger Weise thun kann.[**]

Das Ziel, auf welches die Entwicklung der Agrarverhältnisse zunächst hinsteuert, sehen wir in Böhmen erreicht. In diesem letzteren Lande, welches von dem Handelsverkehr seit jeher mehr berührt werden mußte, als die abgelegenen, schwer zugänglichen Alpenthäler, hat der capitalistische Betrieb der Landwirtschaft schon seit geraumer Zeit seinen Einzug gehalten. Die Zuckerindustrie und die Bierbrauerei haben den Bau einiger, einträglicher Handelspflanzen begünstigt, und die weiten Flächen ermöglichen die ausgedehnte Benützung des Dampfpfluges.[***] In der kurzen

---

[*] Auf den Schwarzenberg'schen Besitzungen in Böhmen hat die Selbstbewirtschaftung mit Großbetrieb einen um 35·97% höheren Ertrag ergeben, als die Verpachtung einzelner Meierhöfe oder Parzellen. G. Krafft: A. a. O. S. 337.

[**] Diese zweifache Überlegenheit des großen Capitals drückt Stein in seinem Größengesetze der Capitalien aus. Vergl. L. v. Stein: Die Volkswirtschaftslehre. 2. Aufl. 1878. S. 420.

[***] Im Jahre 1887 waren in Böhmen 2963 landwirtschaftliche Arbeiter bei Dampfmaschinen beschäftigt. In allen inner- und südösterreichischen Kronländern mit Ausnahme von Nieder- und Ober Österreich bloß 311.

Zeit zwischen 1869—1880) fanden in Böhmen von 87.563 Bauerngütern Grundabtrennungen statt, welche nach Hinweglassung jener, die nicht auf Rechnung der Freitheilbarkeit fallen, ein Flächenausmaß von 298.344 Joch umfassen. Auf den abgetrennten Grundstücken entstanden 41.537 neue Ansässigkeiten im Ausmaße von 86.537 Joch, während 211.807 Joch mit bereits bestehenden Gütern, namentlich mit jenen des Großgrund= besitzes vereinigt wurden. Ein ungeheurer Rusticalbesitz ist in die Hände der Großgrundbesitzer übergegangen, ganze Ortschaften sind als Wohn= sitze von Bauern verschwunden.*) Und mit der Ausdehnung des großen Besitzes geht die Verminderung der landwirtschaftlich thätigen Bevölkerung Hand in Hand. Der unverheiratete Dienstbote verschwindet und macht dem verheirateten Taglöhner Platz, aber auch dieser wird innerhalb einer gewissen Grenze durch die Ausdehnung des Großbetriebes überflüssig gemacht. Es hat deshalb auch die Volkszählung von 1890 die That= sache ans Licht gebracht, daß in den Sudetenländern, trotz ihrer großen industriellen Entwicklung, die vorzugsweise landwirtschaftlichen Bezirke theils Bevölkerungsstillstand, theils sogar Bevölkerungsabnahme aufweisen. Es kann dies niemand Wunder nehmen, der die Entwicklung der capi= talistischen Landwirtschaft in dem Musterlande des Capitalismus — England — beobachtet hat. Auch in England geht seit geraumer Zeit**) die Ausdehnung des Großbetriebes und die Verwendung der Maschinen mit einer ständigen und raschen Abnahme der landwirtschaftlichen Arbeits= kräfte Hand in Hand.***) Diese Thatsache mag traurig sein und social

---

*) Peyrer: Denkschrift S. 26 und 37 u. ff.

**) Nach Bernhardi begann das Verschwinden des kleinen Grundbesitzes und Pächters in England in den siebziger Jahren des vorigen Jahrhunderts. Bernhardi: A. a. O. S. 27.

***) Schon in der Zeit von 1851—1861 hat die Zahl der Farmer in England und Wales, die eine Pachtung von weniger als 100 Acres hatten, sich von 31.583 auf 26.567 vermindert. Census of England and Wales. 1861. S. 144. In den zehn Jahren 1871—1881 hat sich die Zahl der bei landwirtschaftlichen Maschinen be= schäftigten Arbeiter verdoppelt, hingegen ist die Zahl der in der Land=, Forst= und Gartenwirtschaft in England und Wales beschäftigten männlichen Personen beständig gefallen. Sie betrug

1861	1871	1881
1,545.667	1,372.942	1,214.453 Personen.

In Ganz Großbritannien soll nach Paasche zwischen 1875 und 1890 die Zahl der Betriebe mit einem geringeren Flächenausmaße als 50 Acres von 388.941 auf 409.422 gestiegen sein. Wenn Paasche daraus schließen will, daß die jüngste Ent= wicklung dem Großbetriebe nicht so günstig sei, so muß auf Paasches eigene Angaben

ihre Bedenken haben, sie ergibt sich aber aus dem capitalistischen Wirt-
schaftsystem mit seiner Betonung der gesellschaftlich nothwendigen gegenüber den individuellen Productionskosten von selbst.

Auch die Agrarverhältnisse in Inner-Österreich werden der Umwandlung nicht entgehen, Tausende von selbständigen Bauern werden
zu landwirtschaftlichen Taglöhnern herabsinken, um mit der Maschine
einen ungleichen Concurrenzkampf zu bestehen. Wieder andere werden
sich auf ihrem Platze zu erhalten wissen, dieselben werden sich aus
jenen recrutieren, die, intelligent und rücksichtslos, zuerst am voll-
ständigsten mit der Naturalwirtschaft brechen, und deren Gut vermöge seiner Größe und geographischen Lage sich leicht nach den Grundsätzen der Geldwirtschaft bebauen läßt. Aber dieser Bauer der Zukunft
wird jenem Idealbilde eines geduldigen und an dem Hergebrachten mit
Zähigkeit festhaltenden Menschen nicht mehr entsprechen,*) sondern er
wird zu jener Classe von Menschen gehören, die sich überall, wo ihr
Interesse im Spiele steht, nur von nüchternen Erwägungen leiten lassen.
Daß dieser Bauernstand nicht mehr das conservative Element sein wird,
welches die besitzenden Classen so gerne gegen die Arbeiterschaft aus-
spielen, liegt auf der Hand. Wie das heutige Kleingewerbe, so wird
der Bauernstand der Zukunft, der beständig von Conjuncturen bedrängt
sein wird, die er nicht zu überblicken vermag, ein politisch höchst un-
zuverlässiges Element sein, dem zustrebend, der die meisten Versprechungen
macht, und die Fahne jeden Augenblick verlassend, auf die er soeben ge-
schworen hat. Daß diese fortschreitende Zersetzung des Bauernstandes
manches Unerfreuliche an den Tag fördern wird, liegt auf der Hand.
Sie ist nur die Wiederholung eines Processes, der sich auf dem Gebiete
der Industrie bereits vor einigen Menschenaltern vollzogen hat. Wie die
Spinnmaschine die Hausspinnerei und der mechanische Webstuhl den Hand-
webstuhl verdrängt haben, weil die Productionskosten bei Maschinen-
betrieb geringer sind, so verdrängt im capitalistischen Betriebe der Landwirtschaft der Großbetrieb den Kleinbetrieb, in der gleichen Weise Tau-

---

verwiesen werden, nach welchen die Zahl der Betriebe mit mehr als 1000 Acres
zwischen 1880 und 1885 von 585 (mit 758.785 Acres) auf 663 (mit 882.615 Acres)
gewachsen ist, was einer Zunahme von 13·3% (bezw. 16·3%) entspricht. Paasche:
A. a. O. S. 53. Über die progressive Zunahme des Areals nach den Kategorien der
Größe des Betriebes zwischen 1875 und 1880 vergl. Rasse: A. a. O. S. 151.

*) Dies muß auch Miaslowski zugeben. Miaslowski: Das Erbrecht und die
Grundeigenthumsvertheilung. S. 163.

sende von Existenzen gefährdend. Aber geradeso wie es heute keinem vernünftigen Arbeiter einfällt, eine Beseitigung der Maschine zu verlangen, weil er weiß, daß das wirtschaftliche Wohl der Menschheit von einer Einschränkung der Production keinen Erfolg zu erwarten hat, geradeso werden wir, trotz allen Mitleides für die unschuldigen Opfer eines weltgeschichtlichen Processes, nicht daran denken dürfen, um den Preis geringer Production den heutigen Bauernzustand zu erhalten. Ein Wirtschaftszustand, in welchem die Classenunterschiede immer größer werden, ist social gewiß nicht erstrebenswert; wir können uns mit ihm bloß versöhnen, wenn wir in ihm nur ein Übergangsstadium zu einer höheren Form menschlichen Zusammenlebens erkennen. Es lacht uns dann aus den Ruinen des Bauernstandes neues Leben entgegen, und wir werden mit Grund die Hoffnung hegen, daß auch eine ferne Zukunft den Dichter nicht Lügen strafen wird, der seiner Liebe zur Bergwelt in den Worten Ausdruck verlieh:

> „Denn wie die Welt sich wandeln mag,
> Rastlos in Weben und Streben;
> Bergvolk und grüne Bergeswelt,
> Sie haben ewiges Leben."

Fünfter Abschnitt.

Der ungleiche Grad der Zersetzung der überkommenen Agrarverhältnisse in Österreich und das ungleiche Wachsthum der österreichischen Nationalitäten. — Die Bedrohung des deutschen Sprachgebietes und die Mittel zur Abwehr. — Schluß.

Der verhältnismäßig numerische Rückgang bedingt die Defensive, in welche das deutschösterreichische Volk gerathen ist. Aber dieser Rückgang spricht in keiner Weise gegen seine Lebenskraft und anthropologische Beschaffenheit. Denn einerseits sind Langlebigkeit und Diensttauglichkeit den Deutschösterreichern nicht weniger eigen als den übrigen Nationen und anderseits lassen sich die ungünstigen sanitären Verhältnisse, die an einzelnen Orten herrschen, auf die bedrückte Lage der Arbeiterbevölkerung, und zwar insbesondere in der Textilindustrie, zurückführen. Auch die weibliche Fruchtbarkeit und die Kindersterblichkeit rechtfertigen eine geringere Volksvermehrung der Deutschösterreicher nicht. Wenn sie trotzdem eintritt, so ist sie eine Folge davon, daß die Zersetzung der überkommenen feudalen Wirtschaftsverhältnisse in den deutschen Alpenländern wegen ihrer geographischen Lage und einer gewissen sittlichen Tüchtigkeit ihrer Bevölkerung später begonnen hat, als in allen übrigen österreichischen Kronländern. Der Proceß der Proletarisierung der ländlichen Bevölkerung, welcher in Wälschtirol und im Küstenlande seit geraumer Zeit vollendet ist, und der in den Sudeten- und Karpathenländern rüstig fortschreitet, steht in den deutschen Alpengegenden erst im Anfangsstadium seiner Entwicklung. Es ist daher kein Zufall, daß in Südtirol zuerst deutsches Gebiet in größerer Ausdehnung verloren gegangen ist. Durch den Brenner von der Hauptmasse des deutschen Volkes getrennt, war Südtirol vorzugsweise auf den Verkehr mit Italien angewiesen, wo ein dichtes Netz von Städten und eine hohe wirtschaftliche Cultur schon frühzeitig zur Ausbildung der Geldwirtschaft geführt hatte. Schon in der ersten Hälfte unseres Jahrhunderts war daher der capitalistische Betrieb

der Landwirtschaft in Wälschtirol vollständig zum Durchbruche gelangt.*)
Der Bau von Wein, Mais und Südfrüchten, sowie die Seidenzucht hatte
zu einer Zerstücklung von Grund und Boden geführt oder doch wenigstens
die Bebauung desselben durch Colonen verursacht, die im Gegensatze zu
dem Bauernknechte in den deutschen Gegenden Tirols ihren eigenen Herd
haben und daher nothwendig verheiratet sein müssen. Die rasch anwach=
sende Bevölkerung schob beständig nach Norden vor, immer mehr wurde
die große Masse der Dienstboten, Taglöhner und Knechte aus den wälschen
Theilen des Landes recrutiert, und damit begann an der Sprachgrenze
ein Abbröcklungsproceß, der nur dadurch verzögert wird, daß die Ver=
wälschung heute mit der Ungunst der Regierung zu kämpfen hat. Aber
noch heute durchziehen Scharen italienischer Arbeiter Deutschtirol, noch
heute sind, nach den Untersuchungen Angerers, zwischen Bozen und Meran
auf dem rechten Etschufer ein Viertel, auf dem linken aber drei Viertel
aller Taglöhner und Dienstboten Italiener, und in der Stadt Bozen
bilden die italienischen Dienstmädchen eine ansehnliche Minorität.**) Sollte
nun die Gunst der Regierung wieder einmal den Italienern lächeln, so
würde der Verwälschungsproceß ungestört seinen Fortgang nehmen und
in kurzer Zeit in einem großen Theile des Etschlandes der letzte deutsche
Laut verklungen sein.

Weit später als Italien ist das übrige Europa, und insbesondere
Österreich, von dem Capitalismus berührt worden. Seine Entwicklung
in dem letzteren Lande fällt insbesondere in die ersten Decennien unseres
Jahrhunderts. Um diese Zeit war es, daß die Bemühungen der mer=
kantilistischen Politik, Industrien hervorzurufen, Früchte zu tragen be=
gannen. Ein Zweig nach dem andern wurde von dem Großbetriebe dem
Kleingewerbe und der Hausindustrie entrissen. Dabei war es natürlich,
daß der Capitalismus dort zunächst ansetzte, wo er die günstigsten Vor=
bedingungen fand, wo also ein günstiges Absatzgebiet und verfügbare
Arbeitskräfte vorhanden waren. Es ist daher auch kein bloßer Zu=
fall, daß die Sudetenländer weit eher von der Bewegung erfaßt wurden,
als die Alpengegenden, denn in jenen hatte sich durch die politischen
Umwälzungen ein großer Grundbesitz gebildet, der viel leichter für die
Geldwirtschaft zu gewinnen war, als der erbgesessene, am Alten starr
festhaltende, innerösterreichische Bauernstand, und zudem war hier bereits

---

*) Vergl. Staffler: A. a. O. 1. Bd. S. 183.
**) J. Angerer: A. a. O. S. 13 und 37.

ein ländliches Proletariat vorhanden, welches in die Fabrik strömte, da ihm dieselbe größeren Verdienst in Aussicht stellte, als die Beschäftigung auf dem Felde oder in der Hausindustrie bieten konnte. Damit gieng aber ein rapides Anwachsen der Bevölkerung Hand in Hand. Es ist daher leicht zu begreifen, daß das rasche Fortschreiten des tschechischen Elementes gerade in die zweite Hälfte unseres Jahrhunderts, und somit in eine Zeit fällt, in welcher die Zersetzung der bisherigen Agrarverfassung in Böhmen reißende Fortschritte machte.

Auch in den Karpathenländern ist der Zersetzungsproceß im Grundbesitze weit vorgeschritten, ja die Proletarisierung der landwirtschaftlichen Bevölkerung Galiziens übertrifft jene der Sudetenländer bei weitem. Ob dies mit der günstigeren geographischen Lage der Letzteren oder der größeren wirtschaftlichen Tüchtigkeit der deutschen und tschechischen Bevölkerung zusammenhängt, welche es bisher verstanden hat, den mittleren Grundbesitz wenigstens theilweise vor dem Untergange zu bewahren, bleibe dahingestellt. Jedenfalls genügt die Thatsache, daß in Galizien Latifundien und hoffnungsloser Zwergbesitz einander gegenüberstehen, um das rapide Anwachsen seiner Bevölkerung zu erklären. Indem dasselbe viel rascher erfolgt, als in allen übrigen Kronländern, Dalmatien und die Bukowina ausgenommen, so wird sich zu der Expansion tschechischen Volksthumes eine solche polnischer Bevölkerung gesellen. Heute ist die Wanderlust der polnischen Bevölkerung in Österreich noch verhältnismäßig gering, der größte Theil der in Galizien Geborenen bleibt auf der Scholle, und bloß in Schlesien und in einigen angrenzenden Bezirken Mährens macht sich bereits ein Strom polnischer Auswanderer bemerkbar.*) Aber bald wird polnisches Volksthum über alle Grenzen Galiziens hinüberfluten, und die Masse der Auswanderer in dem Umfange wachsen, als der Zusammenbruch zahlreicher Zwergwirtschaften zu einer Vergrößerung der Latifundien führen muß.

Spät hat die Bewegung die deutschen Alpengegenden erfaßt, aber sicher und unaufhaltsam schreitet der Zersetzungsproceß auch hier fort. Schon sind die Anzeichen der Differencierung vorhanden, schon ballt sich der Grundbesitz auch hier in wenigen Händen zusammen, während gleichzeitig ein zahlreicher Parzellenbesitz zum Ausdrucke fortschreitender Prole-

*) Ähnlich wie in Galizien sind die Verhältnisse in den von Polen bewohnten Theilen des preußischen Oberschlesiens und Posens. Daher breitet sich das polnische Element, trotz aller Regierungsmaßregeln, rasch aus. Vergl. Miastowski: A. a. O. S. 69, und in Schmollers Jahrbuch 9. Bd. Neue Folge. S. 223.

tarifierung wird. So weit wie in den Karpathenländern, wird die Prole=
tarifierung allerdings zunächst nicht gehen, denn wie in den Sudeten=
ländern, wird sich auch in Inner=Österreich noch ein mittlerer Grund=
besitzerstand erhalten, der unter vereinzelten günstigen Bedingungen den
Kampf mit den Tendenzen der Centralisation und Decentralisation des
Grundbesitzes mit Erfolg aufnehmen kann. Die große Mehrheit der
heutigen Landbevölkerung wird aber auch hier Proletariat werden. Neben
dem tschechischen und polnischen wird auch der deutsche Landproletarier
in die städtischen und Industrie=Bezirke wandern, und damit wird dem
Verluste deutschen Sprachbodens ein Ziel gesetzt werden.

Das rasche Anwachsen der nichtdeutschen Volksstämme Österreichs
und die Bedrohung des deutschen Sprachgebietes durch fremde Einwan=
derer ist auf wirtschaftliche Ursachen zurückzuführen, ganz so wie der Zug
der Auswanderer, welcher sich während des ganzen Mittelalters bis gegen
das Ende des vorigen Jahrhunderts aus Deutschland gegen die Länder
des europäischen Ostens in Bewegung setzte. Nicht bloß die erobernden
deutschen Fürstenhäuser, sondern auch böhmische, polnische und ungarische
Könige riefen diese deutschen Einwanderer herbei, weil dieselben an tech=
nischer Bildung der einheimischen slavischen und magyarischen Bevölkerung
weit überlegen waren. Der Bergbau Böhmens, Ungarns, aber auch Süd=
tirols war in deutschen Händen, und der deutsche Handwerker, welcher
mit den Zunftgenossen im deutschen Reiche in innigster Fühlung stand,
bildete in den Städten jenseits der Reichsgrenze den wertvollsten Be=
standtheil der Bevölkerung und oft eine Achtung gebietende Minorität.
Die technische Überlegenheit beschränkte sich aber nicht auf das Gewerbe,
auch der deutsche Bauer war durch sein Können ausgezeichnet.*) Er
führte den schweren Räderpflug und konnte somit den schwersten Boden
bebauen, während sich die slavische Bevölkerung mit Hakenpflug und
Hacke vorwiegend auf dem leichteren Sandboden niedergelassen hatte.

Die Zeit, in welcher die bessere technische Ausbildung dem Arbeiter
durchwegs ein Übergewicht gab, ist vorüber. Zwar kennen wir noch

---

*) Vergl. Miaskowski: Das Problem der Grundbesitzvertheilung in geschichtlicher
Entwicklung. 1890. S. 14. Ludwig Schlesinger: Geschichte Böhmens. 1869. S. 164.
A. Meitzen: Die Ausbreitung der Deutschen in Deutschland und ihre Besiedlung der
Slavengebiete. Conrads Jahrbücher. 1879. S. 33. J. Bendel: Die Deutschen in Böh=
men, Mähren und Schlesien. 1884. S. 59. Die Eintheilung des Ackers in Gewanne
war den Slaven unbekannt. Die freisrunden Dörfer hinderten Straßenanlagen und
damit den Fuhrwerksverkehr zu den Feldern.

heute den Unterschied zwischen qualificierter und nicht qualificierter Arbeit, aber der Wert der Ersteren ist in dem Maße in beständigem Sinken begriffen, als es den technischen Wissenschaften gelingt schwierigere Ver= fahrensarten der Maschine zu übertragen. Je geringer aber die An= forderungen sind, welche an die Auffassung und die technische Ausbil= dung des Arbeiters gestellt werden, je mechanischer die Arbeit wird, desto mehr wird jenen Völkern, die imstande sind einen Bevölkerungsüber= schuß abzugeben, welcher an intensive Arbeit gewöhnt ist und sich zu= gleich auf einem niedrigen Lebensfuße befindet, der Vortheil nationaler Offensive zutheil. Dieser Vortheil kommt den Engländern gegenüber den Franzosen in Kanada*) zu, den Irländern gegenüber den Engländern in Großbritannien, den Belgiern, Italienern und Deutschen gegenüber den Franzosen, den Chinesen gegenüber den Angehörigen der weißen Rasse in Amerika und Australien. Nicht der Mann mit der besseren Bildung und Lebenshaltung, sondern der Kuli wird zum Pionnier seiner Nationalität. Wird deshalb innerhalb unserer heutigen Gesellschafts= ordnung der Zuwachs der Bevölkerung verhindert, sei es durch irgend= welche gesetzliche Bestimmungen, sei es durch Einbürgerung der franzö= sischen Praxis, so wird dadurch zugleich die nationale Widerstandskraft geschwächt, ohne daß für diesen Nachtheil mehr als vorübergehende wirt= schaftliche Vortheile eingetauscht werden. Denn, solange die Beschränkung der Volksvermehrung keine allgemeine ist, wird man immer Gefahr laufen, daß eine starke Einwanderung fremder Elemente den Mangel an hei= mischer Bevölkerung ausgleicht,**) oder daß die Concurrenzfähigkeit der

---

*) Als Kanada im Jahre 1763 an England abgetreten wurde, war die weiße Bevölkerung eine ausschließlich französische. Heute machen die französisch Sprechenden wenig mehr als ein Viertel der Gesammtbevölkerung aus. — Im Jahre 1871 lebten in Irland 68.199 Engländer und Schotten, hingegen in England und Schottland 774.310 Irländer. In den ersten Decennien des Jahrhunderts bestand ein Viertel bis zu einem Drittel aller Arbeiter im Westen von England und Schottland aus Irländern, welche die einheimischen Arbeiter aus allen Zweigen, wo es mehr auf Kraft als auf Geschicklichkeit ankam, verdrängten. Anfangs kamen die Irländer nur zur Erntezeit, dann ließen sie sich dauernd nieder. Vergl. Edinburgh Review. XLV. Bd. S. 54 und XLVII. Bd. S. 236.

**) Im Jahre 1851 lebten in Frankreich 322.000 Ausländer, im Jahre 1886 hingegen 1,076.000. Levasseur: A. a. O. I. Bd. S. 344. Unter diesen Fremden be= fanden sich 79.000 Spanier, vorwiegend im südwestlichen Theile Frankreichs. Im 17. Jahrhunderte giengen umgekehrt jährlich 70.000 Franzosen zur Erntezeit nach Spa= nien. Vergl. S. Sugenheim: A. a. O. S. 59.

nationalen Industrie unter den höheren Löhnen leidet, denn daß hoher Lohn durchwegs zu größerer Arbeitsleistung und damit zu billigerer Arbeit führe, dieser Ansicht kann ich mich trotz der Unterstützung, welche dieselbe durch wissenschaftliche Autoritäten erfährt, nicht anschließen.

Ist aber die starke Einwanderung nichtdeutscher Elemente in die deutschen Bezirke Österreichs in erster Reihe die Folge davon, daß die Zersetzung der überkommenen Wirtschaftsordnung in Inner-Österreich noch nicht so weit vorgeschritten ist, als in den anderen Ländergruppen, so ergibt sich die Aufgabe für alle jene, welche das deutsche Volk in Österreich in Zukunft ungemindert und ungeschwächt erhalten wollen, von selbst. Sie müssen, wenn ich so sagen darf, suchen über den todten Punkt hinwegzukommen, indem sie Einfluß auf die Regierung zu gewinnen streben, auf daß in einer Zeit, in welcher die Verhältnisse für das deutsche Volk ungünstig liegen, nicht auch noch die Verwaltung an der Verdrängung deutschen Volksthums mitarbeitet. Sie müssen ferner stets und unablässig bemüht sein, das nationale Bewußtsein der Deutsch-österreicher wach zu erhalten, da nur so eine Minorität vor der Aufsaugung durch die Majorität geschützt werden kann. Aber damit ist die Aufgabe noch nicht erschöpft, denn weil die Verdrängung des Deutsch-thums in erster Reihe die Folge eines nothwendigen wirtschaftlichen Processes ist, so kann derselben nur durch wirtschaftliche Maßregeln entgegengearbeitet werden. Dabei darf man selbstverständlich nicht die Erhaltung der überkommenen Agrar- und Wirtschaftszustände der Alpenländer auf die Fahne schreiben, denn eine nationale Partei würde damit den Ast abzusägen versuchen, auf welchem sie sitzt, und überdies einen Kampf gegen Windmühlen kämpfen. Nicht die Erhaltung, sondern der möglichst rasche und thunlichst schmerzlose Übergang zu anderen Wirtschaftsformen muß erstrebt werden, denn dies liegt nicht bloß im höchsten nationalen Interesse, sondern entspricht auch den Geboten reinster Menschlichkeit. Der capitalistische Betrieb, so revolutionierend er auf die Grundbesitzvertheilung wirkt, läßt sich auf die Dauer nicht hintanhalten. Aufgabe der Politik und der Selbsthilfe wird es sein, die Bedingungen so zu gestalten, daß seine Einführung den geringsten Schaden verursacht. Dies wird in erster Reihe dadurch geschehen können, daß die Alpenländer weit mehr, als es bisher der Fall war, zu Industriegegenden werden. Denn damit könnte nicht bloß die Landwirtschaft zum Theile weit intensiver werden, als sie jetzt ist, sondern es würde sich auch für die durch die Zersetzung der Agrarzustände frei werdende Bevölkerung ein Arbeitsgebiet eröffnen, welches sie vor dem tiefsten Falle bewahren könnte. Leicht ist es allerdings nicht, den Bauernknecht zum Fabriksarbeiter zu machen, denn die Bauernarbeit, so hart sie unter Umständen sein kann, hält an, Arbeitsintensität den Vergleich mit der Fabriksarbeit oder der Arbeit nach Stücklohn nicht aus.*) Das Maß an Selbstüberwindung, welches der moderne Stückarbeiter, und an Geistesgegenwart und Genauigkeit, welches der Arbeiter an der Maschine haben muß, läßt sich in wenigen Wochen oder Monaten nicht aneignen, es ist langsam erworben wie jede mensch= liche Fähigkeit, und nur die Übung von frühester Jugend an vermag den Mangel an angeborener Spannkraft des Nervencapitals zu ersetzen. Daher wäre es eine der ersten Aufgaben nationaler Wirtschaftspolitik in bäuerlichen Gegenden für Lehrwerkstätten zu sorgen, in welchen wenigstens ein Theil der ländlichen Jugend für die Umgestaltung des Productions= processes vorbereitet würde. Das Wichtigste für die Alpenländer bleibt aber der Ausbau des Eisenbahnnetzes, da dieser die Voraussetzung für die Entwicklung der modernen Industrie ist. Der Bau der Tauernbahn würde nicht bloß eine directe Verbindung zwischen Salzburg und der Adria herstellen, sondern auch zahlreiche Wasserkräfte der industriellen Benützung zuführen. Früher oder später wird dieses unermessliche Ca= pital, welches z. B. Salzburg in seinen Wasserkräften besitzt, ausgenützt und damit für die locale Landwirtschaft ein reiches Absatzgebiet geschaffen werden. Hand in Hand mit der Verbesserung der Communicationsver= hältnisse in den Alpenländern wird auch eine tüchtige technische Vor= bildung des Landwirtes gehen müssen. Nicht bloß die Regierung und öffentlichrechtliche Corporationen, auch Private werden daran zu ar= beiten haben, daß die Landwirtschaft Inner=Österreichs die Höhe erreicht= welche sie in den nordwestlichen Kronländern seit geraumer Zeit ein= nimmt. Insbesondere der Großgrundbesitz wird es sich mehr, als es bis= her der Fall war, zur Aufgabe stellen müssen, das landwirtschaftliche Vereinsleben zu heben und in seiner eigenen Wirtschaft ein Muster für alle mittleren und kleineren Grundeigenthümer zu schaffen.

Wenn nun schon die starke Zuwanderung deutscher Arbeitskräfte in die Städte und Industrialorte in Zukunft den Verlust an dem deutschen Sprachboden zu hindern verspricht, so wird auch in anderer Richtung

---

*) Darüber, wie schwer es war, den englischen Arbeiter an die Fabriksarbeit zu gewöhnen vergl. G. v. Schulze=Gaevernitz: A. a. O. S. 17. In den indischen Baum= wollspinnereien muß man es gestatten, daß die Arbeiter während der Arbeitszeit hinausgehen, um sich auszuruhen und zu rauchen.

der deutschen Sprache ein günstigerer Stern leuchten. Denn je größer
der Verkehr wird, desto nothwendiger wird auch eine Verkehrssprache, und
daß diese in Österreich keine andere, als die deutsche sein kann, liegt auf
der Hand.*) Jede Regierung, sie mag noch so wenig Lust haben Natio-
nalitätspolitik zu treiben, wird daher schon aus wirtschaftlichen Gründen
eine vermehrte Gelegenheit zur Erlernung der deutschen Sprache geben
müssen. Was aber vom Geschäftsverkehre, gilt auch vom geistigen
Leben. So traurig es für die kleinen Nationen ist, so kann es doch nicht
geleugnet werden, daß ein reges geistiges Leben sich innerhalb derselben
ungleich schwerer erhalten läßt, als in großen.**) Es mag gebildete Engländer geben, die nur englisch verstehen, ein Mensch, der nur der slovenischen Sprache mächtig ist, wird keinen Anspruch auf Bildung machen
können. Je höher im Laufe der Entwicklung die geistigen Bedürfnisse
der nichtdeutschen, österreichischen Nationen steigen, desto mehr wird die
Kenntnis der deutschen Sprache zu einem unentbehrlichen Mittel werden,
mit welchem sich nicht bloß der Schatz deutscher, sondern auch die Schätze
universeller Bildung heben lassen. Und in dieser Richtung scheint mir
namentlich die Bewegung des Proletariats für die zukünftige Gestaltung
des Verhältnisses zwischen den Nationen von Bedeutung zu sein. Eine
ungeheure geistige Gährung, wie sie nur vor großen, sei es friedlichen,
sei es gewaltsamen Umwälzungen einzutreten pflegt, hat sich der Gemüther
bemächtigt. Die moderne Arbeiterbewegung, welche sich ein theoretisch
begründetes Ziel steckt, wächst unaufhaltsam auf dem ganzen Erdball
und erfaßt allmählich auch die Kreise der Nichtarbeiter. Während die
gleichen ökonomischen Ursachen überall gleiche Parteigruppierungen hervorrufen und die nationalen Parteien zersetzen, greifen schwielige Hände
gierig nach den Schätzen der Kunst und Wissenschaft, die Bildung hört
auf ein Monopol der Besitzenden zu sein, und zu derselben Zeit, in welcher
in der Kirche und auf dem Katheder gegen den Materialismus zu Felde
gezogen wird, beweist das thatsächliche Verhalten von Tausenden, daß

---

*) Den germanisierenden Einfluß, den seinerzeit der offene Handel zwischen
Böhmen einerseits und Sachsen und Bayern andererseits übte, bemerkte schon Pelzel.
Als der Verkehr aufhörte wurden viele Orte wieder tschechisch. Vergl.: d'Elvert: „Zur
Geschichte des Deutschthums." S. 582.

**) Selbst nationalgesinnte Tschechen geben zu, daß ihr Volk heute keine nationale
Cultur besitzt. Dies mag sich selbst anthropologisch dadurch erklären lassen, daß die
höheren Kreise des tschechischen Volkes viel germanisches Blut in ihren Adern fließen
haben. Selbst von den Führern der Jungtschechen hat ein Drittel deutsche Namen.

die sociale Frage nicht bloß eine Magen=, sondern auch eine Culturfrage
ist. Unter solchen Umständen kann es keinem Zweifel unterliegen, daß
jede Culturnation einen großen Anziehungspunkt auf die nach Bildung
dürstenden Massen ausüben, und daß der Proletarier fremder Zunge
sich derselben umso eher anschließen wird, als ihm stündlich der Wert
des Nationalbewußtseins als bloße Chimäre dargestellt wird. Der Deutsch=
österreicher hat diesbezüglich den Wettkampf nicht zu scheuen. Er weist
auf die unvergänglichen Schätze deutschen Geistes hin und fühlt sich als
Glied einer Nation, die zahlreich genug ist, um ein geistiges Leben zu
entfalten und zu erhalten. Aber auch bezüglich seines eigenen Volks=
stammes kann er beruhigt in die Zukunft blicken, denn seit der Zeit, da
der Wiener Hof der Sitz deutschen Minnegesanges war, war die geistige
Regsamkeit in Österreich nie größer, als in der Gegenwart. Das Urtheil,
welches unsere Dichterfürsten über die Bewohner des Donaulandes gefällt
haben, mag für dieselben hart gewesen sein, es trifft die Enkel nicht. Der
Deutschösterreicher von heute ist kein Phääke, die Noth der Zeit hat ihn
denken und sorgen gelehrt. Überall regt sich frisches Leben, und wenn
auch hier, wie sonstwo, das Genie nur spärlich vertreten ist, so fehlt es
doch nicht an Talent und froher Schaffenslust.

Der Nationalitätenstreit wird in absehbarer Zukunft nicht ver=
schwinden. Als eine Art des collectiven Kampfes ums Dasein wird er
bestehen bleiben, solange es nach Abstammung, Sprache, Sitte und Denk=
weise verschiedene Menschengruppen gibt. Wie aber der Kampf ums
Dasein überhaupt mit der fortschreitenden Entwicklung einen Theil seines
gemeingefährlichen Charakters verliert, weil er sich auf einem anderen
Boden bewegt, so wird auch der Nationalitätenstreit im Laufe der Jahr=
hunderte immer mehr mit anderen Waffen ausgefochten werden. Der
Weg bis zu einer ethisch makellosen Form des Daseinskampfes ist noch
weit, aber er ist nicht weiter, als jener vom Kannibalismus zur russischen
Nationalitätenpolitik. Wenn schon heute der Zauber, den ein höheres
Culturleben ausübt, zur Macht wird, fremde Eigenart widerspruchslos
der Art des Culturvolkes zu unterwerfen, so enthält selbst eine Zeit
heftiger Rassenkämpfe wenigstens ein die Menschlichkeit versöhnendes
Moment.

Tabelle zum dritten Abschnitte.

Im Jahre 1828 befanden sich Fabriken und Gewerbe der Staats- und Privatindustrie:

in	Seidenge-spinst u. Waren	Baum- u. Schafwoll-gespinst u. Waren	Eisenguss-werke, Eisenhämmer rc.	Stahl- u. sonstige Metall-waren	Messing, Zint, Na-del und Knöpfe	Zuckerraf-finerien
Nieder-Öster-reich . .	34	33	13	51	6	8
Ober-Öster-reich .	1	12	63	—	4	—
Steiermart .	3	1	161	—	3	1
Küstenland .	4	3	—	—	—	1
Tirol . .	370	12	1	—	1	—
Böhmen . .	1	28	38	—	1	2
Mähren . ⎫ Schlesien ⎭	1	3	42	—	2	—
Kärnten . ⎫ Krain . ⎭	—	—	109	—	—	—

Außerdem noch 1 chemische, 1 Blaufarbe-, 1 Porcellan-, 1 Spiegel- und 2 Papierfabriken in Nieder-Österreich, eine Zinnoberfabrik in Krain und eine Salmiakfabrik in Tirol.

(Versuch einer Darstellung der österreichischen Monarchie in statistischen Tafeln. Wien 1828.)

Im Jahre 1880 waren Arbeiter beschäftigt:

in der, beziehungsweise in	in Inner-Österreich	in den Sude- tenländern
Seidenweberei	2371	5507
Streichgarnspinnerei *)	379	8460
Kammgarnspinnerei	965	2270
Streichgarnweberei	399	21.626
Erzeugung von Kammgarn= u. gemischten Stoffen auch Schafwollwarendruckerei *) . . .	2695	21.944
Erzeugung von Teppichen, Decken u. Kotzen*) .	344	1103
Baumwollspinnerei	12.049	11 676
Baumwollabfallspinnerei	—	2185
Baumwollweberei	5385	33.677
Leinenzwirnerzeugung *)	—	1937
Leinenweberei *)	325	12.417
Baumwolldruckerei	1666	3486
Appreturanstalten *)	1305	6655
Bandfabriken *)	1914	1242
Wirk= und Strickgarnerzeugung *) . . .	406	2254
Maschinenstickerei	—	2025
Flachsspinnerei	320	16.807

(Nachrichten über Industrie, Handel und Verkehr aus dem statistischen Departement im k. k. Handelsministerium. 28. Bd. 1884.)

---

*) Unternehmungen mit einer Steuer von mindestens 42 fl.

Einige neue Zahlen

zur

Statistik der Deutschösterreicher.

Von

Dr. Michael Hainisch.

LEIPZIG UND WIEN.

FRANZ DEUTICKE.

1909.

Die Zahlen, die der vorliegenden Schrift zugrunde liegen, habe ich für einen Vortrag berechnet und zusammengestellt. Wenn ich sie, die ursprünglich nur für einen engeren Kreis bestimmt waren, der Öffentlichkeit übergebe, so leitet mich der Gedanke, daß es an der Zeit ist, Sätze, die in unserem politischen Leben den Charakter von Glaubenssätzen angenommen haben und immer wieder ausgesprochen werden, auf ihre Richtigkeit zu prüfen. Zur Prüfung einiger solcher Sätze wollte ich auf einem engbegrenzten Gebiete Material herbeischaffen. Sollte es mir gelingen, einen oder den anderen Leser davon zu überzeugen, daß die so allgemein verbreitete Meinung, der Rückgang des deutschen Elementes in Österreich müsse sich infolge der Bevölkerungsbewegung mit der Notwendigkeit eines Naturprozesses vollziehen, eine irrige ist, so werde ich darin einen Lohn für die so geisttötende und zeitraubende Tätigkeit des Materialsammelns erblicken.

Wien, im März 1909.

Der Verfasser.

Die Zeit ist für uns Deutschösterreicher sehr ernst geworden. Im letzten Jahre hat ein allgemeiner Sturm auf unsere Stellung stattgefunden, so daß es an einzelnen Orten zu einem förmlichen Bürgerkriege gekommen ist. Ob dieser Sturm mit den Bestrebungen im Zusammenhange steht, eine Weltkoalition gegen das Deutsche Reich und seine Verbündeten zusammenzubringen, mag dahingestellt bleiben. Unter allen Umständen haben uns aber die Ereignisse des letzten Jahres gelehrt, daß wir Deutschösterreicher nur auf uns selbst zu rechnen haben, und daß der Schutz unserer Angehörigen bei dem Versagen des staatlichen Verwaltungsapparates nur so weit reicht als unsere Macht. Da mag es angezeigt erscheinen, daß wir uns über die Stärke unserer Stellung genau Rechenschaft geben. Denn die Kenntnis der eigenen Stärke scheint mir die unerläßliche Voraussetzung jeder ersprießlichen politischen Tätigkeit zu sein.

Ich werde im folgenden einen Beitrag zur Erkenntnis unserer Stellung zu geben versuchen; ich wiederhole: einen Beitrag. Denn ich will mich darauf beschränken, mich mit dem Zahlenverhältnisse zwischen den Deutschösterreichern und den mit ihnen konkurrierenden Nachbarvölkern zu beschäftigen. Ja ich werde sogar mehr Zukunfts- als Gegenwartsmusik machen. Ich werde mich mit der Zuwachsrate der einzelnen Volksstämme beschäftigen, da ich in ihr den wichtigsten — wenn auch keineswegs den einzigen — Faktor für die zukünftige Gestaltung der Volkszahl sehe. Dabei muß ich, um nicht mißverstanden zu werden, ausdrücklich betonen, daß ich keineswegs der Meinung bin, daß die politische

Macht eines Volksstammes schon rein mechanisch von seiner
Zahl abhängt. Die Vlämen in Belgien sind zahlreicher als die
Wallonen, und ihre Volksvermehrung ist stärker. Trotzdem
gelingt es ihnen nur mühsam und ganz allmählich, die
Gleichberechtigung zu erhalten. Und Ähnliches gilt von den
Ruthenen Galiziens, die trotz ihrer Zahl die Hegemonie der
Polen noch nicht abzuschütteln vermochten. Es fällt mir also
nicht ein, den Einfluß zahlreicher Imponderabilien zu leugnen.
Aber man wird doch behaupten können, daß der Einfluß
dieser Imponderabilien kein vollständig konstanter ist, ja daß
er um so schwächer wird, je ungünstiger sich das Zahlenverhältnis für die Nation gestaltet, die über diesen Einfluß
verfügt. So wird die Magyarisierung der Verwaltung und der
Schule selbst im Laufe sehr langer Zeit die in kompakten
Massen wohnenden Slowaken und Rumänen nicht zu Magyaren
machen, weil der magyarisch sprechende Teil der Bevölkerung
in diesen Gegenden außerordentlich klein ist und sich häufig
auf Beamte und Lehrer beschränkt. Es verhält sich hier wie
im Kriege, wo Strategie und Taktik in dem Augenblicke
versagen, wo die numerische Übermacht des Gegners allzu
groß wird.

Damit bin ich mit meinen Einschränkungen nicht zu
Ende. Ich weiß sehr gut, daß neben der Volkszahl auch die
Siedlungsverhältnisse und die soziale Struktur des Volkes
eine Rolle im nationalen Kampfe spielen. In beiden Be-
ziehungen ist unsere Lage nicht günstig. Was zunächst die
Besiedlungsverhältnisse betrifft, so wohnen die Deutschen
des Donautales und der Alpen kompakt beisammen, wie die
Tschechen, Polen und Slowenen. Nicht das gleiche gilt von
den Sudetenländern. Hier zieht sich ein Streifen deutschen
Gebietes im weiten Bogen von der oberösterreichisch-bayrischen
Grenze bis nahe an die russische Grenze. Dieser Streifen ist
von sehr verschiedener Breite, ja er wird sogar an einigen
Stellen von dem tschechischen Gebiete durchbrochen, das
bis an die Reichsgrenze heranreicht. Daneben befinden sich
in den Sudetenländern, aber auch in Untersteiermark und

Krain Deutsche in der Diaspora. Die deutschen Nieder-
lassungen befinden sich meist in den Städten und stellen
hier einen Bau dar, der auf mehr oder minder wankendem
Boden errichtet ist. Diese ganz irrationale Art der Besiedlung ist nur historisch zu begreifen. Es handelt sich um
Glieder des deutschen Volkskörpers, die durch die Ausscheidung Österreichs aus Deutschland gleichsam unterbunden
wurden und nun Gefahr laufen, infolge mangelnder Blut-
zufuhr abzusterben.

Auch die soziale Gliederung der deutschösterreichischen
Bevölkerung ist keine günstige. Wir haben in den oberen
Schichten der österreichischen Gesamtbevölkerung relativ zu
viele, in den unteren Schichten aber zu wenige Vertreter;
unsere Armee hat unverhältnismäßig viel Offiziere und
Unteroffiziere, aber wenig Soldaten. Diese Erscheinung tritt,
wie bereits oben erwähnt, in den gemischtsprachigen Teilen
unseres Vaterlandes hervor. Mit ihr hängt die weitere Erscheinung zusammen, daß die deutschen Minoritäten im
fremden Gebiete im allgemeinen die Tendenz haben abzu-
bröckeln. Denn da sich die oberen Schichten in Österreich,
so wie überall, schwächer vermehren als die unteren, muß die
Zahl ihrer Angehörigen an sich relativ eine stets kleinere
werden. Indes soll in diesem Zusammenhange von der Wirkung der sozialen Struktur der deutschen Bevölkerung in
den gemischtsprachigen Gegenden auf den Volkszuwachs abgesehen und nur von ihrer Wirkung auf die Politik gesprochen werden. Diese äußert sich darin, daß die Deutschösterreicher nicht immer eine Volkspolitik machen können,
wie die übrigen österreichischen Völker, sondern mit Rücksicht auf ihre versprengten Volksgenossen und ihre soziale
Stellung häufig ein Kompromiß zwischen Volkspolitik und
Klassenpolitik zu schließen genötigt sind. In den deutschen
Bezirken zeigt sich die höhere wirtschaftliche Entwicklung
der Deutschösterreicher in dem Zurücktreten der Landwirtschaft und in dem entsprechenden Hervortreten von Industrie und Handel. Und da ist denn namentlich eines

1*

Umstandes zu gedenken, der von der größten Wichtigkeit ist,
nämlich der Stellung von Wien. Die Bevölkerung Wiens ist
in den letzten Dezennien an Zahl rasch gewachsen. Wien hat
Einwanderer aus allen Teilen des Reiches, besonders aber
aus den Sudetenländern und Ungarn, angezogen. Bisher
hat sich der Zuzug verhältnismäßig rasch assimiliert, so daß
Wien trotz der starken Zuflüsse aus fremden Gebieten als
eine ganz überwiegend deutsche Stadt zu bezeichnen ist. Mit
dieser raschen Zunahme Wiens hat sich nun eine Änderung
in der Struktur der deutschösterreichischen Bevölkerung vollzogen, insoferne als ein großer und stets wachsender Prozentsatz unserer Gesamtbevölkerung aus großstädtischen Elementen
besteht. In den 20 Jahren von 1880 bis 1900 ist die Be-
völkerungszahl Wiens südlich der Donau um 50⁰/₀ gewachsen,
während die Vermehrung der zuständigen Bevölkerung des
ganz oder überwiegend deutschen Gebietes Österreichs, über
dessen Zusammensetzung ich weiter unten zu sprechen haben
werde, nur 20⁰/₀ betrug. Das Großstadtproblem ist also, wie
für unsere Brüder im Deutschen Reiche, auch für uns ein
Problem, dem wir unsere volle Aufmerksamkeit zuzuwenden
haben werden.

Im Deutschen Reiche ist bekanntlich die Bevölkerungs-
zahl im Laufe der letzten Dezennien rasch angewachsen.
Deutschland, das einen großen Geburtsüberschuß besitzt und
in den ersten zwei Dritteln des vorigen Jahrhunderts Millionen seiner Kinder an die Vereinigten Staaten von Amerika
abgab, ist aus einem Auswandererlande ein Einwandererland
geworden, d. h. es zieht mehr Fremde an, als es Einheimische
abgibt. Demgemäß hat sich die Bevölkerung des Deutschen
Reiches rasch vermehrt. Aber der Zuwachs an Menschen hat
sich nicht über das ganze Gebiet des Reiches gleichmäßig
verteilt. Er ist ganz vorwiegend den Städten und besonders
den Großstädten zugute gekommen. Im Laufe des letzten
Menschenalters hat sich damit die Zusammensetzung der
reichsdeutschen Bevölkerung vollkommen geändert. Im Jahre
1870 zählte Deutschland nur acht Städte mit über 100,000

Einwohnern, heute zählt es deren 33. Im genannten Jahre
machte die großstädtische Bevölkerung 5⁰/₀ der Gesamtbevölkerung aus, heute ist ihr Anteil auf über 16⁰/₀ gestiegen. Daß er im nächsten Dezennium weiter steigen wird,
scheint zweifellos zu sein, beträgt doch in England, dem
Lande, in dem die kapitalistische Entwicklung der Neuzeit
am frühesten eingesetzt hat, das uns also bis zu einem gewissen Grade ein Bild unserer Zukunft gibt, die großstädtische Bevölkerung ein Drittel der Gesamtbevölkerung.
Ich kann mich hier mit dem Großstadtproblem nicht
näher beschäftigen, so verlockend dies auch für mich wäre.
Ich bedauere dies um so lebhafter, als ich im weiteren Ver-
laufe meiner Ausführungen mehrmals genötigt sein werde,
das Großstadtproblem zu streifen. Ich werde darauf aufmerksam machen müssen, daß sich die Bevölkerungsbewegung
der Großstädte wesentlich von der des Landes unterscheidet.
Das ist indes nur eine der Wirkungen des großstädtischen
Lebens und keineswegs die bedeutsamste. Denn dieses beeinflußt nicht bloß den Zuwachs der Bevölkerung, also die
Quantität, sondern auch, und zwar in weit höherem Maße,
deren Qualität. Demgemäß besteht das Großstadtproblem
darin, den Gefahren zu begegnen, denen die großstädtische
Bevölkerung körperlich und sittlich ausgesetzt ist. Was die
Gefahr der sittlichen Degeneration betrifft, so ist sie indes
keineswegs in allen Großstädten gleich groß. Sie ist am
geringsten in den reinen Fabriksstädten mit ihrer eigentümlichen sozialen Struktur, ihrer Monotonie und geringen Luxusentfaltung. Hier wird die Tageseinteilung durch die Fabriks-
ordnungen gemacht, und das Leben spielt sich unter einem
gewissen Zwange ab, dem man indes gewisse segensreiche
Wirkungen auf das Verhalten der Bevölkerung nicht ab-
sprechen kann. Weit ungünstiger steht die Sache in den
Handelsemporien, besonders wenn sie, um mich einer Termino-
logie Sombarts zu bedienen, zugleich Luxusstädte sind. In
diesen Städten ist die soziale Struktur der Bevölkerung eine
wesentlich andere als in den reinen Fabriksstädten. Ja selbst

die Arbeiterschaft trägt ein anderes Gepräge. Sie setzt sich zum großen Teil aus Saison- und Gelegenheitsarbeitern zusammen, also Leuten, die zu gewissen Jahreszeiten ziemlich reichlich verdienen, um darauf einige Zeit darben zu müssen. Diese Schwankungen der Konjunktur sind von um so nachteiligerer Wirkung, als die große Luxusentfaltung der oberen Schichten und der Wunsch der Reisenden zu genießen, zu sittlich recht bedenklichen Erscheinungen führen. Es entbrennt ein allgemeiner Kampf um ein höheres und individuelles Einkommen, um den hohen Lebensansprüchen genügen zu können, wobei man nicht selten in den Mitteln, sich dieses Einkommen zu verschaffen, nicht besonders wählerisch ist. Die Opfer der aufsteigenden Klassenbewegung füllen dann die Gefängnisse und unter der eigentlichen Arbeiterschichte bildet sich ein Lumpenproletariat[1]).

Auch die Zukunft unseres Volkes wird bis zu einem gewissen Grade davon abhängen, ob es uns gelingt, das Großstadtproblem einer einigermaßen befriedigenden Lösung zuzuführen. Denn der Anteil unseres Volkes an der Einwohnerzahl der österreichischen Großstädte ist größer als der Anteil der Reichsdeutschen an der Einwohnerzahl ihrer Großstädte, da ja außer Wien noch Graz und ein Teil der Bewohner von Brünn, Prag und Triest in Frage kommen.

Wenn ich mich nach diesen einleitenden Bemerkungen an meine eigentliche Aufgabe mache und das Zahlenmaterial, das ich gesammelt habe, vorführe, so tue ich dies nicht ohne eine gewisse Beklemmung. Und zwar nicht bloß deshalb, weil Zahlen eine wenig schmackhafte Kost sind, sondern auch

---

[1]) Kenner des englischen Volkslebens versichern, daß sich die Bevölkerung der englischen Fabriksstädte ganz wesentlich von der Londoner Bevölkerung unterscheide, deren Leben Charles Booth so eingehend geschildert hat. Über die nachteiligen Folgen des Zuströmens von Fremden, die sich unterhalten wollen, klagen einsichtige Pariser. Es gehört hierher, wenn die die Gemeindestube eines österreichischen Städtchens beherrschenden Wirte sich für die Errichtung eines Bordells einsetzten zur Hebung des Fremdenverkehres!

weil ich weiß, daß diesen Zahlen für die Erkenntnis
unserer nationalen Verhältnisse doch nur der Charakter von
Näherungswerten zukommt. Ich glaube aber, daß selbst
diesen Näherungswerten eine große Bedeutung für die Beurteilung der Zukunft unseres Volkes nicht abgesprochen
werden kann. Dieser Glaube veranlaßt mich, mich über alle
Bedenken hinwegzusetzen.

Es entbehrt nicht eines gewissen Interesses, daran zu
erinnern, daß eine Erhebung der nationalen Verhältnisse in
dem so vielsprachigen Österreich erst in neuester Zeit stattgefunden hat. Denn wenn auch schon bei der Konskription
des Jahres 1846 auf die Nationalität der Untertanen Rücksicht genommen wurde, so geschah dies doch in sehr sum-
marischer Weise, indem man von jeder Gemeinde nur die
Ausfüllung einer Sprachenrubrik verlangte. Man gewann so
ein Material für die Bestimmung der Sprachgrenzen, das bei
der Abfassung der ethnographischen Karte von Czoernig
Verwendung fand. Dann ruhte die Sache bis zur Volkszählung
des Jahres 1880. Bei dieser und den folgenden Volkszählungen
wurde die Umgangssprache des einzelnen Österreichers erhoben, wobei man mit dem Worte Umgangssprache jene
Sprache begreifen wollte, deren sich die gezählte Person im
gewöhnlichen Umgange zu bedienen pflege. Man hat gegen
die Erfassung der Umgangssprache Einwendungen erhoben.
Namentlich die Tschechen haben wiederholt die Ersetzung
dieser Erhebung durch die der Muttersprache verlangt. Und
in der Tat ist zuzugeben, daß eine Zählung der Bevölkerung
nach der Sprache, deren sie sich im gewöhnlichen Verkehre
zu bedienen pflegt, kein genaues Bild der nationalen Zusammensetzung geben würde, denn es könnte die Nationalität
des einzelnen in fremdsprachige Umgebung versprengten In-
dividuums gar nicht zur Erscheinung gelangen. Indes wird
die Zählung nach der Umgangssprache, wie dies auch Rauchberg[1]) betont, im ganzen doch als eine Zählung nach der

---

[1]) Rauchberg, Der nationale Besitzstand in Böhmen. Bd. I, S. 16.

nationalen Zugehörigkeit aufgefaßt. Wie wäre es sonst möglich, daß ganz verschwindende Minoritäten hätten gezählt werden können. So wurde bei der Volkszählung des Jahres 1900 in Vorarlberg eine Person mit polnischer Umgangssprache und desgleichen in Steiermark ebenso eine mit rumänischer Umgangssprache erhoben. Dies wäre unmöglich gewesen, wenn man die Sprache, deren sich die Person im gewöhnlichen Umgange zu bedienen pflegt, und nicht die Nationalität der Zählung zugrunde gelegt hätte. Denn mit wem hätte der eine Mensch im Lande Vorarlberg in polnischer oder in Steiermark in rumänischer Sprache verkehren können?

Wenn nun die Erhebung der Umgangssprache im wesentlichen als die Erhebung der nationalen Zugehörigkeit des Censiten aufgefaßt wird, so liegt um so weniger ein Anlaß vor, sie durch die Erhebung der Muttersprache zu ersetzen, als mit dieser andere und noch größere Übelstände verbunden wären. Denn es würden bei dieser unter Umständen Leute zu einer Nationalität gerechnet werden, die die nationale Sprache entweder gar nicht oder doch höchst mangelhaft beherrschen. So müßten alle Findelkinder, die eine am unrechten Orte sparende niederösterreichische Landesverwaltung in die Umgebung von Tabor in die Kost gab und die kein Wort Deutsch verstehen, als Deutsche gezählt werden. Das ist allerdings ein extremer Fall. Indes bin ich wiederholt eingewanderten Tschechen oder Italienern begegnet, die Dezennien lang in deutscher Umgebung lebend ihre Muttersprache völlig oder bis auf wenige Worte vergessen hatten. Hätten diese Personen als Tschechen oder Italiener gezählt werden sollen? Schließlich gibt es recht viele Leute, die sich in einem geschlossenen Sprachgebiete in der Absicht niedergelassen haben, dort zu bleiben und festzuwurzeln, und die sich ganz als zu dem Volke ihrer Umgebung gehörig betrachten. Es geht nicht an, sie als Fremde zu zählen. Denn die Zugehörigkeit zu einem Volke ist nichts so Festes und Unlösbares wie die Zugehörigkeit zu einer Rasse. Man kann sich einem nationalen Kulturkreise ebenso anschließen, wie

man Bürger eines fremden Staates oder Mitglied einer
fremden Religionsgenossenschaft werden kann. Wollte man
die Zugehörigkeit zu einer Nation nach dem Kriterium der
Muttersprache bestimmen, so würde man den Tatsachen einfach Zwang antun. Denn die Zugehörigkeit zu einem Volke
ist nicht schon durch die Abstammung gegeben, sie ist ein
Produkt des Willens.

Man sollte nun meinen, daß, wenn das Bekenntnis der
Umgangssprache als das Bekenntnis der Zugehörigkeit zu
einer bestimmten Nation aufgefaßt wird, wir dann die nötigen
Grundlagen einer nationalen Statistik besäßen. Man sollte
meinen, daß man nur die Ergebnisse der einzelnen Volkszählungen zu vergleichen brauchte, um ein Bild der nationalen
Verschiebungen zu erhalten. Indes wäre dies ein Trugschluß.
Denn wenn auch die Bekenntnisse der Umgangssprache als
Bekenntnisse der nationalen Zugehörigkeit aufgefaßt werden,
so erfolgen diese Bekenntnisse nicht selten unter einem gewissen Drucke. So hat es, wie Rauchberg in überzeugender
Weise nachgewiesen hat, der Magistrat der Stadt Prag ver-
standen, die Zahl der Deutschen Prags ganz erheblich herab-
zudrücken. Ich weiß nicht, ob die Behörden anderer autonomer
Städte ähnlich vorgegangen sind. Aber zweifellos hat es bei
allen Volkszählungen an Versuchen nicht gefehlt, die Bekenntnisse der Umgangssprache zu beeinflussen, mögen diese
Versuche von den Arbeitgebern, den Hauseigentümern, der
Kundschaft oder den Arbeitsgenossen angestellt worden sein.
Es wäre auch ein reines Wunder, wenn eine Beeinflussung des
Zählungsergebnisses nicht angestrebt worden wäre, stützen sich
doch viele nationale Forderungen auf diese Volkszählungs-
ergebnisse. So sehr es nun auch erklärlich ist, daß jedes
Volk eine günstige nationale Zählungsbilanz herbeiwünschen
muß, so ergibt sich doch anderseits daraus die Mahnung, das
Zählungsergebnis des Mischgebietes mit Vorsicht zu gebrauchen,
will man nicht Gefahr laufen, arge Trugschlüsse zu machen.

Ich glaubte daher, als ich mich vor beinahe 20 Jahren
mit der nationalen Statistik der Deutschösterreicher zu

beschäftigen begann, einen anderen Weg einschlagen zu sollen. Ich setzte an Stelle der statischen Betrachtungsweise die dynamische. Anstatt an der Hand zweier Volkszählungsergebnisse festzustellen, wie sich das Zählungsverhältnis der Personen verschoben hat, die sich zu verschiedenen Umgangssprachen bekannten, suchte ich die Zuwachsrate der einzelnen Gebiete zu erheben und damit einen Einblick in die Kraft zu gewinnen, die in letzter Linie die nationalen Verschiebungen verursacht. Dieses Verfahren bot den Vorteil, daß ich bei meinen Untersuchungen wesentlich von dem geschlossenen Sprachgebiete ausgehen konnte und das Mischgebiet nur zum Zwecke des Vergleichens heranzuziehen brauchte. Indem ich in den Zuwachsraten die Vermehrungstendenzen der einzelnen Volksstämme festzustellen suchte, war ich keineswegs der Meinung, daß das numerische Verhältnis zwischen den einzelnen Völkern in der Zukunft nur durch die Zuwachsraten beeinflußt würde. Ich wußte sehr gut, daß die Auswanderung dieses Verhältnis stören kann, und daß sich viele Binnenwanderer der Nationalität ihrer neuen Umgebung anpassen. Aber gerade die Assimilierung schien mir ein Problem zu sein, dessen Bedeutung man nur richtig erfassen kann, wenn man sich Klarheit über die Größe der einzelnen Zuwachsraten verschafft hat. Ganz zu umgehen waren freilich die Ergebnisse der Volkszählung hinsichtlich der Umgangssprache nicht. Denn ich konnte das geschlossene Sprachgebiet nur auf Grund der Volkszählungsergebnisse feststellen. Ich glaubte dies ohne Gefahr tun zu können, da ich annahm, daß Beeinflussungen des Zählungsresultates für das Ergebnis meiner Untersuchungen dort keine besondere Bedeutung haben könnten, wo sich die erdrückende Majorität der Bevölkerung zu einer Umgangssprache bekennt. Denn die Kinder der sich in kleiner Minorität befindlichen fremden Einwanderer pflegen sich doch in der Regel der bodenständigen Bevölkerung anzuschließen. Der nationale Charakter des Zuwachses wäre also durch solche Beeinflussungen des Zählungsresultates nicht geändert worden.

Es entstand nun die Frage, bis zu welchem Mischungs-
verhältnisse man einen Bezirk als zu einem geschlossenen
Sprachgebiete gehörig betrachten könne. Ich glaubte eine
Dreiviertelmajorität voraussetzen zu sollen. Ich rechnete also
z. B. zum deutschen Sprachgebiete die Gebiete aller autonomen
Städte und die Sprengel aller Bezirkshauptmannschaften, in
denen sich rund Dreiviertel aller nach Österreich zuständigen
Bewohner zur deutschen Umgangssprache bekannten. In
gleicher Weise stellte ich die Sprachgebiete der übrigen mit
den Deutschen konkurrierenden Völker fest. Ich wußte sehr
gut, daß sich diese Einteilung wie jede andere derartige Einteilung als ein reiner Willkürakt darstellt, und daß eine Minorität von einem Viertel immerhin eine ansehnliche Minorität
ist. Wenn ich mich trotzdem entschloß, an diesem Einteilungs-
grunde festzuhalten, so leitete mich die Erwägung, daß ich
sonst in Böhmen und vollends in Mähren ein allzugroßes
Mischgebiet erhalten hätte. Denn wenn auch die Sprachgrenze
häufig scharf verläuft, so decken sich die Grenzen der Be-
zirkshauptmannschaftssprengel nicht immer mit dieser. Indem
ich nach diesen Grundsätzen verfuhr, gelangte ich zu der
folgenden nationalen Gruppierung[1]):

I. Deutsche Bezirke:

1. Niederösterreich mit Wien,

2. Oberösterreich,

3. Salzburg,

4. deutsche Bezirke in Steiermark (die Städte: Graz,
Marburg und Cilli, sowie die Bezirkshauptmannschaften: Bruck,
Feldbach, Graz Umgebung, Gröbming, Hartberg, Judenburg,
Deutsch-Landsberg, Leibnitz, Leoben, Lietzen, Murau, Rad-
kersburg und Weiz),

5. deutsche Bezirke in Kärnten (die Stadt: Klagenfurt,
sowie die Bezirkshauptmannschaften: Spital, St. Veit und
Wolfsberg),

---

[1]) Vgl. Die Zukunft der Deutschösterreicher. Wien 1892. S. 29.

6. deutsche Bezirke in Tirol (die Städte: Innsbruck und Bozen, sowie die Bezirkshauptmannschaften: Bozen Umgebung, Brixen, Bruneck, Imst, Innsbruck Umgebung, Kitzbühel, Kufstein, Landeck, Lienz, Meran, Reutte und Schwaz),

7. Vorarlberg,

8. deutsche Bezirke in Böhmen (die Stadt: Reichenberg, sowie die Bezirkshauptmannschaften: Asch, Aussig, Bischofteinitz, Böhmisch-Leipa, Braunau, Brüx, Dauba, Eger, Falkenau, Friedland, Gabel, Gablonz, Graslitz, Hohenelbe, Joachimstal, Kaaden, Kaplitz, Karlsbad, Komotau, Leitmeritz, Luditz, Mies, Plan, Podersam, Reichenberg Umgebung, Rumburg, Saaz, Schluckenau, Tachau, Tepl, Teplitz, Tetschen und Trautenau),

9. deutsche Bezirke in Mähren (die Städte: Iglau und Znaim, sowie die Bezirkshauptmannschaften: Nikolsburg, Römerstadt, Schönberg und Sternberg),

10. deutsche Bezirke in Schlesien (die Städte: Troppau und Bielitz, sowie die Bezirkshauptmannschaften: Freiwaldau, Freudental und Jägerndorf).

II. Nordslawische Bezirke:

1. Tschechische Bezirke in Böhmen (die Stadt: Prag, sowie die Bezirkshauptmannschaften: Beneschau, Blatna, Böhmisch-Brod, Budweis, Časlau, Chotěboř, Chrudim, Deutsch-Brod, Hohenmaut, Hořowitz, Jičin, Jungbunzlau, Karolinental, Klattau, Kolin, Königgrätz, Kralowitz, Kuttenberg, Laun, Ledetsch, Melnik, Moldautein, Mühlhausen, Münchengrätz, Neubydschov, Polna, Neustadt a. Mettau, Pardubitz, Pilgram, Pilsen, Pisek, Poděbrad, Přestitz, Přibram, Rakonitz, Raudnitz, Reichenau, Schlan, Selčan, Semil, Smichov, Starkenbach, Strakonitz, Tabor, Taus, Turnau und Wittingau),

2. tschechische Bezirke in Mähren (die Stadt: Kremsier, sowie die Bezirkshauptmannschaften: Auspitz, Boskowitz, Brünn Umgebung, Datschitz, Gaya, Göding, Groß-Meseritsch, Holleschau, Iglau Umgebung, Kremsier Umgebung, Mistek, Neustadtl, Olmütz Umgebung, Prerau, Proßnitz, Trebitsch,

Ungarisch-Brod, Ungarisch-Hradisch, Wallachisch-Meseritsch, Weißkirchen und Wischau),

3. tschechisch-polnische Bezirke in Schlesien (die Stadt: Friedeck, sowie die Bezirkshauptmannschaften: Bielitz Umgebung, Freistadt und Teschen).

III. Deutsch-tschechisch gemischte Bezirke:

1. in Böhmen (die Bezirkshauptmannschaften: Königinhof, Krumau, Landskron, Leitomischl, Neuhaus, Polička, Prachatitz, Schüttenhofen und Senftenberg),

2. in Mähren (die Städte: Brünn, Olmütz und Ungarisch-Hradisch, sowie die Bezirkshauptmannschaften: Hohenstadt, Kromau, Littau, Böhmisch-Trübau, Neutitschein und Znaim),

3. in Schlesien (die Bezirkshauptmannschaft: Troppau Umgebung).

IV. Slowenische Bezirke:

1. in Steiermark (die Bezirkshauptmannschaften: Cilli Umgebung, Luttenberg, Marburg Umgebung, Pettau, Rann und Windischgraz),

2. in Kärnten (die Bezirkshauptmannschaft: Völkermarkt),

3. Krain.

V. Deutschslowenisch gemischte Bezirke in Kärnten (die Bezirkshauptmannschaften: St. Hermagor, Klagenfurt Umgebung und Villach).

VI. Italienische Bezirke in Tirol (die Städte: Trient und Rovereto, sowie die Bezirkshauptmannschaften: Ampezzo, Borgo, Cavalese, Cles, Primiero, Riva, Rovereto Umgebung, Tione und Trient Umgebung).

VII. Italienisch und südslawisch gemischtes Küstenland.

Galizien, Bukowina und Dalmatien blieben bei dieser Einteilung als Länder, welche gänzlich außerhalb der deutschen Interessensphäre liegen und demgemäß auch seinerzeit dem deutschen Bunde nicht angehörten, unberücksichtigt. Von denselben weist Dalmatien nahezu gar keine deutschsprechende Bevölkerung auf, so daß wir Deutschösterreicher mit diesem Kronlande, welches überdies auch geographisch von den anderen Kronländern getrennt ist, tatsächlich keine Beziehung haben. Im Gegensatze zu Dalmatien befand sich in Galizien und in der Bukowina nach der Volkszählung von 1880 wenigstens absolut eine beträchtliche Menge deutschsprechender Bevölkerung. Jedoch bestand diese deutschsprechende Bevölkerung, von den Bewohnern der über das Land zerstreuten deutschen Kolonistendörfer abgesehen, zumeist aus Beamten, Soldaten und polnischen Juden, die sich immer mehr dem Polentum anzuschließen pflegen.

Am 31. Dezember 1880 wurden in den oben aufgestellten sieben Gruppen 15,137.565 Einwohner gezählt, von denen 14,815.490 in Österreich diesseits der Leitha zuständig waren. Sah man von 3268 Ruthenen und 512 Rumänen ab, welche meist als Soldaten in diesen alten deutschen Bundesländern gezählt wurden, so ergab sich für unsere sieben Gruppen folgende Verteilung der Nationalitäten:

	Gesamte zuständige Bevölkerung	Deutsch	Tschechisch	Polnisch	Slowenisch	Serbo-Kroatisch	Italienisch
I. Deutsche Bezirke	6,764.659	6,535.115	184.284	5.340	17.807	1.138	19.745
II. Nordslawische Bezirke	4,885.531	399.608	4,120.319	155.601	64	58	180
III. Deutschtschechische Bezirke	1,133.664	563.059	567.506	1.413	6	4	27
IV. Slowenische Bezirke	930.882	61.689	346	28	868.177	270	371
V. Deutschslowenische Bezirke	135.858	81.991	63	1	53.779	—	24
VI. Italienische Bezirke in Tirol	354.211	8.885	168	1	862	2	344.283
VII. Südslawisch-italienische Bezirke im Küstenlande	610.688	12.579	466	44	199.124	121.870	276.603
	14,815.490	7,572.396	5,173.152	161.858	1,139.819	123.322	641.233

¹) Unter den 19.745 Italienern, die in deutschen Bezirken wohnten, befanden sich zirka 8800 Ladiner in den Tiroler Gerichtsbezirken

Die vier nationalen Gruppen wiesen tatsächlich einen einheitlichen nationalen Charakter auf. Denn in dem deutschen Gebiete lebten keine 3·5% Nichtdeutsche, in dem italienischen Teile Tirols keine 3% Nichtitaliener. Auch in den stärker gemischten nordslawischen und slowenischen Bezirken erhob sich der Anteil des nicht slawischen Elementes nicht über 6 bis 7%. Nahezu 90% der Gesamtbevölkerung gehörten diesen vier Gruppen von Bezirken an, so daß ich mich für berechtigt hielt, aus der Bevölkerungsbewegung in diesen Gruppen Schlüsse auf die zukünftige Gestaltung der nationalen Verhältnisse Österreichs zu ziehen.

Ich ging nun daran, die Geburtsüberschüsse der einzelnen Gebiete zu berechnen. Ich tat dies in der Weise, daß ich aus den Lebendgeburten der Jahre 1881, 1882 und 1883 den Durchschnitt berechnete und von diesem den Durchschnitt der Sterbefälle abzog. Den Geburtsüberschuß setzte ich dann zu der bei der Zählung des Jahres 1880 ermittelten Gesamtbevölkerung ins Verhältnis. Der Geburtsüberschuß betrug demgemäß auf je 1000 Einwohner in

I. Niederösterreich:

1. Wien . . . . 9·23
2. Niederösterreich
   ohne Wien . . 4·83
   Zusammen . 6·24

II. Inner österreich:

1. Oberösterreich .	3·71		
2. Salzburg . .	2·12		
3. Deutschsteiermark	3·11	den slowenischen Bezirken	7·73
4. Deutschkärnten	4·80	den gemischten Bezirken .	6·05
5. Deutschtirol	0·31	Welschtirol. . .	5·92
6. Vorarlberg . .	3·41	dem Küstenlande	8·34
Zusammen	2·84		

Kastelruth und Enneberg. In den deutschen Bezirkshauptmannschaften Böhmens lebten neben 1,659.167 Deutschen 88.814 Tschechen, in den

III. den Sudetenländern:

1. Deutschböhmen	6·83	den nordslawischen Bezirken 10·09
2. Deutschmähren	5·74	den deutschtschechisch
3. Deutschschlesien	5·84	gemischten Bezirken . 6·41
Zusammen	6·61	

ganz Deutschösterreich 5·17.

Das Ergebnis war für uns Deutsche erschreckend. Es zeigte sich, daß unsere größten Konkurrenten, die Tschechen, einen fast doppelt so großen Geburtsüberschuß hatten als wir selbst. In den Sudetenländern war der Unterschied ein geringerer, aber auch hier verhielt sich der Geburtsüberschuß des slawischen Gebietes zu dem des deutschen wie 3 : 2. Das heißt, auf die gleiche Menge der Bevölkerung hatten die Tschechen einen anderthalbmal so großen Zuwachs wie die Deutschen. Noch weit ungünstiger als in den Sudetenländern stand die Sache im Süden, denn der Zuwachs der Slowenen war mehr als zweieinhalbmal so groß wie der der Deutschen in Steiermark und Kärnten; ja Welschtirol hatte fast einen zwanzigmal so großen Geburtsüberschuß als Deutschtirol. Der erste Gedanke, der sich angesichts dieser Zahlen aufdrängen muß, ist wohl der, daß hier vielleicht der Zufall eine Rolle spielen könnte. Es wäre möglich, daß die Bevölkerungsbewegung aus irgend welchen Gründen gerade nur zu Beginn der achtziger Jahre des vorigen Jahrhunderts so ungünstig für die Deutschen verlaufen wäre. Indes trifft diese Vermutung nicht zu. Denn zu Beginn der siebziger Jahre standen die Verhältnisse für die Deutschen noch weit ungünstiger. Der Geburtsüberschuß der Deutschen betrug damals, wie ich in jüngster Zeit berechnet habe, gar nur 4·1%, gegenüber einem solchen der Tschechen von 10·3 und der Italiener in Welschtirol von 7·1%₀₀. Nur die slowenischen

tschechischen neben 3.103.045 Tschechen 158.336 Deutsche, während in den neun national gemischten Bezirkshauptmannschaften Böhmens sich beide Volksstämme numerisch fast die Wage hielten.

— 17 —

Bezirke hatten zu Beginn der siebziger Jahre einen etwas
kleineren Geburtsüberschuß als zehn Jahre später. Im Jahre
1869 machte die Volkszahl der Bezirke, die ich auf Grund
der Volkszählungsergebnisse des Jahres 1880 als deutsche
bezeichnete, 45·4% der gesamten westösterreichischen Bevölkerung aus, während diese Bezirke an den gesamten Geburtsüberschüssen der Jahre 1871 bis 1873 nur mit 27·8%
beteiligt waren.

Als ich die Geburtsüberschüsse der achtziger Jahre
berechnet hatte, war mir klar, daß der Rückgang des deutschen
Einflusses und die Bedrohung der deutschen Stellung in
Österreich nicht ausschließlich oder auch nur vorwiegend
auf Ursachen politischer Natur zurückzuführen ist. Damit
wollte ich keineswegs behauptet haben, daß die Ereignisse
des Jahres 1866, infolge deren die tausendjährige politische
Verbindung der Ostmark mit Deutschland gelöst wurde, für
uns Deutschösterreicher nicht mit schwerwiegenden Folgen verknüpft gewesen wäre. Nicht als ob mit der politischen Trennung
zugleich auch eine Lösung der geistigen Bande eingetreten
wäre, die die ganze Nation umschließen. Im Gegenteil! Diese
Bande sind im Laufe der Jahre fester geworden, als sie
jemals waren. Einesteils deshalb, weil Deutschösterreich im
letzten Menschenalter an der geistigen Arbeit der Nation
ziemlich regen Anteil genommen hat, anderenteils aber auch,
weil die ganze Tendenz der Entwicklung dahin geht, Ent-
ferntes einander näher zu bringen. Dazu tragen die wachsenden Handelsbeziehungen ebenso bei, wie die Zunahme
des Reiseverkehres. Tausende von Reichsdeutschen kommen
alljährlich in unsere Alpenländer und nehmen Anteil an ihren
Bewohnern, so daß spezifisch österreichische Volksdichter wie
Anzengruber und Rosegger im deutschen Norden ebenso
populär geworden sind, wie in ihrer engeren Heimat. Aber
der Austritt Österreichs aus dem Deutschen Bunde und
der gleichzeitige Verlust Venedigs mußte naturgemäß eine
Änderung der österreichischen inneren Politik mit sich
bringen.

Hainisch, Statistik der Deutschösterreicher.   2

Diese Politik wurde antideutsch und antiitalienisch, weil sich
der polyglotte Staat durch die neugeschaffenen Nationalstaaten
ebenso bedroht fühlte, wie der Schiffer des Altertums durch
die Nähe des Magnetberges. Langsam, sehr langsam haben
sich die Deutschösterreicher den geänderten Verhältnissen
anzupassen gelernt. Langsam nicht bloß deshalb, weil die
Massen immer längere Zeit brauchen, um neue Wahrheiten
in sich aufzunehmen, sondern auch weil die führenden Kreise
der Nation mit ihrem Herzen noch immer bei dem Staate
waren, als sich dieser schon längst gegen sie zu wenden
begonnen hatte.

Es war nun das Verhängnis der Deutschösterreicher,
daß das Ausscheiden Österreichs aus dem Deutschen Bunde
und der an dieses Ereignis sich knüpfende Umschwung in
der inneren Politik des Staates zu einer Zeit erfolgte, in
der die Bevölkerungsbewegung für die Deutschösterreicher
so außerordentlich ungünstig war.

Im Parlamente, in der Presse und in Volksversamm-
lungen hatte ich unzählige Male die Phrase von der slawischen
Hochflut vernommen. Meine Zahlen lehrten mich die Ursachen dieser Hochflut kennen. Sie lehrten mich allerdings
auch das Wesen und die Größe dieser Hochflut richtig einschätzen. So konnte ich ohne Schwierigkeit feststellen, daß die
Ursache der Überflutung deutschen Gebietes mit fremdsprachigen Elementen gar nicht so sehr auf einen großen
Zuwachs der anderen Völker als auf den auffallend geringen
der Deutschösterreicher zurückzuführen war. Denn Zuwachsraten von 6 und 7⁰/₀₀, wie sie die Welschtiroler oder Slowenen aufzuweisen hatten, gehörten in den siebziger und
achtziger Jahren des vorigen Jahrhunderts in Europa zu den
niedrigsten Zuwachsraten. Selbst der Geburtsüberschuß der
Tschechen mit rund 10⁰/₀₀ war keineswegs als ein sehr
großer zu bezeichnen. Preußen, Sachsen und England hatten
weit größere Geburtsüberschüsse. Ja selbst wohlhabende
und stark agrarische Länder wie Schweden, Norwegen,
Dänemark und die Niederlande hatten größeren prozentuellen

Zuwachs[1]). Die Aufgabe bestand deshalb darin, zu untersuchen, weshalb der Zuwachs der Deutschösterreicher so weit nicht bloß hinter dem Zuwachse der übrigen österreichischen Volksstämme, sondern auch der meisten europäischen Nationen zurückblieb. Zur Beantwortung der Frage untersuchte ich die weibliche Fruchtbarkeit, die Häufigkeit der Totgeburten, die Kindersterblichkeit und die Ehefrequenz. Aus dieser Untersuchung ging hervor, woran ich freilich nie gezweifelt hatte, daß die relative Stagnation in dem Zuwachse der Deutschösterreicher nichts mit Rasse oder Nationalität, sondern einzig und allein mit sozialen Verhältnissen zu tun hatte.

Wenden wir uns zunächst der weiblichen Fruchtbarkeit zu, so gibt uns die folgende Tabelle Aufschluß über den Stand zu Beginn der achtziger Jahre:

	Auf 1000	
	verheiratete	unverheiratete
	Frauen im Alter von 15 bis 45 Jahren entfallen im Durchschnitt der Jahre 1881 bis 1883	
	eheliche	uneheliche
	Lebendgeburten	
In den deutschen Bezirken .	279·4	54·9
„ nordslawischen Bezirken . .	294·9	33·9
„ deutschčechisch gemischten Bezirken	279·4	33·5
„ slowenischen Bezirken . .	309·6	31·5
„ deutschslowenisch gemischten Bezirken	276	82·7
„ italienischen Bezirken Tirols	314	3·3
„ dem südslawischitalienisch gemischten Küstenlande	307·4	20·7

---

[1]) Es betrug der Geburtsüberschuß in den Jahren
1876 bis 1880 und 1881 bis 1885

in Schweden	12·0	11·9°/₀₀
„ Norwegen	14·9	13·7°/₀₀
„ Dänemark	12·6	14·0°/₀₀
„ den Niederlanden	13·5	13·4°/₀₀

2 *

Wir entnehmen der Zusammenstellung, daß die deutschslowenischen Bezirke Kärntens, in denen übrigens das
deutsche Element die Mehrheit bildet, die höchste uneheliche
Fruchtbarkeit hatten, daß aber die deutschen Bezirke an
zweiter Stelle standen. Umgekehrt hatten die deutschslowenischen und deutschen Bezirke die geringste eheliche
Fruchtbarkeit. In meiner älteren Schrift habe ich mich in
sehr eingehender Weise mit der Ursache dieser geringeren
ehelichen Fruchtbarkeit der Deutschösterreicher beschäftigt.
Ich habe nachgewiesen, daß sie keinesfalls als Nationaleigen-
tümlichkeit aufgefaßt werden kann, weil die größte eheliche
Fruchtbarkeit in Deutschtirol und Vorarlberg bestand, und
weil sich auch in jedem deutschen Gebietsteile einzelne Bezirkshauptmannschaften mit großer ehelicher Fruchtbarkeit
befanden.

Als Ursache der Differenz in der Fruchtbarkeit glaubte
ich das etwas höhere Heiratsalter der deutschen Mädchen
bezeichnen zu müssen. Denn im Jahre 1880 standen von
je 100 gebärfähigen verheirateten Frauen in den deutschen
Gebieten nur 27·28%, in den nordslawischen Bezirken der
Sudetenländer aber 34·95% im Alter unter 30 Jahren. Nachdem nun die physiologische Fruchtbarkeit des Weibes vor
dem dreißigsten Jahre am größten sein soll, so würde sich
die unbedeutende Differenz in der ehelichen Fruchtbarkeit
erklären. Nun geht mit der Sitte, spät zu heiraten, regelmäßig, wenn auch keineswegs immer, eine stärkere uneheliche Fruchtbarkeit Hand in Hand. Dort, wo aus sozialen
Gründen spät geheiratet wird, pflegt es häufig vorzukommen,
daß Mädchen in die Ehe treten[1]), die ein Kind oder auch

---

[1]) Eine Erhebung, die in einigen Landbezirken Dänemarks
gemacht wurde, hat hierüber folgendes ergeben. Von 1219 Bräuten
hatten 208 vor der Ehe 229 uneheliche Kinder geboren. Etwas mehr
als die Hälfte der Bräute, nämlich 109, hatten die Kinder mit dem
Bräutigam gehabt, 10 mit dem Bräutigam und mit anderen Männern
und 89 nur mit anderen Männern. Marcus Rubin und Harald
Westergaard: Statistik der Ehen. Jena. 1890, S. 128.

mehrere geboren haben. In solchen Fällen müßten die vor der
Ehe geborenen Kinder bei Berechnung der Fruchtbarkeit
mit berücksichtigt werden. Leider sind wir außerstande,
dies zu tun. Wir kennen nur die Zahl der erfolgten Legitimationen, die aber für unsere Zwecke nicht ausreicht. Denn
ganz abgesehen davon, daß unter Umständen die Umschrei-
bung des Kindes in den Matrikeln auf den Namen des Vaters
aus Nachlässigkeit unterbleiben kann, so erscheinen in der
Zahl der legitimierten Kinder jene nicht, die vor Eingehung
der Ehe ihrer Eltern starben. Zudem werden nur die Kinder
des Vaters legitimiert, nicht aber die unehelichen Kinder der
Mutter, die diese mit anderen Männern hatte. Die Zahl der
erfolgten Legitimationen gibt uns also nur eine Mindestzahl
für die Geburten, die bei Berechnung der Fruchtbarkeit der
Ehefrauen Berücksichtigung finden müßten. Unter allen
Ländergruppen hatte die deutsche weitaus die meisten Legitimationen unehelicher Kinder. Es ist also zweifellos, daß
sich durch vor der Ehe geborene Kinder die Differenz in der
Fruchtbarkeit der Ehefrauen in den deutschen Bezirken einerseits und den übrigen Bezirken anderseits wesentlich vermindert, wenn sich auch eine genaue Korrektur der Ziffern
aus den oben angeführten Gründen nicht vornehmen läßt.

Was die Zahl der Totgeburten und die Sterblichkeit
unter den ehelichen Kindern betrifft, so war sie in den
deutschen Bezirken wesentlich höher als in den übrigen. Aber
diese Erscheinungen konnten unschwer mit der Arbeit der
Frauen in den Fabriken in Zusammenhang gebracht werden,
die vor der gesetzlichen Regelung der Arbeitszeit häufig
sehr lange war. Denn beide Erscheinungen traten in den
Bezirken am stärksten hervor, in denen ein unverhältnismäßig großer Teil der Frauen in den Fabriken arbeitete.
Sechs deutsche Bezirke östlich der Elbe, die der Sitz der
nordböhmischen Textilindustrie sind, hatten gleichzeitig den
höchsten Prozentsatz der unfallversicherungspflichtigen weiblichen Personen und die größte Kindersterblichkeit. Aus
diesen und anderen Gründen, die ich seinerzeit ausführlich

behandelte, ergab sich mir die Gewißheit, daß die größere
Zahl der Totgeburten und die größere Kindersterblichkeit
mit Rasse oder Nationalität der deutschösterreichischen Bevölkerung nichts zu tun haben.

Auffallend groß war der Unterschied in der Ehehäufigkeit in den einzelnen von mir konstruierten Gruppen. Es
waren nämlich nach der Volkszählung des Jahres 1880 von
je 100 gebärfähigen Frauen verheiratet:

1. in den deutschen Bezirken . 41·50
2. _ _ nordslawischen Bezirken . . . . 52·80
3. _ _ deutschtschechisch gemischten Bezirken 47·78
4. _ _ slowenischen Bezirken . . . . . . 41·97
5. _ _ deutschslowenisch gemischten Bezirken 30·12
6. _ Welschtirol . 42·57
7. im Küstenlande . 51·39

Diese Aufstellung zeigt ganz gewaltige Unterschiede in
der Ehefrequenz. Die unterste Stufe nehmen wieder die
deutschslowenischen Bezirke Kärntens und die deutschen
Bezirke ein. Es schien mir keinem Zweifel zu unterliegen,
daß der geringe Geburtsüberschuß der Deutschösterreicher
ganz wesentlich auf die geringe Ehefrequenz zurückzuführen
sei. Die deutschslowenischen und deutschen Bezirke hatten
allerdings eine große Zahl unehelicher Geburten. Ich habe
aber damals ausgeführt, daß die unehelichen Geburten nur
zum kleineren Teil den Ausfall an ehelichen Geburten wettmachen können. Zum Beweise dafür, daß die Geburtsüberschüsse in erster Reihe von der Ehefrequenz abhängen, hatte
ich die einzelnen deutschen Gebiete nach ihrer Ehefrequenz
aneinander gereiht (s. Tabelle S. 23).

Man entnimmt dieser Aufstellung, daß die Geburtsüberschüsse der Ehefrequenz im ganzen parallel gehen. Nur die
große eheliche Fruchtbarkeit weist Vorarlberg einen etwas
besseren Rang in der Skala der Geburtsüberschüsse an, als ihm
vermöge seiner Ehefrequenz gebührte. Desgleichen hat die
große Zahl der unehelichen Geburten Niederösterreich und

	Von 100 gebärfähigen Frauen waren nach der Volkszählung von 1880 verheiratet	Im Durchschnitte der Jahre	
		1881 bis 1883 wurden auf 1000 unverheiratete gebärfähige Frauen lebende uneheliche Kinder geboren	1881 bis 1883 betrug der Geburtsüberschuß auf 1000 Einwohner nach der Volkszählung von 1880
In Deutschböhmen	48·60	52·2	6·83
„ Deutschmähren	47·42	33·5	5·74
„ Deutschschlesien	44·39	34·1	5·84
„ Niederösterreich	42·00	67·5	6·24
„ Oberösterreich	40·69	44·0	3·71
„ Deutschsteiermark	34·60	61·4	3·11
„ Vorarlberg	33·71	12·6	3·41
„ Salzburg	33·08	56·8	2·12
„ Deutschtirol	29·66	15·3	0·31
„ Deutschkärnten	25·57	99·5	4·80
Im Durchschnitte	41·50	54·9	5·17

Deutschkärnten einen größeren Geburtsüberschuß verschafft, als man nach der Ehefrequenz vermuten sollte. Aber weder die große eheliche noch die größte uneheliche Fruchtbarkeit konnten in Vorarlberg und Deutschkärnten ansehnliche Geburtsüberschüsse hervorbringen. Noch deutlicher tritt der Zusammenhang zwischen der Ehefrequenz und den Geburtsüberschüssen hervor, wenn man die deutschen Bezirke nach Ländergruppen aneinanderreiht. Es zeigt sich dann, daß die deutschen Alpenländer mit dem so geringen Geburtsüberschusse auch die niedrigste Ehefrequenz hatten. Hier in den Alpenländern bestand bis zu dem Ende der sechziger Jahre des vorigen Jahrhunderts der Ehekonsens, ja in Deutschtirol besteht er noch heute. Noch heute wird in Deutschtirol der Abschluß der Ehe von der Erteilung eines politischen Konsenses abhängig gemacht, der mittellosen jungen Leuten eigentlich verweigert werden sollte. Dieser Ehekonsens verdankt seine Einführung dem Bestreben, die Volkszahl der Existenzmöglichkeit anzupassen und die Armenlasten auf ein Minimum herabzudrücken. Als Existenzmöglichkeit erschien

dem Gesetzgeber nur Grundbesitz oder selbständiger Hand-
werksbetrieb zu sein. Die Landwirtschaft und das dazu
gehörige für die lokalen Bedürfnisse arbeitende Handwerk
nahmen in den Alpenländern den breitesten Raum ein. Die
einzige nennenswerte Industrie war hier die Eisenindustrie.
Aber auch diese war weit davon entfernt, eine Industrie
nach Art der modernen Großindustrie zu sein. Es überwogen in ihr die mittleren und kleinen Betriebe. Wer einen
Blick in die patriarchalische Arbeitsverfassung dieser alpinen
Eisenindustrie werfen will, lese in Roseggers „Alpensommer"
die Geschichte, wie der Dichter als elfjähriger Knabe an
einem Neujahrsmahle bei einem reichen Hammerherrn des Mürz-
tales teilnimmt. Was die Landwirtschaft betrifft, so über-
wog in den Alpenländern seit jeher der größere und mittlere
bäuerliche Besitz, der ungeteilt von dem Vater auf den
Sohn überzugehen pflegt. Die diesem Besitze entsprechende
Arbeitsverfassung war das Gesindewesen. Auf jedem größeren
Bauernhofe gab es eine Reihe von unverheirateten Knechten
und Mägden, die sich teils aus den weichenden Geschwistern
des Gutsübernehmers, teils aus den unehelichen Kindern
des Gesindes ergänzten. Unverheiratet waren aber nicht
bloß die Arbeitskräfte des Bauers, sondern auch die des
Handwerksmeisters, ja zum Teil sogar die der Eisenindustrie.
Diese Arbeitsverfassung wurde durch das Institut des Ehe-
konsenses gleichsam sanktioniert. Daß dieser Ehekonsens im
ganzen den sozialen Verhältnissen angepaßt war, kann man
daraus entnehmen, daß die Zahl der Eheschließungen auch
nach seiner Aufhebung in den meisten Kronländern noch
lange Zeit hindurch eine geringfügige blieb und erst in der
letzten Zeit anzusteigen beginnt.

Wir sehen also: in Deutschböhmen und anderen Ländern
der Textilindustrie war die Geringfügigkeit des Geburtsüberschusses den ungünstigen sanitären Verhältnissen, die
in der Industrie herrschten, zuzuschreiben, in den Alpenländern
aber der eigentümlichen Arbeitsverfassung speziell auf dem
Gebiete der Landwirtschaft. In beiden Gebietsteilen lag

also die Ursache der geringen Zunahme der Bevölkerung
auf sozialem Gebiete. Wer nun, wie ich, den Kampf der
Völker um den Boden als den wichtigsten Teil des Natio-
nalitätenstreites ansieht, mußte zu dem Schlusse gelangen,
daß das Ergebnis des Streites in Österreich, wenn auch
nicht ausschließlich, so doch vorwiegend, das Produkt sozialer
Verhältnisse sei. Das war nun nicht bloß wissenschaftlich
interessant, sondern auch tröstlich. Denn so stabil die
Rassenmerkmale sind und so langsam sich der National-
charakter ändert, ebenso rasch ändern sich in unserer rasch
lebenden Zeit die sozialen Verhältnisse. Sah ich die Hauptursache der schwachen Volksvermehrung in der geringen
Ehefrequenz der Alpenländer, so mußte ich erwarten, daß die
Auflösung des patriarchalischen bäuerlichen Landwirtschafts-
betriebes mit seiner eigentümlichen Arbeitsverfassung und
die langsam beginnende Industrialisierung der Alpenländer
hierin Wandel schaffen werde. So bezeichnete ich es denn
am Schlusse meiner Abhandlung als Hauptaufgabe der deutschösterreichischen Politik, zu versuchen, über den toten Punkt
hinwegzukommen, oder mit anderen Worten: Zeit zu gewinnen.

Nahezu 17 Jahre sind seit dem Erscheinen meiner Studie
verflossen, und das Material, das ich ihr zugrunde legte,
ist ein Vierteljahrhundert alt geworden. Da lockte es mich,
ganz dieselben Rechnungsoperationen, die ich seinerzeit gemacht hatte, nochmals zu machen, ihnen aber die Volksbewegung der Jahre 1901 bis 1903 zugrunde zu legen.
Ich wollte so ein Bild der Veränderungen gewinnen, die
im Laufe von zwei Dezennien eingetreten sind. Um den
Einblick in die Entwicklungstendenzen in unserer Bevölkerungsbewegung zu einem vollständigeren zu machen,
griff ich endlich auch auf die Volkszählung des Jahres
1869 und die Ergebnisse der Bevölkerungsbewegung der
Jahre 1871, 1872 und 1873 zurück. Es war damit die
Möglichkeit einer Beurteilung der Wandlungen in der Bevölkerungsbewegung während eines Zeitraumes von 30 Jahren

gegeben. Ich glaubte, daß auch derjenige meiner Untersuchung ein gewisses Interesse entgegenbringen könnte,
der sonst der Meinung ist, daß sich gegen meine Methode
Einwendungen erheben lassen. Denn, wie hoch man immer
die Differenz einschätzen möge, die zwischen dem wirklichen
Zuwachse der Deutschösterreicher und dem von mir berechneten besteht, darüber kann kein Zweifel sein, daß Wandlungen in den Zahlen eine Entwicklungstendenz ganz exakt
zum Ausdrucke bringen müssen. Denn der Abstand, der sich
zwischen zwei nach denselben Grundsätzen gewonnenen
Näherungswerten herausstellt, ist keineswegs selbst ein
Näherungswert. Wenn sich also bei dem Vergleiche zwischen
den Ergebnissen der Bevölkerungsbewegung verschiedener
Jahre in einer Ländergruppe, die ganz vorwiegend von Angehörigen eines Stammes bewohnt wird, eine Verschiebung
in der Zahl der Geburten oder Sterbefälle zeigt, so können
wir ruhig sagen, daß die Angehörigen des Volksstammes die
Tendenz zu dieser oder jener Änderung in ihrem populationistischen Verhalten aufweisen. Die Voraussetzung der
exakten Feststellung dieser Tendenz ist dabei, daß sich die
nationale Zusammensetzung der Gebiete nicht geändert hat.
Die erste Untersuchung, der wir uns zuzuwenden haben,
wird daher die sein, ob Wandlungen in der nationalen Zusammensetzung der von mir gebildeten Ländergruppen seit
dem Jahre 1880 eingetreten sind. Wiederum muß ich hier
auf die Ergebnisse der Volkszählung hinsichtlich der Umgangssprache zurückgreifen. Über die Zusammensetzung der
einzelnen Gruppen gibt die folgende Tabelle (S. 27) Aus-
kunft.

Wenn wir diese Tabelle mit jener vergleichen, die auf
den Ergebnissen der Volkszählung des Jahres 1880 beruht, so
fällt uns zunächst die Abnahme in der Zahl der Bewohner
des deutschtschechisch gemischten Gebietes auf. Diese Abnahme rührt daher, daß der politische Bezirk Znaim durch
Abtrennung tschechischer Gebietsteile aus einem gemischtsprachigen zu einem vorwiegend deutschen Bezirke geworden

Bezirke	Gesamte zuständige Bevölkerung im Jahre 1900	Deutsch	Tschechisch	Polnisch	Ruthenisch	Slowenisch	Serbo-Kroatisch	Italienisch	Rumänisch
I. Deutsche	8.127,670	7,744.319	317.918	8,974	1.666	32.494	2.161	29.022	87
II. Nordslawische	5,627.738	330.304	5,063.026	232.515	1.280	248	91	210	24
III. Deutschtschechische	1,094.281	530.826	561.200	1.751	337	129	12	16	10
IV. Slowenische	972.591	63.266	474	25	3	908.328	192	302	1
V. Deutsch-slowenische	146.881	100.126	127	21	6	16.558	4	39	—
VI. Welschtirol	358.237	9.070	1.211	17	2	86	10	347.810	1
VII. Küstenland	712.377	19.454	674	194	10	212.978	143.602	334.152	1.313
Zusammen	17,039.775	8,797.395	5,944.630	243.497	3.304	1,191.861	146.071	711.581	1.436

ist, den ich nun zur deutschen Gruppe stellen mußte. Im übrigen habe ich keine Änderungen in der Zusammensetzung vorgenommen, obgleich in den einzelnen Bezirken verschiedene größere oder geringere nationale Verschiebungen vor sich gegangen sind. Ich glaubte von einer Neueinteilung absehen zu sollen, da sonst die Voraussetzung der Vergleichbarkeit hinweggefallen wäre. Von den sieben Gebietsgruppen haben drei in den 20 Jahren von 1880 auf 1900 eine erhebliche Bevölkerungsvermehrung erfahren. Am stärksten wuchs die Volkszahl des deutschen Gebietes, nämlich um rund 20⁰/₀. Dem deutschen Gebiete reiht sich das Küstenland mit einem Volkszuwachse von 17⁰/₀ und das tschechische mit einem solchen von 15⁰/₀ an. Im deutschen Gebiete ist der Anteil derer, die sich unter der zuständigen Bevölkerung zur deutschen Umgangssprache bekannten, von 96·6% auf 95·2% gesunken. Das ist an sich keine bedeutende Abnahme. Sie scheint mir aber auch aus dem Grunde die Basis des Vergleichens nicht

wesentlich zu verrücken, da die Zunahme derer, die sich im
Jahre 1900 zu einer fremden Umgangssprache bekannten,
nur in vereinzelten Fällen, wie z. B. im nordwestböhmischen
Braunkohlenrevier, zu einer Konzentration der fremdsprachigen
Bevölkerung in einigen wenigen Orten führte. Die große
Mehrzahl der fremden Einwanderer zerstreute sich über das
deutsche Gebiet und dürfte somit in der zweiten Generation
aufgesogen sein. So ist die Zahl der im deutschen Gebiete
wohnenden Polen in den 20 Jahren von 1880 bis 1900 von 5340
auf 8974, also um 68%, gewachsen. Aber von den 3634
neuen Polen entfielen nur 484 auf die deutschen Städte und
Bezirke Schlesiens, die übrigen auf deutsche Bezirke, die von
Galizien oder Ostschlesien viele hundert Kilometer weit entfernt sind. Auch die Zahl der im deutschen Gebiete lebenden
Italiener ist um 47% gewachsen. Von dem Gesamtzuwachse
der Italiener von 9277 Köpfen entfiel aber nur ein relativ
kleiner Teil, nämlich 2160, auf die Tiroler Bezirke südlich
des Brenners, wo die Möglichkeit vorhanden ist, daß die
Italiener sich national erhalten können. Die Fehlerquelle, die
aus der etwas geänderten nationalen Zusammensetzung der
Bezirke fließen kann, scheint mir demnach keine so bedeutende zu sein, daß sie das Ergebnis unseres Vergleichens
wesentlich trüben könnte. Eine Zusammenstellung der Geburtsüberschüsse im Durchschnitte der Jahre 1901, 1902 und
1903 gibt nun die nachfolgende Tabelle.

Die Geburtsüberschüsse betrugen im Durchschnitte der
Jahre 1901 bis 1903 auf je 1000 Einwohner des Jahres
1900 in:

I. Wien und Niederösterreich

1. Wien . .	11·18
2. Niederösterreich ohne Wien	9·03
Zusammen	10·19

II. Innerösterreich

1. Oberösterreich	7·94		
2. Salzburg	8·86		
3. Deutschsteiermark	6·49 ⎫	Slowenische Bezirke	10·63
4. Deutschkärnten	7·12 ⎭	Gemischte „	8·35
5. Deutschtirol	7·95	Welschtirol	8·50
6. Vorarlberg .	9·34	Küstenland	10·99
Zusammen	7·88		

III. Sudetenländer

1. Deutschböhmen	11·68 ⎫		
2. Deutschmähren	8·57 ⎬	Nordslawische Bezirke	11·88
3. Deutschschlesien .	7·42 ⎭	Gemischte „	9·41
Zusammen .	10·95		
ganz Deutschöster- reich	9·58		

Ein Blick auf die Zusammenstellung lehrt uns, daß die Zuwachsrate des deutschen Gebietes auch in den ersten Jahren dieses Jahrhunderts noch immer kleiner war als die des vorwiegend tschechischen und slowenischen Gebietes, und daß sie auch von der des Küstenlandes übertroffen wurde. Aber der Unterschied in der Größe der Zuwachsraten war doch wesentlich kleiner geworden. In den achtziger Jahren verhielt sich der Geburtsüberschuß des deutschen Gebietes zu dem des tschechischen wie 5·17 : 10·09; der letztere war also doppelt so groß als der erstere. Zu Beginn des jetzigen Jahrhunderts war das Verhältnis das von 9·58 : 11·88 oder das von etwas mehr als 4 : 5. Die Zunahme der deutschen Zuwachsrate tritt aber ganz besonders hervor, wenn wir uns nicht darauf beschränken, sie im ganzen zu betrachten, sondern wenn wir die Veränderung derselben in den einzelnen Gebietsteilen verfolgen. So ist z. B., um bei' den Alpenländern zu beginnen, die Zuwachsrate der deutschen Bevölkerung in Steiermark und Kärnten noch immer wesentlich kleiner als die des

angrenzenden slowenischen Gebietes. Aber das Verhältnis ist
doch nicht mehr das von 1 : 2¹/₂ wie in den achtziger Jahren.
Was schließlich Tirol betrifft, so hat Deutschtirol den
welschen Landesteil nahezu erreicht, trotzdem der Zuwachs
früher fast zwanzigmal so groß war. In den allerletzten
Jahren weist Deutschtirol sogar schon einen größeren Geburtsüberschuß auf als Welschtirol. In den Sudetenländern
ist der Unterschied zwischen dem Geburtsüberschusse des
deutschen und dem des slawischen Gebietes ein geringfügiger
geworden. Er wäre ganz verschwunden, wenn nicht das west-
liche Schlesien und der angrenzende Teil Nordmährens
populationistisch recht ungünstige Erscheinungen zeigten.
Daß der Vorsprung, den die übrigen österreichischen Volksstämme vor den Deutschösterreichern haben, ein wesentlich
kleinerer geworden ist, ist dem starken Anwachsen des deutschen
Geburtsüberschusses zuzuschreiben, der um nicht weniger
als 85% gestiegen ist, während sich die Geburtsüberschüsse
der übrigen Sprachgebiete nur weit mäßiger erhöht haben.
Von den deutschen Gebieten sind es die Alpenländer, die
ein ganz verändertes Bild zeigen. Der Geburtsüberschuß von
7·88% ist zwar an sich nur ein mäßiger zu nennen; er ist
aber in den 20 Jahren immerhin um nahezu 180% gestiegen.
Meine Erwartung, daß die Stagnation der Bevölkerung in
den Alpenländern ihr Ende erreichen werde, ist also fast
rascher, als ich es selbst vermutet hatte, erfüllt worden.

Die nächste Tabelle gibt ein Bild des langsamen Ansteigens
des deutschen Geburtsüberschusses in Österreich. Von den Zahlen
sind die für das Jahr 1895 ermittelten die interessantesten.
Im Jahre 1895 betrug die Zuwachsrate des ganzen deutschen
Gebietes 7·9%. Nun ist in dem Dezennium von 1890 bis
1900 die Zahl der nur deutsch sprechenden Schulkinder
um rund 7·6% gestiegen. Es besteht also fast eine vollkommene Übereinstimmung zwischen der von mir konstruierten deutschen Zuwachsrate und der Zuwachsrate der
nur deutsch sprechenden Schulkinder, wenn man in Rechnung
stellt, daß sich das Ansteigen der deutschen Zuwachsrate

| | Geburtsüberschüsse auf je 1000 Einwohner | | | | |
| | Im Durchschnitte der Jahre | | Im Jahre 1895 | Im Durchschnitte der Jahre 1901 bis 1903 | im Jahre 1904 |
	1871 bis 1873	1881 bis 1883			
I. Wien u. Niederösterreich					
1. Wien . . .	3·6	9·2	9·8	11·2	11·2
2. Niederösterreich ohne Wien . .	3·1	4·8	7·3	9·0	9·3
Zusammen .	3·2	6·2	8·6	10·2	10·3
II. Innerösterreich					
1. Oberösterreich	2·0	3·7	5·7	7·9	8·3
2. Salzburg .	—0·1	2·1	5·5	8·9	8·7
3. Deutsch-steiermark . .	2·7	3·1	5·0	6·5	7·2
4. Deutsch-kärnten . .	3·1	4·8	6·9	7·1	7·4
5. Deutschtirol	1·7	0·3	3·8	7·9	8·6
6. Vorarlberg . .	1·8	3·4	6·5	9·3	10·6
Zusammen . .	2·1	2·8	5·3	7·9	8·0
III. Sudetenländer					
1. Deutsch-böhmen . . .	7·8	6·8	11·1	11·7	10·7
2. Deutsch-mähren . .	7·8	5·7	6·6	8·6	7·6
3. Deutsch-schlesien . .	3·6	5·8	6·1	7·4	4·8
Zusammen . .	7·4	6·6	10·0	10·9	9·9
Deutschösterreich .	4·1	5·2	7·9	9·6	9·4

erst sechs Jahre später in der Zunahme der deutsch sprechenden Schulkinder zeigen kann [1]).

[1]) Die Zahl der nur deutsch sprechenden Schulkinder hat sich in der Zeit von 1890 bis 1900 um 7·64%, vermehrt, die der nur tschechisch sprechenden um 5·40%, die der deutsch und tschechisch sprechenden um 17·30%. Wenn man selbst alle gleichzeitig deutsch und tschechisch sprechenden Kinder zu den Tschechen rechnen würde so wäre die Zahl der tschechischen Schulkinder doch nur um 7·17% gewachsen. Man kann daraus entnehmen, daß die Tendenz besteht, daß sich die Differenz in der Zuwachsrate der Deutschen und

Die Zunahme der Zuwachsrate bewirkt es, daß wir nun nicht bloß einen doppelt so großen absoluten Zuwachs haben als in den achtziger Jahren, sondern daß dieser auch jetzt nicht unwesentlich größer ist als der der Tschechen, während früher das Umgekehrte der Fall war. Wir können den Zuwachs des deutschösterreichischen Volkes in Westösterreich durch Geburtsüberschüsse für die ersten Jahre des jetzigen Jahrhunderts auf mindestens 80.000 schätzen. Wie viele von diesen je 80.000 Köpfen die Zahl der Deutschösterreicher bei der nächsten Volkszählung vermehren werden, läßt sich nicht feststellen, denn wir müßten zu diesem Behufe eine genaue Statistik der Wanderbewegung besitzen. Aus drei Ländern, die für die österreichische Auswanderung in Betracht kommen, nämlich aus Nordamerika, Deutschland und Ungarn, haben wir Material zur Beurteilung der Nationalität der österreichischen Auswanderer oder der in diesen Ländern wohnenden Österreicher. Aber dieses Material ist wenig zuverlässig. So hat Rauchberg nachgewiesen, daß die Zahlen über die Muttersprache der in Preußen lebenden österreichischen Staatsangehörigen mit größter Vorsicht aufzunehmen sind. Es scheint mir zweifellos zu sein, daß in Preußen viel mehr Österreicher tschechischer Abstammung leben, als sich dort

---

Tschechen verringert. Zu der gleichen Schlußfolgerung gelangt man, wenn man die Ergebnisse der zwei letzten Volkszählungen über die Umgangssprache der 1 bis 10jährigen einheimischen Bevölkerung Westösterreichs vergleicht. Es bekannten sich zur

		1890	1900		
deutschen		47·6	48·7		
tschechischen		37·6	37·1		
polnischen	Umgangssprache	1·3	1·7	Prozente der Gesamt- bevölkerung.	
slowenischen		8·1	7·4		
italienischen		4·3	4·1		
kroatischen		1·1	1·0		

Da sich im Jahre 1900 in Westösterreich 51·6% der Bevölkerung zur deutschen Umgangssprache bekannten, so ist der Zuwachs der Deutschen noch immer unter dem Durchschnitte gewesen. Immerhin ist eine auffallende Besserung eingetreten.

Österreicher zur tschechischen oder mährischen Muttersprache bekannt haben. Die Zahl der im Reiche lebenden
Deutschösterreicher wäre somit jedenfalls erheblich zu redu-
zieren.

Ich habe darauf hingewiesen, daß der geringe Geburtsüberschuß Deutschösterreichs außer auf die Sterblichkeit in
einzelnen deutschen Industriebezirken auf die geringe Ehefrequenz zurückzuführen war. Es ist nun angesichts der
steigenden Zuwachsrate interessant zu verfolgen, wie sich die
Ehefrequenz in den einzelnen Gebietsteilen Österreichs verschoben hat. Ich gebe die Zahlen für ganz Österreich, also
auch für die Karpathenländer und Dalmatien, da sie mir lehr-
reich zu sein scheinen.

	Von je 100 Frauen im Alter von 14 bis 45 Jahren waren verheiratet im Jahre	
	1880	1900
1. Deutsche Bezirke	39·87	42·41
2. Nordslawische Bezirke	50·54	50·26
3. Deutschtschechische Bezirke . .	45·76	45·04
4. Slowenische Bezirke	40·30	42·38
5. Deutschslowenische Bezirke	28·95	34·53
6. Welschtirol	40·78	40·95
7. Küstenland	49·49	49·01
8. Galizien	55·67	53·23
9. Bukowina	57·36	55·79
10. Dalmatien	51·38	53·92

Aus der obigen Zusammenstellung folgt eine recht bedeutende Zunahme der Ehefrequenz bei den Deutschen und
Slowenen, sowie eine solche in Dalmatien. In allen anderen
Gebieten, mit Ausnahme von Welschtirol, in dem die Ehefrequenz
stationär blieb, ist diese gesunken. Recht interessant ist ihre
Abnahme in Galizien. Sie ist wahrscheinlich größer, als in
den Zahlen zum Ausdrucke gelangt. In Galizien werden
nämlich jüdische Ehen in einer nach österreichischem Rechte

ungiltigen Form geschlossen. Die aus solchen Verbindungen hervorgehenden Kinder gelten als uneheliche, was die merkwürdig große Zahl jüdischer unehelicher Kinder Galiziens erklärt. Da nun die Zahl der unehelichen Kinder in Galizien im ganzen stark abgenommen hat, — eine Erhebung der Konfession der geborenen Kinder unterblieb merkwürdigerweise in den letzten Jahren, — scheint die Annahme berechtigt, daß ein wachsender Teil der orthodoxen jüdischen Bevölkerung Galiziens sich der österreichischen Ehegesetzgebung anzubequemen beginnt. Im allgemeinen kann man jedenfalls feststellen, daß sich die großen Unterschiede in der Ehefrequenz allmählich auszugleichen beginnen. Die übergroße Ehefrequenz einzelner Länder nimmt ab, die unterdurchschnittliche anderer Länder nimmt zu.

Im Jahre 1880 hatten die deutschen Alpenländer unter allen Gebieten die geringste Ehefrequenz. Es ist nun interessant zu verfolgen, wie sich die Ehefrequenz in den einzelnen deutschen Gebieten gestaltet hat. Hierüber gibt die nebenstehende Tabelle Aufschluß.

Sie zeigt uns durchaus ein Ansteigen der Ehefrequenz, aber ganz besonders in den Alpenländern. Meine Erwartung, daß hier die Ehefrequenz steigen und damit auch eine Vergrößerung des Geburtsüberschusses eintreten werde, ist vollkommen in Erfüllung gegangen. Hingegen habe ich seinerzeit einen Wandel nicht vorhergesehen, der bestimmt ist, die Zuwachsraten erheblich zu beeinflussen, nämlich den Wandel in der weiblichen Fruchtbarkeit. Ihn zeigt die Tabelle auf S. 36.

Die uneheliche Fruchtbarkeit ist mit Ausnahme von Dalmatien überall, und zwar recht beträchtlich gesunken. Außerordentlich interessant ist die Änderung in der ehelichen Fruchtbarkeit. Sie ist nur in Galizien, den slowenischen Bezirken und Welschtirol gestiegen, in den übrigen sieben Ländern oder Ländergruppen aber recht stark zurückgegangen. Welche Ursache die Zunahme der ehelichen Fruchtbarkeit in den drei erstgenannten Gebieten hat, entzieht sich meiner Beurteilung. Ich vermute aber, daß die Zunahme der

	Auf je 100 Frauen im Alter von 14 bis 45 Jahren waren verheiratet im Jahre	
	1880	1900
I. Wien und Niederösterreich		
1. Wien	37·81	39·16
2. Niederösterreich ohne Wien	43·76	45·11
Zusammen . .	40·50	41·51
II. Innerösterreich		
1. Oberösterreich	39·07	42·65
2. Salzburg	31·83	38·03
3. Deutschsteiermark	33·29	37·50
4. Deutschkärnten	24·61	30·41
5. Deutschtirol	28·55	33·56
6. Vorarlberg	32·47	35·88
Zusammen .	33·49	37·66
III. Sudetenländer		
1. Deutschböhmen	46·57	49·27
2. Deutschmähren	45·35	46·57
3. Deutschschlesien	42·40	42·67
Zusammen .	46·02	48·37
Ganz Deutschösterreich . .	39·87	42·42

ehelichen Geburten im slowenischen Gebiete, die ausschließlich
auf eine Zunahme der ehelichen Geburten in Untersteiermark
zurückzuführen ist, mit der Erhöhung der Ehefrequenz in
diesem Gebiete von 40·8% auf 42·6% im Zusammenhange
steht. Es ist wahrscheinlich, daß die Erhöhung der Ehefrequenz durch ein früheres Heiraten der Ehekandidaten verursacht wurde. Ein solches würde ebenso das Steigen der
ehelichen Fruchtbarkeit von 281 auf 310, wie die Abnahme
der unehelichen von 34·5 auf 25·2 erklären. Indes ist dies
eine Annahme, deren Richtigkeit zu prüfen ich nicht in der
Lage bin, da Zahlen über den Altersaufbau der gebärfähigen
verheirateten weiblichen Bevölkerung nach dem Stande des
Jahres 1900 nicht veröffentlicht wurden.

Im allgemeinen belehrt uns die Tabelle, daß die Abnahme der Geburten, die sich in allen Kulturländern zeigt,

	Auf je 1000			
	verheiratete		unverheiratete	
	gebärfähige Frauen entfielen Lebendgeburten im Durchschnitte der Jahre			
	1881—1883	1901—1903	1881—1883	1901—1903
in den				
deutschen Bezirken	279·4	248	54·9	47·1
nordslawischen Bezirken . . .	294·9	265	33·9	27·5
deutschtschechischen Bezirken	279·4	264	33·5	28·4
slowenischen Bezirken	309·6	319	31·5	23·2
deutschslowenischen Bezirken	276	269	82·7	79·0
in Welschtirol	314	322	3·3	2·8
im Küstenlande	307·4	300	20·7	20·1
in Galizien	283·1	304	63·2	41·9
in der Bukowina	285·4	276	60·3	43·7
in Dalmatien	307·2	292	11·9	13·9

nun auch in Österreich einzutreten beginnt. Den stärksten
Rückgang in der Geburtenzahl haben Frankreich, Australien
und die Neu-Englandstaaten Nordamerikas erfahren. In
Frankreich überwogen in den letzten Jahren bereits die
Sterbefälle die Geburten, so daß die Bevölkerungsbilanz mit
einem Defizite schloß. Im letzten Jahre hat sich ein kleiner
Überschuß ergeben, der die Franzosen mit großer Freude
erfüllte. Er war indes weit mehr auf den Rückgang der
Sterblichkeit als auf eine Zunahme der Geburten zurückzuführen, denn diese letztere war ganz geringfügig. Die rück-
läufige Bewegung in der Geburtenhäufigkeit tritt aber, wie
erwähnt, in der ganzen Kulturwelt hervor, auch in Holland,
England und Deutschland. Hier sind es namentlich die
protestantischen Gegenden, in denen die Geburtenzahl rasch
gesunken ist. Bisher hat freilich die Abnahme der ehelichen
Fruchtbarkeit in Deutschland die Größe des Geburtsüberschusses nicht beeinflußt, weil mit dem Sinken der Geburten
ein Sinken der Sterbefälle Hand in Hand ging. Aber schließlich hat der Rückgang der Sterbefälle seine Grenzen, nicht
aber der der Geburten, denn es wäre wenigstens theoretisch

denkbar, daß ein Volk den präventiven Verkehr so weit treiben könnte, wie ihn heute viele Individuen treiben, daß es gar keine Nachkommen mehr in die Welt setzte[1]). Mit anderen Worten: die Herrschaft der menschlichen Voraussicht und des menschlichen Willens reicht nicht so weit, daß man das menschliche Sterben ebenso beeinflussen könnte, wie die Fortpflanzung.

Man kann die Gebiete Österreichs in vier Gruppen teilen, von denen drei hinsichtlich der Ehe- und Geburtenfrequenz streng typisches Verhalten zeigen, während die vierte Gruppe alle jene Gebiete umfaßt, die eine Art Mittelstellung zwischen den Extremen einnehmen. Der erste Typus, der durch das östliche Schlesien, aber auch durch Galizien und Teile von Mähren repräsentiert wird, ist durch ebenso große Ehehäufigkeit wie weibliche Fruchtbarkeit charakterisiert. Der Abschluß von Ehen und die Erzeugung von Kindern scheint hier durch keinerlei Rücksichten verzögert oder gehemmt zu werden. Am reinsten tritt der Typus in den Bezirken hervor, in denen das Ostrauer Kohlenrevier liegt. Hier wirken offenbar auf die Bevölkerungsbewegung dieselben Momente ein, die nach Mombert auch in den Kohlenrevieren Deutschlands zu einer großen Volksvermehrung führen. Die Bergleute stammen meist aus Gegenden dürftiger Lebenshaltung und niedriger Kultur. Durch ihren Übergang von der Landwirtschaft zum Bergbau steigt ihr Einkommen unvermittelt um ein Mehrfaches, ohne daß gleichzeitig ihre Kulturbedürfnisse gestiegen wären. Die Bergleute wissen somit ihr höheres Einkommen nicht besser zu verwenden, als Kinder zur Welt zu setzen und wohl auch sich dem Trunke zu ergeben. Aus diesen eigentümlichen Verhältnissen in den Bergrevieren werden wir die große Volksvermehrung erklären müssen, wobei allerdings nicht zu vergessen sein wird, daß das Ostrauer Revier ein typisches

---

[1]) Vor ungefähr zehn Jahren machte eine Notiz die Runde durch die Tagesblätter, daß unter fünfundvierzig der reichsten Familien New-Yorks nur vier mit Kindern gesegnet seien.

Einwanderungsgebiet ist, in dem die jüngeren Elemente in der Gesamtbevölkerung stärker vertreten sind als sonstwo.

Der zweite Typus wird durch die Länder repräsentiert, in denen die Eheschließung durch Erwägungen wirtschaftlicher Natur verzögert wird, aber ein präventiver Geschlechtsverkehr oder Abtreibung der Leibesfrucht nicht geübt wird. Die vornehmsten Repräsentanten dieses Typus sind Tirol und Vorarlberg. Aber auch Krain und andere südslawische Gebiete sind hieher zu rechnen.

Der dritte Typus wird durch die Großstädte gebildet, in denen sowohl die Eheschließung wie die Kindererzeugung rationalistisch beeinflußt wird.

Daß die Geburtenzahl bei den Deutschen und Tschechen am stärksten zurückgegangen ist, darf uns nicht wundernehmen, da diese beiden Völker zweifellos die kultiviertesten der österreichischen Völkerfamilie sind. Bemerkt zu werden verdient, daß der Rückgang der ehelichen Fruchtbarkeit bei beiden Völkern ganz parallel erfolgte, was ein Beleg für meine Auffassung ist, daß der Unterschied in dem populationistischen Verhalten der Deutschen und Tschechen auf soziale Ursachen zurückzuführen ist, und daß er daher im Laufe der Entwicklung immer kleiner werden dürfte. Heute ist die eheliche Fruchtbarkeit der Tschechen in ihrem geschlossenen Sprachgebiete noch etwas größer als die der Deutschen in dem ihren. Daß diese Differenz ausschließlich aus sozialen Verhältnissen zu erklären ist, läßt sich leicht nachweisen. Scheidet man nämlich aus dem deutschen Gebiete die Stadt Wien und aus dem tschechischen die Stadt Prag aus, so betrug die eheliche Geburtenfrequenz des ersteren Gebietes 265·8 und die des letzteren 267·3; die eheliche Fruchtbarkeit war somit in beiden Gebieten fast die gleiche[1]). Nun ist

---

[1]) Leider lassen sich die Sprengel der Bezirkshauptmannschaften Karolinental, Smichow, Weinberge und Zizkow nicht in Betracht ziehen, da sie sich auch auf ländliches Gebiet erstrecken. Schiede man sie mit Prag aus, so erhöhte sich die Ziffer der ehelichen Fruchtbarkeit des tschechischen Gebietes. Daß in manchen gemischtsprachigen Städten

allerdings zuzugeben, daß sich im deutschen Gebiete auch
das nordwestböhmische Kohlenrevier mit starker tschechischer
Belegschaft befindet, und daß dieses große eheliche Fruchtbarkeit aufweist. Aber umgekehrt ist in das tschechische
Gebiet das ganze östliche Schlesien und das stark mit Polen
durchsetzte Revier von Mährisch-Ostrau einbezogen. Dadurch
wird die Fehlerquelle, die aus dem Nichtausscheiden der
tschechischen Bergarbeiter entspringen kann, mehr als aus-
geglichen. Dazu kommt noch, wie bereits oben erwähnt,
der Umstand in Betracht, daß deutsche Frauen weit häufiger
als tschechische vor ihrer Verehelichung uneheliche Kinder
gebären. Der oft wiederholte Satz, als sei den tschechischen
Frauen eine besondere eheliche Fruchtbarkeit eigentümlich,
ist somit in das Reich der Fabel zu verweisen[1]).

Außerordentlich interessant ist es, den Rückgang in der
Geburtenzahl bis ins Detail zu verfolgen. Wenden wir uns
zunächst dem deutschen Gebiete zu (s. Tabelle S. 40).

Man kann der Aufstellung entnehmen, wie gering die
Geburtenfrequenz in Wien geworden ist, und wie die niedrigen
Zahlen Wiens den Durchschnitt beeinflussen. Es ist dies ein
Beleg für die von mir zu Beginn angeführte Tatsache, daß
die Wiener Verhältnisse die Lage der Deutschösterreicher in
hohem Maße beeinflussen, und daß eine einigermaßen be-
friedigende Lösung des Großstadtproblems für Deutschösterreich eine Lebensfrage ist. Interessant ist die relativ starke
Zunahme der unehelichen Geburten in Deutschtirol. Sie ist

---

auf die deutschen Frauen weniger Geburten entfallen als auf die
tschechischen, soll natürlich nicht bestritten werden. Es ist dies eine
Folge der sozialen Struktur der Bevölkerung.

[1]) Das Verhältnis zwischen den Deutschen und Tschechen in
Österreich ist nicht mit dem der Deutschen und Polen im Deutschen
Reiche zu verwechseln. Hier hatten die vorwiegend polnischen Bezirke
des deutschen Ostens im Jahre 1900 eine eheliche Fruchtbarkeit von
344·1 gegenüber einer solchen von 252·0 in den vorwiegend deutschen
Bezirken. Die uneheliche Fruchtbarkeit betrug hingegen in den ersteren
18·7 und in den letzteren 34·7. Mombert, Studien zur Bevölkerungsbewegung in Deutschland, 1907, S. 224.

	Auf je 1000			
	verheiratete		unverheiratete	
	gebärfähige Frauen entfielen Lebendgeburten im Durchschnitte der Jahre			
	1881—1883	1901—1903	1881—1883	1901—1903
in Wien	214	186	84·4	53·9
„ Niederösterreich ohne Wien	287	267	44·2	45·3
„ Niederösterreich	264	221	67·5	47·7
„ Oberösterreich	282	270	44·0	44·6
„ Salzburg	281	263	56·8	55·6
„ Deutschsteiermark	252	231	61·4	59·8
„ Deutschkärnten	257	251	99·5	89·0
„ Deutschtirol	367	344	15·3	22·5
„ Vorarlberg	362	312	12·6	10·9
„ Deutschböhmen	284	262	52·2	48·3
„ Deutschmähren	283	265	33·5	34·9
„ Deutschschlesien	282	265	34·1	34·7
„ Ganz Deutschösterreich	279·4	248	54·9	47·1

ebenso wie die Zunahme der Ehen ein Anzeichen dafür, daß
sich die Deutschtiroler Bevölkerung langsam von den Normen
zu emanzipieren beginnt, die eine Anpassung der Bevölkerung
an stationäre Wirtschaftszustände bewerkstelligen sollten.
Wenn in Deutschtirol die eheliche Fruchtbarkeit gesunken ist,
so rührt dies zweifellos von dem Einflusse her, den die an
Volkszahl rasch wachsenden Städte des Landes ausüben.
Außerordentlich stark war der Rückgang der Geburten in
einigen Bezirken des nordöstlichen Böhmens.

	Es entfielen auf 1000			
	verheiratete		unverheiratete	
	Frauen im gebärfähigen Alter Lebend- geburten im Durchschnitte der Jahre			
	1881—1883	1901—1903	1881—1883	1901—1903
in Reichenberg Stadt	235	159	19	13
„ Gabel	243	204	49	43
„ Gablonz	293	203	35	32
„ Reichenberg Umgebung	265	200	38	40
„ Rumburg	233	160	37	37
„ Schluckenau	238	201	32	30

Sollte diese Abwärtsbewegung fortdauern, so wird in diesen Teilen Deutschböhmens von einem Geburtsüberschusse bald keine Rede mehr sein. Die Lücken der Bevölkerung werden nur von Tschechen ausgefüllt werden können, und so werden diese Bezirke zu zweisprachigen werden müssen, und zwar selbst dann, wenn die administrative Zweiteilung Böhmens vollständig durchgeführt werden sollte.

Großes Interesse bieten auch die Wandlungen in der weiblichen Fruchtbarkeit des vorwiegend tschechischen Gebietes.

	Auf je 1000			
	verheiratete		unverheiratete	
	gebärfähige Frauen entfielen Lebendgeburten im Durchschnitte der Jahre			
	1881–1883	1901–1903	1881–1883	1901–1903
in den tschechischen Bezirken Böhmens	288	242	37·6	27·9
in den tschechischen Bezirken Mährens	303	290	26·8	25·7
in den slawischen Bezirken Schlesiens	308	344	22·7	30·3
Zusammen . .	294·9	265	33·9	27·5

Man entnimmt den Zahlen das schon besprochene starke Anwachsen der Geburten im östlichen Schlesien, dem eine nicht unbeträchtliche Abnahme der weiblichen Fruchtbarkeit in Böhmen gegenübersteht. Schon vor einer Reihe von Jahren war mir aufgefallen, daß auf je 1000 Einwohner des tschechischen Gebietes in Böhmen beständig weniger Kinder geboren werden. Nur war ich damals nicht in der Lage anzugeben, ob dies aus einer Abnahme der Ehefrequenz oder einer solchen der weiblichen Fruchtbarkeit zu erklären sei, denn in den statistischen Tabellen über die Ergebnisse der Volkszählung des Jahres 1890 fehlen leider Angaben über die Stärke der verheirateten und unverheirateten gebärfähigen

Bevölkerung der einzelnen Bezirke[1]). Nun läßt sich feststellen, daß dieser Rückgang der Geburten auf eine Abnahme der weiblichen Fruchtbarkeit zurückzuführen ist. Diese
steht zweifellos wieder mit dem kulturellen Aufschwunge der
tschechischen Nation im Zusammenhange, was man schon
dem Umstande entnehmen kann, daß sie sich bei dem kultiviertesten Teile des tschechischen Volkes, den Bewohnern
Böhmens, am stärksten zeigt, während Mähren vorläufig von
der Bewegung nur wenig und Schlesien noch gar nicht er-
griffen worden ist.

Wenn ich zum Schlusse nochmals einen Blick auf meine
Zahlenreihen werfe, so komme ich zu keinem unerfreulichen
Ergebnisse. Der Geburtsüberschuß der Deutschösterreicher
war in den letzten Jahren so groß, daß er nahe an den
seiner Nachbarvölker heranreichte. Langsam, aber stetig ist
er angestiegen, so daß die Vorstellung von einer Hochflut,
die über die Sprachgrenzen hinüber unser gesamtes deutsches
Gebiet zu überschwemmen droht, weil die Volksvermehrung
unserer Nachbarn um vieles größer ist als unsere eigene,
von Jahr zu Jahr mehr ihre Richtigkeit einbüßt. Welche Entwicklung sich in einer ferneren Zukunft zeigen wird, entzieht
sich allerdings unserer Beurteilung. Wahrscheinlich ist bloß,
daß zunächst die Geburten weiter sinken werden, und zwar
vor allem dort, wo sich einmal die Sitte des willkürlichen
Beschränkens der Kinderzahl verbreitet hat: in Wien, in den
größeren Städten, aber auch auf dem Lande, wie besonders
in Böhmen. Gleichzeitig mit den Geburten werden auch die
Sterbefälle sinken, so daß der Rückgang der Geburten durch
das Sinken der Sterbefälle eine Zeitlang aufgewogen werden
wird, wie dies im Deutschen Reiche der Fall ist.

Ob freilich auf deutschösterreichischem Gebiete das
Sinken der Sterbefälle rascher eintreten wird als der Rückgang der Geburten, wer vermöchte dies zu sagen. Anzu-
streben wäre dieses Ziel, denn es ist nicht gerade ein Zeichen

[1]) Vgl. meinen Artikel in der „Zeit". Wien. 26. April 1902, Nr. 395.

der höheren Kultur, auf die sich die Deutschösterreicher
so gern viel zugute tun, wenn nicht nur Deutschböhmen
und Deutschmähren, sondern auch Deutschsteiermark und
Deutschkärnten höhere Sterblichkeitsraten haben als die
angrenzenden slawischen Gebiete. Man wende mir nicht ein,
daß die slawischen Gebiete die vorwiegend agrarischen seien,
denn auch die deutschen Teile von Steiermark und Kärnten
haben wenig Industrie. Aber auch sonst ist der Einwand
nicht stichhältig, denn das hochindustrielle England mit seinem
hervorragenden Anteile großstädtischer Bevölkerung hat eine
recht niedrige Sterblichkeitsrate[1]). Die relativ hohe Sterblichkeitsrate einzelner deutscher Gebietsteile gibt uns einen
Wink, wo einzusetzen sein wird, um ein Sinken der deutschen
Zuwachsrate aufzuhalten. Den übrigen österreichischen Volksstämmen gegenüber sind wir überdies in der glücklichen
Lage, eine Reserve zu besitzen. Noch immer ist die Ehefrequenz
in den deutschen Alpenländern eine kleine. Wenn sie, woran
nicht zu zweifeln ist, weiter ansteigt, so werden auch die
Geburtsüberschüsse steigen. Es kann dann leicht der Fall
eintreten, daß die deutschen Alpenländer, deren Bevölkerungszuwachs in den siebziger und achtziger Jahren des vorigen
Jahrhunderts ein ganz geringfügiger war, einmal die höchsten
Geburtsüberschüsse des ganzen deutschen Gebietes aufzuweisen haben werden. Welches die Resultierende dieser verschiedenen Komponenten sein wird, kann nur die Zukunft
lehren. Immerhin halte ich es für ziemlich sicher, daß sich
auch in Zukunft nie wieder die Differenz in den Geburtsüberschüssen herausstellen wird, die in den siebziger und
achtziger Jahren und wahrscheinlich auch in den früheren
Dezennien des vorigen Jahrhunderts bestand.

Wenn ich nun auch zu keinem unerfreulichen Ergebnisse
gelangt bin, so möchte ich doch vor allzu großem Optimismus

---

[1]) Auf je 1000 Einwohner starben im Durchschnitt der Jahre
1901, 1902 und 1903 in Deutschböhmen 24·5, in Deutschmähren 24·6,
in Deutschsteiermark 23·1 und Deutschkärnten 25·1 Personen gegen
16·2 in England.

und insbesondere vor Quietismus warnen, und zwar aus
zwei Gründen. Die Differenz in den Geburtsüberschüssen
hat sich allerdings im ganzen sehr wesentlich verringert,
lokal sind aber sehr bedeutende Differenzen geblieben. Sehr
verschieden groß sind die Geburtsüberschüsse im westlichen
Schlesien und Nordmähren gegenüber denen des angrenzenden tschechischen und polnischen Gebietes. Und ebenso
verhält es sich mit den deutschen Gebieten Steiermarks
gegenüber den slowenischen desselben Landes. Die geringen
Geburtsüberschüsse gefährden in diesem Falle nicht so sehr
die deutschen Gebiete selbst, als die im slawischen Gebiete
liegenden vorwiegend deutschen Städte, denen sie als Re-
krutierungsgebiet dienen könnten. Sodann möchte ich aber
auch aus einem zweiten Grunde vor Quietismus warnen.
Wir dürfen nämlich nicht vergessen, daß die deutschen Teile
Österreichs vorwiegend Einwanderungsgebiete, also solche
Gebiete sind, in denen die Wanderbewegung mit einem
Aktivsaldo abschließt. Das gilt von Deutschböhmen ebenso
wie von Wien und Niederösterreich. Für diese Gebiete
schafft die Einwanderung ein großes Problem, das Rauchberg mit Recht als das Hauptproblem der Nationalitäten-
frage bezeichnet, das Problem, die fremdsprachigen Zu-
wanderer zu assimilieren, in den eigenen Kulturkreis einzu-
führen. Dieses Problem wird allerdings leichter zu lösen
sein, je größer der eigene Zuwachs der Deutschösterreicher
ist. Aber auch noch so ansehnliche Geburtsüberschüsse der
Deutschen werden allein das Problem nicht zu lösen vermögen. Es wäre für uns ein sehr unerquicklicher Zustand,
wenn wir zwar unseren perzentuellen Anteil an der österreichischen Gesamtbevölkerung wahren, oder vielleicht sogar
etwas erhöhen könnten, wenn aber gleichzeitig unser Gebiet
immer mehr ein gemischtsprachiges würde. Es wäre für
uns höchst unerfreulich, wenn aus Wien mit der Zeit eine
Art Konstantinopel würde, in dem alle möglichen Volksstämme getrennt nach Quartieren oder wenigstens getrennt
durch Sprache und Empfinden nebeneinander wohnten. Da

Wien ein Gebiet ist, das ganz besonders stark Einwanderer anzieht, so mag es gestattet sein, mit einigen Worten die Wiener Verhältnisse zu berühren.

Von der Wiener Bevölkerung waren im Jahre 1900 nur 46·4°/₀ in Wien selbst geboren; die Mehrheit der Wiener Bevölkerung bestand somit, wenn ich mich des paradoxen Ausdruckes bedienen darf, aus Nichtwienern. Von den auswärts Geborenen stammte wieder fast die Hälfte, nämlich 26·6°/₀ der Gesamtbevölkerung, aus Böhmen, Mähren und Schlesien, und zwar wie dies nach der geographischen Lage nicht anders zu erwarten ist, ganz vorwiegend aus den slawischen Bezirken dieser Kronländer. Gegen das Jahr 1890 ist die Zahl der in den Sudetenländern Geborenen etwas gesunken, sie betrug nämlich damals 27·7°/₀. Vor dem Jahre 1890 wurde bei der Volkszählung die Gebürtigkeit der Bevölkerung nicht erhoben. Für das Jahr 1856 gibt uns aber Czoernig das Ergebnis einer Spezialerhebung. Nach dieser war der Anteil der gebürtigen Wiener an der Gesamtbevölkerung damals kleiner als heute; er betrug gar nur 43·8°/₀. Hingegen waren von 469.221 Bewohnern Wiens 105.353 (22°/₀) in den Sudetenländern geboren. Czoernig bemerkt aber, daß auch 16.008 Personen, deren Herkunft nicht zu ermitteln war, zum größten Teile Dienstmädchen aus Böhmen und Mähren gewesen sein dürften. Berücksichtigt man diese Personen, so steigt der Anteil der in den Sudetenländern Geborenen an der Wiener Bevölkerung auf rund 25°/₀.

Wir kommen also zu dem interessanten Ergebnisse, daß sich der Anteil der in den Sudetenländern Geborenen an der Wiener Bevölkerung seit einem halben Jahrhunderte nur wenig geändert hat. Es handelt sich bei dieser Einwanderung nach Wien offenbar um eine uralte soziale Wanderung von Lehrjungen, Arbeitern und Dienstmädchen, die vielleicht in Zukunft einen immer kleineren Teil des Zuwachses der Wiener Bevölkerung ausmachen wird. Die Zuwanderung ist alt, geändert hat sich nur das nationale Selbstbewußtsein der Einwanderer, und dies macht die

Assimilierung dieser Einwanderer, die sich bisher geräuschlos vollzogen hat, zu einem immerhin ernsten Problem.

Die Lösung des Problems kann nur durch Maßregeln erfolgen, die ganz in den Rahmen dessen fallen, was zur Lösung des Großstadtproblems vorzukehren ist. Sie kann nur erzielt werden durch eine groß angelegte kommunale Sozial- und Kulturpolitik. Diese Politik hätte vor allem bei der Jugend einzusetzen. Für die Kinder im vorschulpflichtigen Alter wären Kindergärten in hinreichender Zahl zu errichten, wie dies z. B. die Stadt Brünn getan hat. An sie hätten sich Anstalten anzureihen, in denen die schulpflichtige Jugend in der schulfreien Zeit beschäftigt und beaufsichtigt wird. In ähnlicher Weise wäre die Fürsorgetätigkeit für die Jugend fortzusetzen, bis diese so weit herangewachsen ist, um auf eigenen Füßen stehen zu können. Es ist anzuerkennen, daß die Wiener Stadtverwaltung die ersten Schritte in dieser Richtung getan hat. Aber den ersten Schritten werden weitere folgen müssen, wenn irgendein nennenswerter Erfolg erzielt werden soll. Die Frage der Kosten sollte in diesem Falle angesichts der Wichtigkeit der zu lösenden Aufgabe nicht aufgeworfen werden dürfen. Indes ließen sich die Kosten aller derartigen Unternehmungen durch eine zweckentsprechende Organisation herabdrücken, insbesondere auch dadurch, daß man die nicht ganz mittellosen Teile der Volkskreise, denen aus der kommunalen Fürsorgetätigkeit materielle Vorteile erwachsen, zu dem Tragen der Kosten mit heranzieht. Daß eine solche Heranziehung der oberen und selbst der mittleren Schichten der Arbeiterklasse ganz gut möglich ist, haben uns die Erfahrungen, die wir in den Wiener Volksbildungsinstituten machten, zur Genüge gelehrt. Aber auch für die Erwachsenen wäre Vorsorge zu treffen. Es wären in größerer Anzahl Stätten zu schaffen, in denen der Mensch die Sorgen des Alltages von sich schütteln kann, indem er sich in das Reich der Phantasie flüchtet. Ich glaube, daß eine systematische Pflege der Volksbelehrung und Volksunterhaltung unendlich viel dazu beitragen könnte, nicht nur

das Niveau unseres eigenen Volkes zu heben, sondern auch
die wertvollsten Elemente des fremden Zuzuges dazu zu ver-
anlassen, sich rückhaltslos unserer Kultur anzuschließen.
Seit einer Reihe von Jahren bemüht sich der Kreis von
Personen, der sich um den Wiener Volksbildungsverein und
die verwandten Bildungsvereine schart, in diesem Sinne tätig
zu sein. Es erforderte bloß kaum nennenswerte Zuschüsse
aus öffentlichen Mitteln, um die Erfolge dieser Vereine auf
kulturellem Gebiete zu vervielfachen.

So öffnet sich vor unseren Augen ein ungeheures
Arbeitsgebiet, hier in Wien, in Deutschböhmen, aber auch
sonst überall in Deutschösterreich. Die Ziele der Kommunal-
politik sind zu erweitern, aber neben der Tätigkeit der Kom-
munen hat mindestens ebenso energisch die Tätigkeit des
Einzelnen einzusetzen. Mit jedem Schritte, den wir zur Erziehung und sittlichen Hebung unseres Volkes tun, leisten
wir nationale Arbeit im besten Sinne des Wortes. Der Kampf
gegen den Alkoholismus, gegen die Prostitution als Trägerin
der Geschlechtskrankheiten und der sittlichen Entartung,
gegen die Unsitte, die Kinder künstlich statt an der Mutter-
brust aufzuziehen, und gegen das in den obersten Schichten
umsichgreifende Ein- und Nullkindsystem ist ebenso nationale
Arbeit wie die Erziehung unserer Kinder zur strengen Arbeit
und treuen Pflichterfüllung. Ich glaube, wir leben in einer
Zeit, in der die politische Tätigkeit ebenso überschätzt wird,
wie man der stillen wirtschaftlichen und sozialen Arbeit zu
wenig Beachtung schenkt. Die Nachwelt flicht allerdings dem
siegreichen Feldherrn und erfolgreichen Staatsmanne Kränze,
nicht aber den Tausenden von Unbekannten und Unge-
nannten, ohne deren Opfer und stille unverdrossene Arbeit
die Erfolge des Feldherrn und Staatsmannes nie erzielt worden
wären. Und doch neigt die Wissenschaft immer mehr zu der
Auffassung, daß die großen Männer nur die Glücklichen sind,
denen es gegönnt ist, die reife Frucht von dem Baume zu
pflücken, den viele Andere gepflanzt, gehegt und gepflegt
haben. Immer mehr dringt die Auffassung durch, daß die

großen Leistungen auf allen Gebieten eigentlich nichts als die Summierung von unendlich vielen kleinen Leistungen sind, und daß der Entdecker neuer Wahrheiten nur der ist, der die Summierung vorzunehmen berufen ist. Diese Erkenntnis ist allerdings geeignet, das Selbstgefühl aller jener herabzustimmen, die sich die Kraft zutrauen, dem Zeitalter den Stempel ihrer Persönlichkeit aufzudrücken; sie ist aber ein Trost für alle, die sich nicht zu großen Leistungen berufen fühlen oder die genötigt sind, ihr Leben in einem engen Wirkungskreise zu verbringen. Auch ihr redliches Bemühen wird nicht umsonst sein, sondern Spuren in unserer Entwicklung zurücklassen. Niemand hat diesen Gedanken besser ausgedrückt als Goethe, indem er seine Leonore sagen läßt:

Die Stätte, die ein guter Mensch betrat,
Ist eingeweiht; nach hundert Jahren klingt
Sein Wort und seine Tat dem Enkel wieder.

Hoffen wir, daß viele Söhne unseres Volkes dieser Worte des Dichters eingedenk sein werden.

Anhang.

	Lebend-geburten		Sterbefälle		Geburts-überschuß	
	auf je 1000 Einwohner					
	1871 bis 1873	1901 bis 1903	1871 bis 1873	1901 bis 1903	1871 bis 1873	1901 bis 1903
I. Deutsche Bezirke:						
Niederösterreich . . .	40·7	31·5	37·5	21·3	3·2	10·2
Oberösterreich	31·3	31·8	29·3	23·8	2·0	8·0
Salzburg	30·9	32·2	31·0	23·3	-0·1	8·9
Deutschsteiermark . . .	32·2	29·6	29·5	23·1	2·7	6·5
Deutschkärnten	32·3	32·3	29·2	25·1	3·1	7·2
Deutschtirol	25·0	30·5	23·3	22·5	1·7	8·0
Vorarlberg	30·3	29·3	28·5	20·0	1·8	9·3
Deutschböhmen	40·2	36·2	32·4	24·5	7·8	11·7
Deutschmähren	40·2	33·2	32·4	24·6	7·8	8·6
Deutschschlesien . .	34·6	31·9	31·0	24·5	3·6	7·4
Zusammen . .	36·6	32·5	32·5	23·0	4·1	9·5
II. Nordslawische Bezirke:						
Tschech. Bezirke Böhmens .	40·6	32·9	30·1	22·8	10·5	10·1
„ „ Mährens .	43·1	37·7	33·6	23·9	9·5	13·8
Slawische „ Schlesiens	47·2	47·1	35·3	26·1	11·9	21·0
Zusammen . .	41·6	35·2	31·3	23·3	10·3	11·9
III. Deutschtschech. Bezirke in						
Böhmen	37·0	32·2	27·9	22·9	9·1	9·3
Mähren	38·7	32·5	31·0	24·1	7·7	8·4
Schlesien	41·7	39·3	32·1	24·6	9·6	14·7
Zusammen . .	38·2	33·0	29·7	23·6	8·5	9·4
IV. Slowenische Bezirke in						
Krain	34·4	35·1	28·9	24·9	5·5	10·2
Untersteiermark	33·2	33·7	25·9	21·9	7·3	11·8
Kärnten	29·8	30·4	25·0	24·5	4·8	5·9
Zusammen .	33·6	34·2	27·3	23·6	6·2	10·6
V. Deutschslow. Bezirke in						
Kärnten	30·5	33·4	27·0	25·1	3·5	8·3
VI. Welschtirol	35·4	32·2	28·3	23·7	7·1	8·5
VII. Küstenland	40·1	36·4	34·3	25·5	5·8	10·9
VIII. Galizien .	44·9	44·1	43·6	27·2	1·3	16·9
IX. Bukowina .	45·0	40·9	35·3	27·4	9·7	13·5
X. Dalmatien . .	38·4	36·9	26·2	26·6	12·2	10·3